Elisabeth Wacker · Gudrun Wansing · Markus Schäfers

Personenbezogene Unterstützung und Lebensqualität

VS RESEARCH

Gesundheitsförderung – Rehabilitation – Teilhabe

Herausgegeben von
Prof. Dr. Elisabeth Wacker, Technische Universität Dortmund

Seit Januar 2008 erscheint die Reihe, die bisher unter dem Titel „Gesundheit und Gesellschaft" beim Deutschen Universitäts-Verlag angesiedelt war, im Programm VS Research des VS Verlags für Sozialwissenschaften.

Elisabeth Wacker · Gudrun Wansing
Markus Schäfers

Personenbezogene Unterstützung und Lebensqualität

Teilhabe mit einem
Persönlichen Budget

2. Auflage

Mit einem Geleitwort von Prof. Dr. Elisabeth Wacker

VS RESEARCH

Bibliografische Information der Deutschen Nationalbibliothek
Die Deutsche Nationalbibliothek verzeichnet diese Publikation in der
Deutschen Nationalbibliografie; detaillierte bibliografische Daten sind im Internet über
<http://dnb.d-nb.de> abrufbar.

1. Auflage 2005
2. Auflage 2009

Alle Rechte vorbehalten
© VS Verlag für Sozialwissenschaften | GWV Fachverlage GmbH, Wiesbaden 2009

Lektorat: Dorothee Koch / Dr. Tatjana Rollnik-Manke

VS Verlag für Sozialwissenschaften ist Teil der Fachverlagsgruppe
Springer Science+Business Media.
www.vs-verlag.de

Umschlaggestaltung: KünkelLopka Medienentwicklung, Heidelberg
Gedruckt auf säurefreiem und chlorfrei gebleichtem Papier
Printed in Germany

ISBN 978-3-531-16746-6

Geleitwort

Individualisierung als Handlungsprogramm und Lebensrisiko prägt die Entwicklung der westlichen Welt. Das gilt auch für Menschen, die aufgrund ihrer Fähigkeiten und Einschränkungen mit Behinderung leben. Gesundheit wird dabei im Sinn der Weltgesundheitsorganisation als ein sozialer Faktor mit Ermöglichungscharakter aufgefasst. Es geht daher darum, für alle Menschen weitgehend Selbstständigkeit und Selbstbestimmung in der Lebensführung zu ermöglichen, wenn von Gesundheitsförderung die Rede ist. Deswegen müssen jene Bedingungen beschrieben und gestaltet werden, die Lebensbewältigung und Lebensqualität über gesellschaftliche Teilhabe fördern. Dies entspricht zugleich dem Auftrag der Rehabilitationswissenschaften, unter deren fachlichem Dach diese Reihe erscheint.

Sie folgt einer doppelten Orientierung:

- Im Blick auf die Lebenswelt, die den Sinn strukturierenden Handlungsraum für die alltägliche Lebenspraxis darstellt, werden Chancen der Lebensbewältigung beachtet. Dazu zählen gesellschaftliche Spielregeln und Vorgaben, verfügbare Ressourcen sowie wirksame Strukturen, die aus gesellschaftlichen Kontexten, biographisch geprägten Lebenserfahrungen, aber auch aus normativen Ansprüchen resultieren.

- Im Blick auf die Lebensumstände geht es darum, die Mechanismen und Konditionen zu beobachten und zu bewerten, die Gesundheit fördern. Das sind nicht alleine die Systeme des Gesundheitswesens oder der Rehabilitation. Vielmehr ist maßgeblich, wo sich Barrieren bilden gegen Entwicklungsaufgaben und -potenziale von Personen, wo Barrikaden bestehen, hinter denen sich Bürger und Organisationen verschanzen können, um guten Gewissens in Routinen zu verharren, oder hinter denen Menschen, die verschieden sind, verschwinden, damit sie nicht stören. Gesundheit konkretisiert sich so verstanden in Teilhabechancen, beispielsweise im Verkehrs- und Rechtssystem, bei den Medien und anderen Kommunikationssystemen.

Sie stehen ebenso wie das Erziehungssystem (vorschulisch, schulisch und über lebenslanges Lernen), wie die Welten der Arbeit, der Freizeit und Technik in der Pflicht, für alle Menschen förderliche Settings zu bieten: in Schulen, in Betrieben, in Kulturstätten oder beim Einsatz von Technik.

Im Dialog und in Kooperation mit anderen Fachdisziplinen, Professionen und der Politik lernt die traditionelle „Behindertenhilfe" derzeit, ihren Blickwinkel entsprechend zu erweitern. Sie nimmt – teilweise langsam und schmerzlich – Abschied von einem Fürsorgeparadigma, das davon lebt, den Menschen sicher durchs Leben zu helfen, denen Funktionsstörungen bescheinigt wurden. Denn Abweichungen von einer relativen und relationalen Normalität sind nur ein Aspekt, der Behinderung manifest machen kann. Lebensqualität ist verbunden mit riskanten oder förderlichen Lebensumständen und Lebensbedingungen. Deshalb geht es darum, gesundheitsfördernde Lebensverhältnisse zu identifizieren, zu schaffen und zu stützen.

Damit schließt diese Reihe „Gesundheitsförderung – Rehabilitation – Teilhabe" an ein salutogenetisch orientiertes Wissenschaftskonzept an, an die seit Jahrzehnten geführte politische Diskussion der Weltgesundheitsorganisation (WHO), die gesundheitsverträgliche Lebensverhältnisse in Familien, Schulen, Betrieben, sozialen Einrichtungen, Städten und Ländern thematisiert und einfordert, und ebenso an das Übereinkommen der Vereinten Nationen (UN-Konvention von 2006) über die Rechte von Menschen mit Behinderungen, das auf „Empowerment" und „Diversity", Inklusion und Autonomie als Zielgrößen ausgerichtet ist.

Prävention und Gesundheitsförderung ergehen letztlich als Auftrag an alle Fachwelten und nehmen Medizin, Ökonomie, Soziologie, Psychologie, Sozialpädagogik und Politikwissenschaft in die Pflicht. Den dabei notwendigen Diskurs zur „Gesundheit" nimmt die Reihe „Gesundheitsförderung – Rehabilitation – Teilhabe" auf. Sie knüpft dazu an die zunächst beim Deutschen Universitäts-Verlag angesiedelte Reihe „Gesundheit und Gesellschaft" an und übernimmt deren Starttitel „Personenbezogene Unterstützung und Lebensqualität" hier in zweiter Auflage. Die damit eingeleitete wissenschaftliche Auseinandersetzung mit Geld- statt Sachleistungssystemen und deren Teilhabewirkungen wird in weiteren, ebenfalls 2009 erscheinenden, Buchtiteln fortgesetzt.

Elisabeth Wacker

Inhalt

Abbildungsverzeichnis

Tabellenverzeichnis

Nur wenn, was ist, sich ändern lässt,
ist das, was ist, nicht alles.

Th. W. ADORNO (1973, 390f.)

Einleitung

Als an der Jahrtausendwende die vier großen Verbände zusammentrafen, um über einen »Paradigmenwechsel in der Behindertenhilfe« zu debattieren (vgl. Bundesverband Evangelische Behindertenhilfe et al. 2001), schien die Zeit reif, über den Tellerrand der bestehenden Versorgungsstrukturen für Menschen mit Behinderung zu schauen. Im Aufwind des neuen Sozialgesetzbuches (SGB IX) wollte man die traditionellen Versorgungsstrukturen auf den Kopf – oder besser: wieder auf die Füße – stellen. Leistungen sollten von den Nutzern aus geplant, bemessen, gelenkt und gestaltet werden. Statt von Hilfempfängern sprach man von Nutzerinnen und Kunden, statt von Eingliederungshilfe von Befähigungshilfe, die Rede war von »Empowerment«, »No pity«, von »Service brokerage« und »Microboards«. Das international bewährte Leitkonzept der »Inklusion« fand Aufmerksamkeit bei den versammelten Hilfegestaltern. Der Funke schien zu zünden und ein Feuer zu entfachen, das den Weg ebnen sollte für den überfälligen Angebotswandel der Unterstützungsleistungen. Soviel Aufbruchslust war selten. Der »Wind des Wandels« sollte durch angestaubte Strukturen und Ordnungen fegen und Erneuerung bewirken – so hoffte man.

Ein glückliches Geschick fügte es, dass in diesem Moment, in dem der Wille zum Aufbruch erstarkte, Visionäre, Kräfte, die nicht »ohne Plan marschieren« wollten, Gestalter, Analytiker und Pragmatiker aufeinander trafen und sich ein Finanzier fand, der Wünsche und Ressourcen zueinander kommen ließ: die Software AG-Stiftung. So schlug – nach einer intensiven Planungs- und Beratungsphase – die Geburtsstunde von »PerLe«: Personenbezogene Unterstützung und Lebensqualität sollten die Leitplanken sein, zwischen denen es galt, den richtigen Weg zu finden, zu ebnen und so auszugestalten, dass er für Menschen mit Behinderung zu einem gute Leben führen könnte.

Als Vorgehensweise beschloss man, das bestehende Planungs- und Entscheidungswissen der Anbieter von Hilfen für Menschen mit Behinderung so anzureichern, dass sie sich besser auf die Bedarfe und Bedürfnisse ihrer Klienten einstellen können. In die Umsetzung eines Prozesses, der von Wissenschaftlerinnen entwickelt, vorangebracht, analysiert und bewertet werden sollte, waren von Anfang an behinderungserfahrene Menschen und Verbände der Behindertenhilfe fest eingebunden.

Der Plan war, auf der Basis bereits vorliegender Erkenntnisse, insbesondere aus den Bundesmodellprojekten zu Möglichkeiten und Grenzen selbstbestimmter Lebensführung (MuG) (vgl. WACKER, WETZLER, METZLER, HORNUNG 1998), die aktuelle Bedarfslage in der stationären Behindertenhilfe zu beschreiben und auf eine Weise zu berechnen, die auch den jeweiligen Besonderheiten verschiedener Leistungsanbieter bzw. -träger Rechnung tragen konnte. Zugleich sollte es darum gehen, individuelle Bedarfe und Bedürfnisse der Menschen mit Behinderungen in diesen Einrichtungen zu ermitteln und in Bezug zu setzen zu den Versorgungssystemen. Diese Informationen galt es vor dem Hintergrund internationaler Erfahrungen und Daten zu betrachten und zu bewerten. Und: Man fasste den Entschluss, insbesondere die Situation der Menschen in den Blick zu nehmen, die als so genannte geistig Behinderte in Wohneinrichtungen leben.

Diese Aufgaben sollten aus wissenschaftlicher Sicht mit der Expertise sozialwissenschaftlicher bzw. pädagogischer und betriebswirtschaftlicher Forschergruppen bearbeitet werden, unter Beratung von Leistungsnehmerinnen und Leistungsanbietern.

Das Modellprojekt, zu dessen Förderung sich die Auftraggeberin, die Software AG-Stiftung, zum 1. März 2001 entschloss, trug den Titel:

Personenbezogene Unterstützung und Lebensqualität (PerLe)

Aktuelle Standards der Hilfen und notwendige Ressourcen für eine selbstbestimmte Lebensführung von geistig behinderten Menschen

Das Konzept folgte in inhaltlichem Aufbau, zeitlicher Planung und Ablauf einem Y-Modell (vgl. Abb. 1): Es ging um

- die Ermittlung und Kalkulation des persönlichen Hilfebedarfs auf der Basis bestehender Versorgungsstrukturen (Sachleistung),
- die konzeptionelle Grundlegung und Modellbildung zur Gestaltung eines »Persönlichen Budgets« (Geldleistung) sowie die
- Diskussion mit bzw. den Transfer dieser Ergebnisse zu verschiedenen Expertengruppen: international erfahrenen Fachleuten, Behinderungserfahrenen, Leistungsanbietern und der scientific community.

Beteiligt waren auf wissenschaftlicher Seite die

- Universität Dortmund, Fakultät Rehabilitationswissenschaften, Rehabilitationssoziologie in Kooperation mit der
- Universität Tübingen, Zentrum zur Interdisziplinären Erforschung der Lebenswelten behinderter Menschen (Z.I.E.L.) sowie das

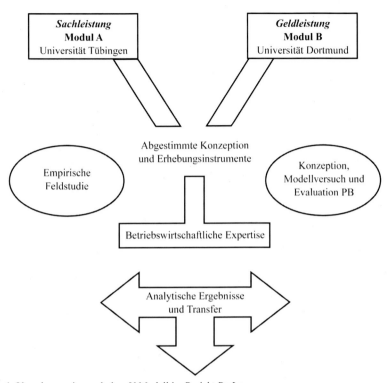

Abb. 1: Vorgehensweise nach dem Y-Modell im Projekt PerLe

- Steinbeis-Transferzentrum, Wirtschafts- und Sozialmanagement, Heidenheim.

Die begleitende Beratung erfolgte durch einen Projektbeirat mit

- Vertretern der vier Fachverbände für Menschen mit geistiger Behinderung und der
- Interessenvereinigung Menschen mit Behinderung.

Ausgangsüberlegungen waren die aktuellen sozialpolitischen Entwicklungen (effektiver und effizienter Ressourceneinsatz, fachliche Standards, Aufgabenwandel, Qualitätssicherung) ebenso wie konzeptionelle Neuorientierungen (Leitideen der Selbstbestimmung, Selbstständigkeit und Lebensqualität). Die gemeinsamen Fragestellungen und Grundkonzeptionen des Gesamtprojektes sollten im »Dreiklang« des Y-Modells zum Tragen kommen.[1]

---

[1] Zuständig waren für Modul A (Analysefeld stationäre Einrichtungen) die Universität Tübingen, für Modul B (Modellentwicklung Persönliches Budget) die Universität Dortmund. Eine betriebswirtschaftliche Expertise reicherte die Erkenntnisse an.

Als Ausgangssituation lag nahe, die sozialpolitische Entwicklung vor dem Hintergrund von

- § 93 BSHG »Bundessozialhilfegesetz« (Prospektive Entgelte, Leistungsvereinbarungen, Hilfebedarfsgruppen, Qualitätssicherung) und von
- SGB IX »Rehabilitation und Teilhabe« (Koordination von Leistungen, Wunsch- und Wahlrecht mit Standards und dem Persönlichen Budget)

zu betrachten. Sinnvoll schien dies insbesondere vor dem neuen Selbstverständnis von Menschen mit Behinderung, Bürger mit gleichen Rechten und mit den Potentialen für eine selbstbestimmte Lebensführung zu sein.

Schlüsselfragen im Projekt PerLe waren herauszufinden, auf welche Weise individuelle Bedarfe und Bedürfnisse abgedeckt und eine selbstbestimmte Teilhabe am Gesellschaftsleben erreicht werden könnten: innerhalb oder außerhalb des bestehenden Systems der Behindertenhilfe. Es galt, notwendige strukturelle Ressourcen nach Maßgabe der Module A und B jeweils unter finanziellen bzw. personellen Aspekten zu identifizieren und persönliche, soziale sowie ökologische Rahmenbedingungen für eine qualitätsorientierte Einführung personenbezogener Leistungen zu beschreiben.

Als gemeinsame Ausgangsbasis wurde dabei hypothetisch festgelegt,

- dass Unterstützungsbedarf durch fehlende Passung zwischen persönlichen Voraussetzungen und Umweltbedingungen entstehen, die man auf einer individuellen Ebene einschätzen muss;
- dass persönliche, soziale und ökologische Ressourcen dazu beitragen, die alltägliche Lebensführung bewältigen zu können,
- dass man solche Ressourcen bei der Bedarfsermittlung und Hilfeplanung berücksichtigen muss und schließlich,
- dass sich Ergebnisqualität von Unterstützungsleistungen in Art und Ausmaß gelingender selbstbestimmter Teilhabe manifestieren sowie
- dass Gelegenheiten und Zugänge objektiv bzw. realisierte Aktivitäten subjektiv Teilhabe sichtbar machen.

Ausgangspunkt aller Überlegungen im PerLe-Projekt sollte immer der Mensch in seiner Umgebung und nicht die Organisation sein.

In **Modul A**, das der Analyse des Zusammenhangs zwischen individuellem Hilfebedarf, Lebensqualität (im Sinne der Teilhabe) und erforderlichem Ressourceneinsatz (Ermittlung so genannter leistungsgerechter Entgelte) dient, sollte nach folgendem Plan verfahren werden:

- Analyse der Landesrahmenverträge zur Umsetzung des § 93 BSHG nach Intention und nach Grundlagen für Leistungs-, Qualitäts- und Entgeltvereinbarungen

- Entwicklung und Erprobung multiperspektivischer Erhebungsinstrumente zur Analyse des Zusammenhangs zwischen Dienstleistungsqualität, Ressourceneinsatz und Teilhabe
- Vorbereitung und Durchführung einer empirischen Erhebung in Abstimmung mit der betriebswirtschaftlichen Expertise
- Erschließen des Feldes in Abstimmung mit den Verbänden
- Exemplarische Befragung in Wohneinrichtungen
- Auswertung und abschließende Empfehlungen zur Entgeltsystematik[2]

In **Modul B,** in dem es um die Konzeption, Analyse bekannter Modellerprobungen und Evaluationen im Kontext Persönlicher Budgets geht, beschloss man im Modellverlauf, eine eigene exemplarische Modellerprobung zu initiieren, da sonst der Aspekt der teilhaberelevanten Wirkungen für den Zielpersonenkreis (Menschen, die mit geistiger Behinderung derzeit in Einrichtungen der Behindertenhilfe leben), nicht hätte zum Tragen kommen können. Deswegen ging man wie folgt vor:

- Analyse vorliegender Erfahrungen im In- und Ausland
- Entwicklung und Erprobung eines Inventars, um individuelle Bedarfe einzuschätzen und Ressourcen zu bemessen (Assessment)
- Entwicklung eines idealtypischen Instruments zur Bemessung Persönlicher Budgets sowie Entwurf eines Ablaufs der Budgetbemessung und geplanten Umsetzung im sozialen und regionalen Bezugsrahmen (Case- und Caremanagement)
- Vorbereitung des empirischen Feldes durch die Information und Schulung von Dienstleistern, von Menschen mit so genannter geistiger Behinderung bzw. von ihren Angehörigen, durch Ermittlung individueller Bedarfe und Ressourcen sowie durch die Kalkulation und Organisation personenbezogener Leistungen.

Mitte 2003 wurde schließlich ein eigener Modellversuch in einer Wohneinrichtung der Behindertenhilfe begonnen, der nach den beschriebenen Verfahren in der Einstiegsphase mehrdimensional und mehrperspektivisch wissenschaftlich evaluiert wurde.

Die Ergebnisse und Erkenntnisse aus Modul B werden in diesem Band präsentiert.[3]

Ergänzend legten die Experten für **betriebswirtschaftliche Fragestellungen,** nachdem sie in engem Austausch mit den Modulen A und B gestanden hatten und im Beirat Wünsche an ihre Arbeit artikuliert worden sind, einen Bericht vor, in dem

---

[2] Die Ergebnisse dieses Projektteiles werden ebenfalls im Rahmen dieser Reihe publiziert.
[3] Neben den Autoren haben zu verschiedenen Zeitpunkten Dr. Petra Hölscher und Torsten Dittrich (als wissenschaftliche Mitarbeiter/innen), Miriam Krämer (als wissenschaftliche Hilfskraft) sowie Yvonne Theussen, Romana Hemmer und Carsten Dederichs (als studentische Hilfskräfte) an der Durchführung des Projektes mitgewirkt.

Modellrechnungen zur Kalkulation von Leistungen der Eingliederungshilfe (stationär und ambulant) ebenso enthalten sind wie Konzeptionen von Entgeltsystematiken entsprechend der Anforderungen des § 93 BSHG und im Kontext Persönlicher Budgets. Erste Effektive der Leistungserbringung mit einem Persönlichen Budget werden in diesem Band dargelegt. Die Wirkungen, die sich aus dem Leben mit einem Persönlichen Budget ergeben bezüglich der Chancen auf Selbstbestimmung, Teilhabe und Lebensqualität sowie der gegebene und benötigte Kosten- und Ressourceneinsatz, können derzeit nicht seriös beziffert werden, da der Erprobungszeitraum dazu nicht ausreichend war. Der Modellversuch läuft aber vor Ort weiter und neue belastbare Erkenntnisse werden bis Ende 2006 erwartet. Entstandene und erprobte Instrumente zur Einschätzung von Bedarfen und Ressourcen, zur Bemessung Persönlicher Budgets, zur Kalkulation von Leistungen sowie Qualifikationsprofile der Budgetassistenten und Schulungskonzepte der Budgetnehmer werden derzeit weiterentwickelt.

Das Projekt PerLe zielt nicht darauf, Versorgungsstandards für Menschen mit Unterstützungsbedarf als Konsumgut zu sichern, sondern es geht darum, eine Investition in steigende Lebensqualität derjenigen zu tätigen, die heute in Einrichtungen der Behindertenhilfe ihr Leben führen. Deswegen will es die Praxis aktueller Versorgungsangebote mit geeigneten Informationen so versorgen, dass sich vielfältige Möglichkeiten ergeben,

- um Kosten transparenter zu machen und so Leistungen besser beurteilen zu können,
- um verwirklichte Teilhabe als Messgröße erfolgreicher Arbeit in der Behindertenhilfe zu verankern und Benchmarkingverfahren hierzu zu ermöglichen,
- um die nutzerorientierte Qualitätsentwicklung und -beurteilung voranzutreiben,
- um die Neuorganisation von Leistungen im Zusammenspiel stationärer und ambulanter Hilfen zu fördern und
- um Persönliche Budgets als Leistungsform mehr und mehr zu etablieren.

Wenn dies gelingt, wird das PerLe Projekt einen nachhaltigen Beitrag dazu leisten,

- dass der Weg von der Pauschalversorgung zur personenbezogenen Unterstützung beschritten wird,
- dass Unterstützung mehr und mehr unter individuell gewählten Bedingungen in gewünschten Umgebungen erfolgt,
- dass sich an Stelle einer anbieter- bzw. expertendefinierten Qualität der Leistungen die nutzerorientierte und nutzerbasierte Qualitätsbeurteilung durchsetzt.

Wenn seit Ende 2004 auf gesetzlicher Basis des SGB IX Trägerübergreifende Persönliche Budgets bundesweit in die Erprobung gehen, so lässt sich hierfür aus der Projektarbeit in PerLe erheblicher Nutzen ziehen und sei es nur der, »jetzt anders« zu zweifeln.

Teilhabe von Menschen am gesellschaftlichen Leben lebt von Vertrauen; für die vertrauensvolle Zusammenarbeit haben wir vielen Menschen zu danken:

- an erster Stelle den behinderungserfahrenen Ratgeberinnen, Teilnehmern am Modellversuch und sonstigen Unterstützern,
- den Vertreterinnen und Vertretern der Verbände und Leistungsträger bzw. -anbieter, die sich ohne Rücksicht auf eigene Zeitbudgets ausführlich und engagiert immer aufs Neue mit uns berieten,
- den Angehörigen und gesetzlichen Betreuern, die mit ihrem Mut und Zutrauen die Bahn freigaben für die ersten Budgetnehmerinnen und Budgetnehmer,
- den vielen Expertinnen und Experten aus Wissenschaft und Praxis, die unermüdlich, verlässlich und engagiert vertrauensvoll mit uns zusammenarbeiteten und schließlich
- den Vertretern der Software AG-Stiftung: Sie vertrauten von Anfang an darauf, dass die Expedition PerLe nicht in die Irre, sondern an neue Ufer führen werde. Ihr Vertrauen wurde nicht verspielt. Die Saat wird im gut gepflügten Boden aufgehen!

PerLe wird seinen Beitrag leisten zur Verbesserung der Lebenssituation von Menschen, die wir geistig behindert nennen.

Elisabeth Wacker
(Projektleitung)

1 Perspektivenwechsel in der Rehabilitation

Das Rehabilitationssystem orientiert sich neu: Nicht mehr wie Versorgung gewährleistet wird, sondern wie selbstbestimmte Lebensführung und Teilhabe am Leben der Gesellschaft gelingen können – auch bei bestehendem Unterstützungsbedarf – sind die Zielorientierungen. Das Konzept »Lebensqualität« bietet hierbei die umfassendste Leitperspektive mit einem Betrachtungsrahmen sowohl für die objektiven Lebensbedingungen in einer Gesellschaft für Menschen mit Behinderung als auch für die subjektive Wahrnehmung und Bewältigung der damit verbundenen Aufgaben in der individuellen Lebensführung. Dabei sind die Leitidee der sozialen Teilhabe und der Aspekt der Selbstbestimmung zwei Seiten derselben Medaille: Menschen mit Behinderung werden betrachtet als gleichwertige Bürger und als Experten für ihr eigenes Leben. Das berechtigt sie, die notwendige Unterstützung zu erhalten, die ihre Partizipation am Lebensstandard einer Gesellschaft und an ihren Vollzügen nach ihren individuellen Zielsetzungen und Bedürfnissen ermöglicht. Teilhabe zu verwirklichen und eine selbstbestimmte Lebensführung von Menschen mit Behinderung zu unterstützen, setzt einen grundlegenden Richtungswechsel der Behindertenhilfe voraus. Sie muss sich von einer angebotsbezogenen Orientierung zur personenbezogenen Unterstützung nach Maß wandeln. Kernelemente dieser Neuausrichtung sind die Partizipation der Adressaten am gesamten Unterstützungsgeschehen und die (neue) Relevanz ihrer (vorhandenen und benötigten) Ressourcen.

Das System der Rehabilitation steht mit Beginn des 21. Jahrhunderts vor neuen Herausforderungen, die ebenso vielfältig sind wie die Aufgaben, die daraus erwachsen. Die allgemeinen sozialen und wirtschaftlichen Entwicklungen (Verknappung öffentlicher Ressourcen, Öffnung der sozialen Dienstleistungsmärkte, demografischer Wandel) stellen auch das Rehabilitationssystem unter einen erheblichen Ökonomisierungs- und Modernisierungsdruck. Gleichzeitig gehen wichtige Impulse von neuen sozialpolitischen Zielvorstellungen und fachlichen Konzepten zur Gestaltung von Unterstützungssystemen für Menschen mit Behinderung aus:

Das im Jahr 2001 in Kraft getretene Sozialgesetzbuch IX (SGB IX; vgl. LACHWITZ, SCHELLHORN, WELTI 2001) fasst die bislang in verschiedenen Gesetzesbüchern enthaltenen Vorschriften zur Rehabilitation zusammen und integriert das

Schwerbehindertengesetz. Neben diese ordnungsrechtliche Funktion tritt die Zielsetzung, die Qualität von Rehabilitation zu verbessern; dazu sollen Abläufe von Rehabilitationsverfahren besser koordiniert und beschleunigt werden. Veränderte Beziehungsstrukturen zwischen Leistungsträgern, Leistungserbringern und Leistungsempfängern sollen insbesondere die Position der Adressaten stärken. Gleichzeitig werden die gesamten Ziele der Rehabilitation neu definiert und präzisiert: Alle Rehabilitationsleistungen verfolgen hiernach das generelle Ziel, die Selbstbestimmung und gleichberechtigte Teilhabe von Menschen mit Behinderung am Leben in der Gesellschaft zu fördern, Benachteiligungen zu vermeiden oder ihnen entgegenzuwirken.

Erhebliche Innovationskraft geht auch von einem international sich wandelnden Verständnis von Behinderung aus: weg von defizitorientierten Ansätzen hin zu einem kompetenzorientierten und ökologischen Verständnis, welches die Relativität und Relationalität von Behinderung anerkennt (vgl. METZLER, WACKER 2001a). Diese neue Sicht auf Behinderung drückt sich aus in der »Internationalen Klassifikation der Funktionsfähigkeit, Behinderung und Gesundheit« (International Classification of Functioning, Disability and Health, ICF), welche die Weltgesundheitsorganisation WHO im Jahr 2001 verabschiedet hat (vgl. WHO 2001; Abb. 2).

Demnach ist Behinderung ein Oberbegriff für Schädigungen oder Beeinträchtigungen auf

• den Ebenen der Körperstrukturen (anatomische Körperteile wie Organe und Gliedmaßen) und Körperfunktionen (z.B. Wahrnehmung, Sprache, Stoffwechsel),

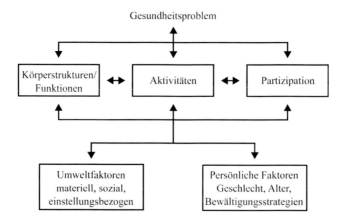

Abb. 2: Das bio-psycho-soziale Modell von Behinderung der ICF (WHO 2001, 18)

- der Ebene der Aktivitäten (Durchführung einer Aufgabe oder Handlung wie Lernen oder Kommunizieren) und
- der Ebene der Teilhabe (das Einbezogensein in die verschiedenen Lebensbereiche wie soziale Beziehungen, Mobilität, Arbeit und Beschäftigung, Bildung, Rechte).

Diese drei Bereiche beeinflussen sich wechselseitig und stehen in Abhängigkeit zu Kontextfaktoren: Der gesamte Lebenshintergrund eines Menschen, nämlich

- seine Umwelt (wie Technologien, soziale Beziehungen und Unterstützung) und
- seine persönlichen Voraussetzungen (wie Alter, Geschlecht, Bewältigungsstrategien und Lebensstil)

wirken hinderlich oder förderlich bei der Umsetzung seines Lebensplans. Behinderung ist nach diesem bio-psycho-sozialen Modell das Ergebnis negativer Wechselwirkungen zwischen einer Person, ihren Gesundheitspotentialen und den jeweiligen Umweltfaktoren (vgl. SEIDEL 2003). Behinderung entsteht folglich immer dann, wenn eine unzureichende Passung besteht zwischen den Fähigkeiten und Fertigkeiten einer Person, den an sie gerichteten Erwartungen und den Umweltbedingungen.

Mit dieser Sicht auf Behinderung als soziale Konstruktion verändern sich die Zielsetzungen und Aufgaben von Rehabilitation grundlegend: Es geht nicht mehr länger darum, Menschen mit Unterstützungsbedarfen nach einem paternalistischen Modell zu versorgen, indem besondere Hilfesysteme einen Mangel an Partizipationsmöglichkeiten kompensieren. Vielmehr müssen negative Wechselwirkungen zwischen funktionellen Einschränkungen und Kontextfaktoren durch Leistungen der Rehabilitation aufgehoben werden. Um diese Passung von persönlichen Voraussetzungen und Bedingungen in der Umwelt zu erhöhen und langfristig zu sichern, müssen barrierefreie Infrastrukturen geschaffen und die Entwicklung und (Wieder-)Herstellung individueller Ressourcen und Handlungskompetenzen der benachteiligten Personen unterstützt werden. Welche Maßnahmen hierfür entscheidend sind, bestimmen Menschen mit Unterstützungsbedarfen selbst oder mit Hilfe von Personen, die ihnen beratend zur Seite stehen. Auf der Basis dieser Richtungsentscheidung können dann die geeigneten Hilfen und die dazu notwendigen Kosten mit Anbietern und Trägern der Leistungen ausgehandelt werden. »Der Perspektivenwechsel in der Behindertenpolitik manifestiert sich darin, inwieweit Ressourcen und Kompetenzen in allen gesellschaftlichen Bereichen für die Belange behinderter Menschen bereitgestellt werden und inwieweit Menschen mit Behinderungen ermutigt, unterstützt, befähigt, d.h. ›ermächtigt‹ werden, über ihre eigenen Belange selbst entscheiden zu können« (Rehabilitation International 2003, 4).

In Deutschland hat das System der Behindertenhilfe bereits verschiedene Phasen der Neuorientierung und des Umbaus durchlaufen, die verbunden waren mit konzeptionellen Debatten in Folge der Psychiatrieenquéte, der Normalisierungsdiskussion (vgl. u. a. THIMM, von FERBER, SCHILLER, WEDEKIND 1985), der »Orte-zum-Leben«-Orientierung (vgl. GAEDT 1981; WUNDER 1983) und der Qualitätssicherungs- und -entwicklungsbemühungen (vgl. u. a. METZLER, WACKER 1998; PETERANDER, SPECK 1999; SPECK 1999). Hierbei lag der Fokus des Wandels zuerst auf dem Auf-, Aus- und Umbau der Unterstützungssysteme und der Weiterentwicklung und Optimierung ihrer (objektiven) Leistungsstandards. Im Kontext des Perspektivenwechsels von der Organisation der Behindertenhilfe und der Arbeit im Behindertenheim (vgl. NEUMANN 1988) zu einer Stärkung der Position der Nutzer rückt nun zunehmend die Frage in den Vordergrund, wie die Qualitäten und Wirkungen dieser Angebote von den Nutzern selbst beurteilt werden. Als Leitperspektive hat hierbei das Konzept *Lebensqualität* in den letzten Jahren zentral an Bedeutung gewonnen (vgl. BECK 2001; SEIFERT, FORNEFELD, KOENIG 2001). Es bietet einerseits einen mehrdimensionalen Betrachtungsrahmen für den generellen Blick darauf, was ein »gutes Leben« für Menschen bedeutet und ebnet somit den Zugang zur Lebenslagenforschung, welche die (sozialen) Folgen individueller Beeinträchtigungen von Menschen mit Behinderung erfassen kann. Andererseits lassen sich auf diesem Weg Kriterien für die Weiterentwicklung der Unterstützungssysteme, der sozialen Dienste und Dienstleistungen in Richtung der Bedürfnisse der Nutzerinnen und Nutzer finden.

1.1   Zielperspektive Lebensqualität

Lebensqualität als Zielbestimmung einer reformorientierten Gesellschaftspolitik hat Geschichte. Sie findet ihren Ausdruck in der Wohlfahrtsforschung der 1960er und 70er Jahre. Als Gegenmodell zu einer rein ökonomischen Betrachtungsweise von Wohlfahrt wurde das Konzept anfangs vorwiegend auf Lebensstandards bezogen: Objektive Lebensbedingungen sollten in unterschiedlichen Lebensbereichen abgebildet werden. Ein bekanntes Beispiel hierfür ist das Sozial-Indikatoren-Programm der »Organisation für wirtschaftliche Zusammenarbeit und Entwicklung in Europa« (OECD), in dem Wohlfahrt als Vorhandensein von Ressourcen zur Erfüllung objektiv bestimmbarer Grundbedürfnisse definiert wird (vgl. ZAPF 1984). Hauptzielbereiche, in denen Bedürfnisse erfüllt werden sollten, sind:

- Gesundheit,
- Persönlichkeitsentwicklung,
- Arbeit und Qualität des Arbeitslebens,
- Zeitbudget und Freizeit,
- Verfügen über Güter und Dienstleistungen,
- Physische Umwelt,
- Persönliche Freiheitsrechte und Rechtswesen,
- Qualität des Lebens in der Gemeinde
(vgl. BECK 1994, 238).

Diese Zielbereiche können weiter differenziert und zu Indikatoren operationalisiert werden (z.B.: Zielbereich: Qualität des Lebens in der Gemeinde; Indikatoren: Wohnform, Wohnausstattung, Anzahl Wohnräume/Person, Wohnungsgröße). Dieser objektive Ansatz hat den Vorteil, Aussagen über durchschnittliche Lebensbedingungen in einer Gesellschaft bzw. Unterschiede bezüglich verschiedener Populationen treffen zu können. Damit stellen Sozialindikatoren Globalmaße dar, um den sozialen Wandel zu erfassen. Sie finden ihre Grenzen aber darin, den Einfluss dieses Wandels auf das subjektive Erleben der Menschen zu ermitteln. Dieser objektive Ansatz als Basis einer repräsentativen Studie zur Lebenssituation von Menschen mit Behinderung wurde erstmals systematisch in Deutschland eingesetzt bei dem Forschungsprogramm zu »Möglichkeiten und Grenzen selbstbestimmter Lebensführung« (MuG-Studien), das im Auftrag des Bundesfamilienministeriums ab Mitte der 1980er Jahre durchgeführt wurde. Dazu erfolgten umfangreiche Befragungen zur objektiven Versorgungslage von Menschen mit Behinderung in Deutschland in Haushalten (vgl. HÄUSSLER, WACKER, WETZLER 1996), zur Versorgungsstruktur (vgl. BORMANN, HÄUSSLER, WACKER 1996) und zur stationären Lebenssituation (vgl. WACKER, WETZLER, METZLER, HORNUNG 1998). In diesen Studien fanden dann bereits ansatzweise lebensweltliche Aspekte Berücksichtigung: Die subjektive Sicht auf die Wirkungen der Versorgung, wie dies für Forschung nach dem Konzept der Lebensqualität unverzichtbar ist, wurde relevant.

Wie Lebensqualität wahrgenommen und erfahren wird, resultiert nach einer stärker individuumzentrierten Sichtweise aus der Bewertung der Austauschprozesse mit der sozialen und materialen Umgebung (vgl. BECK 1994, 242). Objektive Lebensbedingungen (Einkommen, Wohnverhältnisse, Arbeitsbedingungen, soziale Kontakte, Gesundheit etc.) werden subjektiv unterschiedlich erfahren und hinsichtlich ihrer Bedeutung für die individuelle Lebensführung gewertet: »In this definition well-being is entirely subjective, known directly to the individual person and known to others only through that person's behavior or verbal report« (CAMPBELL 1981, 14). Danach ist also die Erhebung von Standards bzw. objektiven, externen Merkmalen (operationalisiert als soziale Indikatoren) nicht ausreichend; vielmehr kommt der Beurteilung der Lebenssituation durch die Person selbst zentrale Bedeutung zu.

Diese Betrachtungsweise von Lebensqualität findet ihren Ursprung in der US-amerikanischen Zufriedenheits- und Glücksforschung (vgl. ANDREWS, WHITEY 1976; CAMPBELL, CONVERSE, RODGERS 1976), welche auch die deutsche Lebensqualitätsforschung nachhaltig beeinflusst hat. Nach ZAPF (1984, 23) ist Lebensqualität bestimmt »durch die Konstellation (Niveau, Streuung, Korrelation) der einzelnen Lebensbedingungen und der Komponenten des subjektiven Wohlbefindens«. Unter subjektivem Wohlbefinden werden dabei kognitive und emotionale Gehalte eines Individuums zu einem bestimmten Zeitpunkt verstanden, wie Zufriedenheit, Glück, Erwartungen sowie Besorgnissymptome oder Gefühle, ausgeliefert zu sein. GLATZER und ZAPF (1984) belegen, dass gleiche oder ähnliche Lebenslagen interindividuell verschieden bewertet werden können: Objektiv gute Lebensverhältnisse bedeuten nicht zwangsläufig hohe Zufriedenheit, schlechte Lebensverhältnisse sind nicht unmittelbar mit einer Beeinträchtigung des subjektiven Wohlbefindens verbunden. Lebensqualität stellt also letztlich ein relatives Phänomen dar, welches sowohl von objektiven als auch von subjektiven Faktoren beeinflusst wird.

Wichtig bei den Austausch- und Vermittlungsprozessen von objektiven Lebensbedingungen mit subjektiven Bedürfnislagen sind die verfügbaren, wahrgenommenen bzw. genutzten Ressourcen eines Individuums. Ressourcen in diesem Sinne moderieren die Bewältigung von Anforderungen und Aufgaben bzw. schützen vor Überforderung (vgl. ANTONOVSKY 1997; HOMFELDT 2001; BENGEL, STRITTMATTER, WILLMANN 2001). Dabei lassen sich

- interne Ressourcen (z.B. Selbstwertgefühl, Introspektionsfähigkeit, Bewältigungsstrategien) von
- externen Ressourcen (z.B. soziales Netz, finanzielle Ausstattung, Nahrung, Klima) unterscheiden.

»Ressourcen helfen Kompetenzen, Selbstgestaltungspotenziale/Selbstgestaltungskräfte (…) freizusetzen, die kritische Situationen nivellieren, ihre positive Fortentwicklung fördern oder auch kreative Prozesse in Gang setzen« (LORENZ 2004, 116).

Die Ressourcenperspektive ist ein zentraler Aspekt in ANTONOVSKYs (1997) Modell der Salutogenese. Wie es gelingt, Ressourcen zur Bewältigung herausfordernder und belastender Alltagssituationen zu mobilisieren, hängt vom Niveau des Kohärenzgefühls (sense of coherence) ab. Mit dem Kohärenzgefühl bezeichnet ANTONOVSKY (1997, 36) ein Gegenkonzept zum existentialistischen Gefühl des

»Geworfenseins« eines Menschen. Es geht um »eine globale Orientierung, die ausdrückt, in welchem Ausmaß man ein durchdringendes, andauerndes und dennoch dynamisches Gefühl des Vertrauens hat, dass 1. die Stimuli, die sich im Verlauf des Lebens aus der inneren und äußeren Umgebung ergeben, strukturiert, vorhersehbar und erklärbar sind; 2. einem die Ressourcen zur Verfügung stehen, um den Anforderungen, die diese Stimuli stellen, zu begegnen; 3. diese Anforderungen Herausforderungen sind, die Anstrengung und Engagement lohnen«. Ein ausgeprägtes Kohärenzgefühl gründet in Zutrauen und Vertrauen und führt zu einer flexiblen und angemessenen Aktivierung von Ressourcen, so dass »das Erleben von Kompetenz und Handlungsfähigkeit, das psychische und physische Wohlbefinden (›Well-Being‹) gestärkt« wird (BECK 1994, 245). Mit dem Salutogenese-Konzept werden somit insbesondere die subjektiven Aspekte von Lebensqualität ins Auge gefasst.

Trotz der verschiedenen theoretischen Ansatzpunkte und Zugangswege zeichnet sich in der Lebensqualitätsforschung ein Konsens in der Definition und Operationalisierung ab, ohne dass der Begriff abschließend und eindeutig festgelegt ist. Lebensqualität wird eingesetzt als ein komplexes, mehrdimensionales und relatives Arbeitskonzept, das der theoretischen und empirischen Begründung bedarf (vgl. SCHALOCK et al. 2002, 458).

Gerade die Mehrdimensionalität des Konzepts, die vielfältige Operationalisierungsmöglichkeiten eröffnet, und die Betonung des produktiv realitätsverarbeitenden Subjekts (der Mensch als Akteur des eigenen Lebens) haben seine Einführung als Leitperspektive und Anwendung auf rehabilitationswissenschaftliche Fragen im internationalen Kontext gefördert (vgl. GOODE 1994; WACKER 1994; KEITH, SCHALOCK 2000; BECK 2001). Als logische Fortsetzung des Normalisierungsprinzips, welches vornehmlich pragmatisch auf die Verbesserung der objektiven Lebensbedingungen von Menschen mit Behinderung durch eine Normalisierung der Lebensumstände abhob, stellt das Konzept Lebensqualität eine wesentliche Erweiterung dar und greift tiefer: Neben Standards nimmt es auch subjektive Erfahrungen, Bewertungen und Bedürfnisse sowie individuelle Lebensstile und -entwürfe von Menschen mit Behinderung in den Blick.

Damit steht das Konzept Lebensqualität in einer Entwicklungslinie mit der Bürgerrechtsbewegung und der steigenden Bedeutung des »consumer empowerment« (vgl. SCHALOCK et al. 2002): Nun können auch (geistig) behinderte Menschen zunehmend als wahl- und entscheidungsfähige Nutzer von Dienstleistungen angesehen werden (vgl. Kap. 1.2). Mit Hilfe der aus dem Konzept Lebensqualität abgeleiteten adäquaten Bestimmungs- und Orientierungsgrößen zur personenbezogenen Planung und Gestaltung von Unterstützung wendet sich der Blick von institutionellen und organisatorischen Interessen und Bezugsgrößen zur Frage nach der (auch subjektiv bestimmten) Relevanz und Wirkung von sozialer Dienstleistung. Breite Anwendung findet das Konzept bereits international als Bezugsrahmen zur Evaluation sozialer Dienstleistungen. Vor allem im angloamerikanischen Raum mit einer längeren Evaluationstradition wird das Konzept als Grundlage für zahlreiche empirische Untersuchungen eingesetzt, z.b. im Kontext von Deinstitutionalisierungsmaßnahmen und einer gemeindenahen Angebotsstrukturentwicklung (vgl. MANSELL, ERICSSON 1996; SCHÄDLER 2002). Auch in Deutschland bekommt die Rezeption des Konzepts in den 1990er Jahren Schubkraft, vor allem durch den Einzug des Qualitätsmanagements in den Bereich der Behindertenhilfe (vgl. WACKER 1994; HÄUSSLER, WACKER, WETZLER 1996; DWORSCHAK, WAGNER, BUNDSCHUH 2001; WETZLER 2003). Inzwischen haben konzeptionelle Beiträge und Diskussionen zur Verbesserung der Lebensqualität von Menschen mit (geistiger) Behinderung deutlich an Terrain gewonnen (vgl. WACKER 1994; GROMANN 1996; Bundesvereinigung Lebenshilfe 2000; HAMEL, WINDISCH 2000; SCHWARTE, OBERSTE-UFER 2001). Zudem liegen auch einige empirische Untersuchungsergebnisse zu Aspekten der Lebensqualität von Menschen mit geistiger, mehrfacher bzw. schwerer Behinderung vor (vgl. WINDISCH, KNIEL 1993; WACKER, WETZER, METZLER, HORNUNG 1998; SEIFERT, FORNEFELD, KOENIG 2001), die den Wissensstand um die Wirkungen externer Ressourcen auf die Lebenssituation von Menschen mit Behinderung bereichern.

Trotz unterschiedlicher Schwerpunktsetzungen der Studien in der internationalen Quality-of-Life-Forschung sind Übereinstimmungen hinsichtlich der untersuchten Bereiche und Indikatoren feststellbar: SCHALOCK et al. (2002) nennen z.b. folgende Kerndimensionen von Lebensqualität:

- emotionales Wohlbefinden
- soziale Beziehungen
- materielles Wohlbefinden
- persönliche Entwicklung
- physisches Wohlbefinden
- Selbstbestimmung
- soziale Inklusion und
- Rechte.

Bezogen auf physische, psychische, soziale aber auch emotionale Aspekte ebenso wie auf die Berücksichtigung verschiedener Lebensbereiche (Arbeit, Freizeit, kulturelles Leben etc.) als gesellschaftlich bestimmte Erlebens- und Handlungsfelder lassen sich zwar Unterschiede bei den Lebensqualitätsindikatoren feststellen. Insgesamt betrachtet ist Lebensqualität aber in den letzten Jahren zu einem zentralen Leitbegriff des Rehabilitationssystems geworden. Als umfassendstes Zielkonzept beinhaltet es sowohl objektive als auch subjektive Dimensionen und setzt sie zueinander in Beziehung. Die besondere Wirkkraft liegt darin, dass das Konzept grundlegenden (sozialwissenschaftlichen) Denkzusammenhängen entstammt und dadurch generelle Bezüge zur Gesellschaft eröffnet. Damit führt es die Theorie und Konzeption der Rehabilitation heraus aus einer aus medizinisch-therapeutischen oder heilpädagogischen Zugängen entstandenen tendenziellen Sonderposition und Isolation. Es eröffnet zugleich die Chance, eine gesellschaftliche Position zu beziehen, die der sozialen Bedeutung und Ressourcenrelevanz der Rehabilitation angemessener ist, ohne sich alleine auf Sollensbekundungen christlicher oder wohlfahrtsstaatlicher Argumentationszusammenhänge berufen zu müssen. Mit dem Ende eines gesellschaftlichen Nischendaseins ist nicht nur die Herausforderung verbunden, Rechenschaft zu geben über die eigenen Aufgaben und Wege zu ihrer Erfüllung, sondern auch die Chance, den Blick auf individuelle Lebenslagen im gesamtgesellschaftlichen Kontext zu richten. Leitkonzeptionen wie Selbstbestimmung und gesellschaftliche Teilhabe prägen die neue fachliche Diskussion in den Rehabilitationswissenschaften ebenso wie die neuen sozialrechtlichen Bestimmungen. Als integrale Bestandteile und wesentliche Dimensionen von Lebensqualität befreien sie zugleich aus einem gesellschaftlichen Sonderstatus, in dem Menschen mit Behinderung einerseits als »gesellschaftliche Sorgenkinder« privilegiert sind, sie zugleich andererseits aber nachhaltig isoliert und aus gesellschaftlich relevanten Zusammenhängen der Lebensführung ausgeschlossen werden.

1.1.1 Von der Versorgung zur selbstbestimmten Lebensführung

Aktuelle Denkmodelle zur Lebensqualität messen der individuellen Selbsttätigkeit und -bewertung erhebliche Bedeutung dabei zu, Wohlbefinden herzustellen (vgl. Kap. 1.1). Diese subjektive Perspektive wird im Rehabilitationssystem seit den 1980er bzw. verstärkt seit den 1990er Jahren berücksichtigt und findet ihren Ausdruck in der zentralen Leitidee der Selbstbestimmung (vgl. Bundesvereinigung Lebenshilfe 1996; WALDSCHMIDT 1999; OSBAHR 2000).

Selbstbestimmung bedeutet die Möglichkeit, einen Lebensplan zu entwickeln, dabei individuelle und selbstgewählte Lebenswege zu gehen und Entscheidungen im Alltag wie auch im Lebenslauf zu treffen, die den eigenen Vorstellungen und Zielen entsprechen: Wie man wohnen möchte, welchen Beruf man erlernen und ausüben möchte, welche Beziehungen man eingehen will und was man in seiner Freizeit unternimmt sind Teile dieses Lebensplans. Gerade mit Blick auf Menschen mit Unterstützungsbedarfen ist es wichtig zu betonen, dass Selbstbestimmung im Prinzip keine Selbstständigkeit voraussetzt. Selbstbestimmung (als Entscheidungsautonomie) bezieht sich vielmehr auf subjektive Lebensziele und auf die Entscheidungsschritte, die zu diesen Zielen führen, während Selbstständigkeit (als Handlungsautonomie) die Fähigkeit meint, diese Ziele in konkrete Handlungen zu überführen. Selbstbestimmung ist also auch für jemanden, der im Alltagshandeln nur wenig selbstständig ist, möglich, wenn die erforderliche Unterstützung verfügbar ist. Der Umfang, die Auswahl und die Ausgestaltung passender Unterstützung erhalten deshalb in der Lebenssituation von Menschen mit Behinderung als Dimension von Selbstbestimmung eine besondere Relevanz.

Ein »Behindertendasein« als umfassender Lebensentwurf steht im Widerspruch zu einem modernen Lebenskonzept, ebenso wie beispielsweise ein »Arbeiterdasein«, »Ausländerdasein«, »Fürstendasein«, »Frauendasein« oder andere generalisierende und dominante Lebensentwürfe. Vielmehr finden sich zahlreiche Teilsysteme und Zugänge zu ihnen in der Gesellschaft (z. B. Arbeit, Freizeit, Bildung, Gesundheit), die jeweils grundsätzlich offen sind und über gleiche Chancen nutzbar sein sollten. Die Freisetzung aus vorgegebenen Lebensformen und -wegen und die damit verbundene Möglichkeit, sich als »Baumeister« des eigenen Lebens zu betätigen und wahrgenommen zu werden, eröffnet allerdings nicht nur Optionen, sondern geht auch mit Anforderungen und Risiken einher. Das Postulat der Selbstbestimmung schließt auch die »Zumutung« von Selbstzuständigkeit und Eigenverantwortung ein. So wie niemand umfassend »behindert« sein kann, so ist auch niemand umfassend von gesellschaftlichen Erwartungen und Verpflichtungen entbunden. Um Entscheidungsspielräume nutzen zu können, sind aber Handlungsbedingungen vorausgesetzt – Gelegenheiten, Kompetenzen und Ressourcen –, über die viele Menschen mit Behinderung häufig schon seit ihrer Geburt nicht verfügen:

- eine materielle Grundsicherung als Zugangsvoraussetzung für zahlreiche Lebenschancen,
- kulturelle Kompetenzen, um sich Bildungs- und Erwerbszugänge zu erschließen,
- ein Grundgefühl der Kohärenz, das aus sozial erfahrenem Zutrauen entsteht und hilft, in der eigenen Lebenserzählung einen Sinnzusammenhang zu entdecken oder zu stiften (vgl. ANTONOVSKY 1997; Kap. 1.1),
- die Fähigkeit, soziale Netze zu knüpfen und aufrechtzuerhalten und vieles mehr.

Wenn all diese persönlichen, materiellen und sozialen Ressourcen nicht oder nicht in ausreichendem Maße mobilisierbar sind, dann wird Selbstbestimmung zu einer

Lebensanforderung, die kaum zu bewältigen ist und sich als ein zusätzliches Hindernis gesellschaftlicher Teilhabe entpuppt. »Die Aufforderung, sich selbstbewusst zu inszenieren, hat ohne Zugang zu den erforderlichen Ressourcen etwas Zynisches« (KEUPP 1999, 18). Vor diesem Hintergrund sind die Gestaltungs- und Entscheidungsspielräume für Selbstbestimmung und Selbstzuständigkeit für viele Personen, die in ihren Zugangschancen und Ressourcen aufgrund einer Behinderung benachteiligt sind, nach wie vor begrenzt und sie bedingungslos einzufordern wirkt kontraproduktiv. Neben persönlichen Voraussetzungen wie Lernschwierigkeiten, psychischen Belastungen oder körperlichen Beeinträchtigungen erschweren in erheblichem Maße auch Umweltfaktoren wie soziale Einstellungen, architektonische Barrieren und fremdbestimmende Strukturen im Rehabilitationssystem die Realisierung einer selbstbestimmten Lebensführung. Unterstützungsbedarfe und -bedürfnisse sind Realität und führen nicht selten lebenslang zu einem »Mehr an sozialer Abhängigkeit« (vgl. HAHN 1981). Ob dies allerdings rechtfertigt, dass Menschen mit Behinderung häufig die Fähigkeit abgesprochen wird, alltags- und lebenslaufrelevante Entscheidungen zu treffen und eigene Ziele zu verfolgen, ist fraglich. Vor allem eine so genannte geistige Behinderung und/oder ein hoher Unterstützungsbedarf und die Übernahme von Verantwortung für das eigene Leben werden häufig als unversöhnliche Gegensätze betrachtet. Dies gilt in besonderer Weise für die Lebenssituation von Menschen, die in stationären Einrichtungen leben. Im Rahmen eines tendenziell rundum-versorgenden und pauschalen Hilfesystems bleiben ihre Entscheidungsspielräume zur Realisierung eines individuellen Lebensstils insgesamt begrenzt, wie eine bundesweite Studie zum »Leben im Heim« zeigt (vgl. WACKER, WETZLER, METZLER, HORNUNG 1998). Eine Analyse ihrer Lebenslage weist insgesamt auf das Leben dominierende Organisationsstrukturen und auf geringe Partizipationschancen und Entscheidungsspielräume hin.

Erst im Zuge des sich international wandelnden Verständnisses von Behinderung und dem sich anschließenden Richtungswechsel in der Rehabilitationspolitik von der Fürsorge hin zur Eröffnung von individuellen Entfaltungschancen (vgl. Kap. 1) werden auch Menschen mit Behinderung die Chancen und Pflichten, die mit selbstbestimmter Lebensführung einhergehen, zuerkannt. »Zum Ende des 20. Jahrhunderts, etwa zweihundert Jahre, nachdem im Rahmen der Aufklärungsphilosophie das Autonomiekonzept entworfen wurde, können es nun auch diejenigen für sich reklamieren, die zuvor jahrhundertelang ausgegrenzt wurden« (WALDSCHMIDT 2003, 3).

Wesentliche Impulse geben in Deutschland hierbei die sozialrechtlichen Änderungen im SGB IX, die das Wunsch- und Wahlrecht der Leistungsberechtigten stärken: »Leistungen, Dienste und Einrichtungen lassen den Leistungsberechtigten möglichst viel Raum zu eigenverantwortlicher Gestaltung ihrer Lebensumstände und fördern ihre Selbstbestimmung« (§ 9 Abs. 3 SGB IX). Darüber hinaus wird das traditionelle Sachleistungsprinzip im SGB IX erstmalig ergänzt um die grundsätzliche Möglichkeit für Menschen mit Behinderung, Leistungen für ihren individuellen Unterstützungsbedarf mit Hilfe von Geldleistungen effektiver und effizienter zu realisieren (vgl. Kap. 2).

Erhebliche Schubkraft geht auch von Menschen mit Behinderung selbst aus, von ihrem veränderten Selbstbewusstsein und politischen Engagement, z.B. durch die Arbeit in der »Selbstbestimmt-Leben-Bewegung«. Sie fordern Selbstbestimmung, Selbstvertretung und eine größtmögliche Kontrolle über die in Anspruch genommenen sozialen Dienstleistungen (vgl. RÜGGEBERG 1985; MILES-PAUL 1992). »Als am Ende des 20. Jahrhunderts die bis dato Ausgegrenzten begannen, ein autonomes Leben für sich zu reklamieren, forderten sie im Grunde das ein, was ihnen als Menschen vom Anspruch des bürgerlichen Zeitalters her zusteht; sie forderten, so wie alle anderen leben zu können, kurz, sie beanspruchten den Subjektstatus« (WALDSCHMIDT 2003, 6).

Mit dieser Forderung nach Selbstbestimmung und dem Recht auf eine autonome Lebensgestaltung wird das traditionelle System der Behindertenhilfe grundlegend in Frage gestellt. Es gilt nun, von pauschalen, vielfach gruppenbezogenen Versorgungspaketen (wie sie in Hilfebedarfsbemessung und Förderangeboten gang und gäbe sind) Abschied zu nehmen und individuell gewünschte und passende Leistungen so zu gestalten, dass jede einzelne Person darin unterstützt wird, ihren eigenen Lebensstil zu entwickeln und eine möglichst autonome Lebensführung zu verwirklichen. Dies erfordert, sowohl (objektive) Entscheidungs- und Gestaltungsspielräume bereitzustellen als auch persönliche Handlungskompetenzen zu vermitteln, die jeweils relevant sind, um diese Spielräume wahrzunehmen und zu nutzen. Dies beginnt bei Fähigkeiten, eigene Vorstellungen und Wünsche zu erkennen und zu formulieren, setzt sich fort über die Kompetenz, sich zu informieren und auf dieser Grundlage eigene Entscheidungen zu treffen und umzusetzen, und mündet in die Befähigung, getroffene Entscheidungen zu beurteilen und gegebenenfalls zu verändern. Vor diesem Hintergrund ist Selbstbestimmung insbesondere bei Menschen mit so genannter geistiger Behinderung immer auch als Bildungsaufgabe zu verstehen (vgl. Kap. 4.1), für die entsprechende Rahmenbedingungen bereitstehen müssen, damit auch diese Personen »ohne Angst verschieden sein können« (KEUPP 1999). Als bedeutsam erweist sich hierbei insbesondere, eine ›Kultur der Kommunikation, des Zutrauens und der Anerkennung‹ zu bieten in einer sozialen Umgebung, die schützt und zugleich Versuche ermutigt, eigene Möglichkeiten zu entdecken und zu realisieren.

1.1.2 Teilhabe an der Gesellschaft

Die Weltgesundheitsorganisation legt in ihrer Ottawa-Charta (vgl. WHO 1986) ein Programm für alle Völker auf, um zu umfassendem körperlichen, seelischen und sozialen Wohlbefinden zu gelangen. Ziel dieses Programms ist es, den Menschen ein höheres Maß an Selbstbestimmung zu eröffnen, sie damit zur Stärkung ihrer Gesundheit zu befähigen und zu ermöglichen, dass sie ihre Bedürfnisse befriedigen, ihre Wünsche und Hoffnungen wahrnehmen und verwirklichen sowie ihre Umwelt meistern bzw. verändern können.

Selbstbestimmung und Selbstverantwortung sind zentrale Leitvorstellungen in einer pluralisierten Gesellschaft mit individuellen Lebenswegen. Den Menschen aus vorgegebenen Sozialformen freizusetzen, zielt zugleich auf sein individuelles »Glück« und sein Wohlbefinden unter menschenwürdigen und kulturadäquaten Lebensstandards. Also kann Selbstbestimmung nicht im »luftleeren Raum«, d.h. ohne jeden gesellschaftlichen Bezug stattfinden; die Inszenierung eines eigenen Lebens wird weiterhin vermittelt über objektive Lebensumstände im Sinne kulturell gegebener Standards der Lebensführung. Selbstbestimmung realisiert sich grundsätzlich durch Teilhabe an diesen Standards bzw. an der Gesellschaft – sowohl ökonomisch als auch sozial, kulturell und politisch.

Dabei erfordern

- materielle Teilhabe eine finanzielle Grundsicherung, die einem gesellschaftlich allgemein als angemessen geltenden Lebensstandard entspricht,
- politische Teilhabe die Wahrnehmung und Realisierung von (Bürger-)Rechten und Mitsprache,
- kulturelle Teilhabe die Verwirklichung individuell gewünschter und gesellschaftlich anerkannter Ziele der Lebensführung und
- soziale Teilhabe die Partizipation an sozialen Beziehungen und Netzwerken.

In der Lebenslaufperspektive eines Menschen entfaltet sich Teilhabe in diesem Sinne, indem gesellschaftlich übliche Rollen ausgeübt werden: als Schüler, Arbeitnehmer, Wähler, Patient, Konsument, Mediennutzer, Eltern usw. Diese »Partizipationsrollen« eröffnen nicht nur Möglichkeiten und Chancen, sondern sie gehen auch mit Aufgaben und Pflichten einher. »Inklusion meint in seiner allgemeinen Bedeutung die bürgerlichen und politischen Rechte und Pflichten, die jedes Mitglied der Gesellschaft nicht nur formal, sondern in seiner Lebenswirklichkeit haben sollte. Sie erstreckt sich auf Chancengleichheit und öffentliche Mitsprache« (GIDDENS 1999, 129).

Die Leitperspektive ›Teilhabe an der Gesellschaft‹ gewinnt (europaweit) im System der Rehabilitation zunehmend an Bedeutung, und Menschen mit Behinderung selbst fordern Chancengleichheit im Zugang zu allen gesellschaftlichen Leistungen und Ressourcen (vgl. Deklaration von Madrid 2002). In Deutschland stellt sich diese Zielvorgabe in der Rehabilitationspolitik bzw. im Rehabilitationsrecht neben die der Selbstbestimmung. So definiert das SGB IX Behinderung als eine Kombination andauernder körperlicher, geistiger und seelischer »Normabweichung« und der daraus folgenden (eingeschränkten) Chance zur Teilhabe am Leben in der Gesellschaft. Autonomie und Recht auf Teilhabe bewirken einen grundlegenden Perspektivenwechsel: Die Tradition der Fürsorge wird abgelöst durch die Verpflichtung, die Bürgerrechte von Menschen mit Behinderung uneingeschränkt anzuerkennen, sozialer Ausgrenzung entgegenzuwirken und ihre gesellschaftliche Partizipation zu ermöglichen. »Es geht darum, diesen Wandel zu gestalten und umzusetzen als Mittel zur Herstellung sozialer Gerechtigkeit und das heißt, dass alle Menschen auf Grund ihrer Personenwürde an den Errungenschaften der Gesellschaft teilhaben, also Zugang haben zu anerkannten Lebensmöglichkeiten, über politische Beteiligungsrechte verfügen, am Gemeinwohl mitarbeiten und teilhaben« (BECK 2004, 69).

Unterstützt wird diese Richtungsbestimmung durch die Internationale Klassifikation der Funktionsfähigkeit, Behinderung und Gesundheit (vgl. WHO 2001; Abb. 2), welche Partizipation als zentrale Dimension verankert und auf alle Lebensbereiche bezieht:

- Lernen und Wissensanwendung,
- allgemeine Aufgaben und Anforderungen,
- Kommunikation,
- Mobilität,
- Selbstversorgung,
- häusliches Leben,
- interpersonelle Interaktionen und Beziehungen,
- bedeutende Lebensbereiche,
- Gemeinschafts-, soziales und staatsbürgerliches Leben.

Folgen von Behinderungen können sich also in eingeschränkten Aktivitäten, begrenzten Partizipationschancen und sozialer Ausgrenzung in all diesen Bereichen manifestieren:

- als Chancenlosigkeit im Bildungssystem, auf die Schwierigkeiten mit sozialem Status und materieller Sicherheit folgen,

- als Benachteiligung auf dem Arbeitsmarkt, häufig verknüpft mit ökonomischen Risiken,
- als Ausschluss von Mobilitäts- und Kommunikationsoptionen,
- als eingeschränkte soziale Kontakte mit der Tendenz der Isolation,
- als Barrieren in den Zugängen zur Umwelt, zu Dienstleistungen und zu Informationen, die wiederum Selbstständigkeit und Selbstbestimmung zusätzlich einschränken

(vgl. WANSING 2005, 83ff.).

Aufgabe von Rehabilitation ist es, vor diesem Hintergrund Inklusion zu verwirklichen, indem mit Hilfe individuell passender Unterstützung Chancen der Partizipation an (subjektiv bedeutsamen) Lebensbereichen erhöht und Exklusionen vermieden, d. h. Risiken der Ausgrenzung reduziert werden.

Dies setzt zunächst voraus, dass nicht nur persönliche Beeinträchtigungen und Defizite, sondern in der Interaktion mit seiner Umwelt die gesamte Lebenslage eines Menschen mit Behinderung analysiert wird:

- die häusliche Situation,
- Möglichkeiten der Selbstversorgung,
- Barrieren in der relevanten Umgebung,
- Zugänge zu Bildung und Arbeit,
- Nutzbarkeit fachlicher Unterstützung,
- Verfügbarkeit sozialer Netzwerke usw.

Hieraus ergeben sich sowohl Hinweise zu behindernden Prozessen und daraus resultierenden Unterstützungsbedarfen als auch über die Wahrnehmung und Nutzung von Ressourcen zur Bewältigung im jeweiligen soziokulturellen Kontext (vgl. Kap. 4.2).

Auch wenn die Zielperspektive der gesellschaftlichen Teilhabe die fachlich-konzeptionellen Diskussionen und Entwicklungen seit einigen Jahren zunehmend prägt, steht die praktische Umsetzung erst am Anfang. Eine besondere Schlüsselposition nehmen dabei die sozialen Einrichtungen und Dienste ein. Sie sind aufgefordert, mit ihren Angeboten zu einer kompetenz- und autonomiefördernden Lebensgestaltung beizutragen und damit die Chancen der gesellschaftlichen Partizipation von Menschen mit Unterstützungsbedarfen zu erhöhen. Bislang gelingt es ihnen jedoch aus vielfältigen Gründen noch nicht in ausreichendem Maße, diesen veränderten Zielvorstellungen mit einem entsprechenden Angebot an Hilfen gerecht zu werden. Konzeptionelle und grundlegend strukturelle Umorientierungen sind nämlich ebenso zu leisten, wie ein verändertes professionelles Selbstverständnis entwickelt werden muss. Gegenwärtig lässt sich vielmehr vor dem Hintergrund der anhaltenden Dominanz (stationärer) Sonderleistungen eine erhebliche Diskrepanz feststellen zwischen den sozialpolitischen und fachlichen Zielperspektiven selbstbestimmter Lebensführung und gesellschaftlicher Teilhabe einerseits und den tatsächlichen Wirkungen und Nebenwirkungen des bestehenden Hilfesystems andererseits (vgl. WANSING 2005). So kam eine bundesweite Studie zur Lebensführung im Heim (vgl. WACKER, WETZLER, METZLER, HORNUNG 1998) zu folgenden Ergebnissen:

- Nicht Inklusion, sondern Integration im Sinne der Anpassung der Adressaten an das professionelle Sondersystem zeigt sich als Wirkung der Leistungen.
- Die systemadäquate Festlegung auf die Rolle des Hilfeempfängers im Rahmen professioneller Betreuungsangebote erschwert die Ausübung teilhaberelevanter Rollen im Lebenslauf zusätzlich erheblich. Dies gilt insbesondere für Komplexeinrichtungen mit integrierten Arbeits-, Bildungs- und Freizeitangeboten. Das Behindertendasein selbst wird hier zur Rolle, die den Zugang zu sämtlichen Lebensbereichen festlegt.
- Chancen, eigene Kompetenz und Unabhängigkeit zu erleben, werden häufig strukturell begrenzt durch vorgehaltene Versorgungssysteme (z. B. im Bereich der Haushaltsführung).

Vor diesem Hintergrund laufen die traditionellen Unterstützungssysteme Gefahr, ihre eigene gesellschaftliche Aufgabe der Eingliederung zu sabotieren. Die intendierte Zielsetzung der Inklusion wird nicht nur verfehlt, sondern ihr wird aufgrund der Organisationszwänge und Versorgungsstrukturen systematisch gegengesteuert. Dass dies auch der Janusköpfigkeit der gesellschaftlichen Ziele der Eingliederung geschuldet ist, lässt sich am Versorgungssystem in stationären Wohnformen ebenso belegen wie am Beispiel der Konstruktion der Werkstätten für behinderte Menschen (WfbM). Diese bieten zwar Personen, die nicht in den Arbeitsmarkt integriert sind, Möglichkeiten der beruflichen Bildung und Beschäftigung, sie kommen zugleich aber – mit hoher gesellschaftlicher Billigung – ihrem Eingliederungsauftrag nicht nach und arbeiten damit dem gesellschaftlichen Unvermögen zu, ›unpassende‹ und ›unbekannte‹ Bevölkerungsgruppen zu integrieren bzw. Verschiedenheit als Chance zu nutzen.

1.2   Lebensqualität durch Partizipation und Ressourcenorientierung

Dienstleistungen für Menschen mit Behinderung, welche die Zielperspektive der Lebensqualität und ihren gesellschaftlichen Inklusionsauftrag ernst nehmen, müssen sich der Herausforderung einer grundlegenden Neuorganisation stellen, wenn sie zukünftig bestehen wollen. Dabei geht es um weit mehr als eine weitere Differenzierung der Angebote als Konsequenz des Normalisierungsprinzips. Ein »Mehr vom Gleichen«, nachdem weitere gemeindenahe (Sonder-)Einrichtungen bereitgestellt und ihre Leistungsstandards optimiert werden, kann den veränderten Aufgaben allein nicht gerecht werden. Solange und in dem Maße, wie die vorgehaltenen professionellen Leistungsangebote (z. B. von stationären Wohneinrichtungen) Entscheidungs- und Handlungsspielräume der Bewohnerinnen und Bewohner bestimmen, definieren die Standards und Programme der Anbieter die Qualität der Unterstützung, ohne das Passungsverhältnis zwischen ihren Angeboten auf der einen und den individuellen Lebens- und Bedürfnislagen ihrer Adressaten auf der anderen Seite zur Gestaltungsgrundlage zu machen. Die Herausforderung an die Anbieter der Behindertenhilfe als soziale Dienstleister liegt deshalb vor allem darin, den Einklang von Angebot und Nachfrage zu optimieren durch die Abkehr von standardisierten Leistungsprogrammen und ein stärkeres Anknüpfen an die individuellen Lebensweisen und Perspektiven der Adressaten. Deren Bedarfe, Bedürfnisse und lebensweltliche Ressourcen sollten im Zentrum der Angebotsentwicklung und -gestaltung stehen, indem man fragt, »was Menschen brauchen, um in einer Gemeinde oder Region unter (...) allgemeinen Ziel- und ihren persönlichen Zukunftsperspektiven leben zu können, und nicht nach dem, was sie brauchen (dürfen) innerhalb eines (sich nicht verändernden) Angebots« (BECK 2002, 53). Dies setzt einen Wechsel des gesamten Rehabilitationsmodells von der angebotsbezogenen zur personenbezogenen Unterstützung voraus, bei der durch Partizipation und Ressourcenorientierung Menschen mit Unterstützungsbedarfen selbst zu »Koproduzenten« einer für sie passenden Dienstleistung nach Maß werden.

1.2.1 Partizipation

Im neuen Modell von Rehabilitation als sozialer Dienstleistung erweist sich die klassische Rolle von Menschen mit Behinderung als Hilfeempfänger zunehmend als unpassend. Eine Perspektive, welche die Adressaten von Leistungen aus ihrem Objektstatus entlässt und ihnen eine aktive Rolle als wahl- und entscheidungsfähige Nutzer zuerkennt (Bürger, Kunden, Konsumenten etc.), beinhaltet zugleich eine Neubestimmung der Beziehung zwischen Empfängern und Erbringern von Dienstleistungen. Zentrales Moment dieser Neubestimmung ist es, die Nutzer- gegenüber der Anbieterseite aufzuwerten, zu stärken und ihre Autonomie zu betonen. Diese Stärkung von Menschen mit Unterstützungsbedarfen im System der Hilfen setzt voraus, dass sie konsequent am gesamten Dienstleistungsgeschehen beteiligt werden – nicht zuletzt deswegen, weil Leistungen zur Teilhabe erst dann ihre positive

Wirkung entfalten können, wenn sie sich als sinnvoll für die individuelle Lebensführung der Adressaten erweisen.

Partizipation stellt damit die entscheidende Grundlage und zugleich strukturelle
Mindestbedingung personenbezogener Leistungsgestaltung dar. Oberflächlich betrachtet stört Partizipation jedoch das tradierte »Fürsorgeschema«. Gemessen an
den subsidiären Prinzipien der katholischen Soziallehre hingegen geht es genau um
die individuelle Befähigung, so eigenständig und eigenverantwortlich zu handeln,
wie dies irgend möglich ist.

Folgt man also dem Partizipationspostulat, geht es zunächst darum, Wahlmöglichkeiten zu schaffen bzw. eine differenzierte und flexible Angebotsstruktur bereitzustellen. Menschen mit Unterstützungsbedarfen sollen neue Möglichkeiten erhalten, »auf einer Art Markt zwischen unterschiedlichen Anbietern und unterschiedlichen Spezifikationen von Diensten auszuwählen (choice) und so die Anbieterseite dazu bringen, ihre Bedürfnisse angemessen zu befriedigen; weiter sollen sie
in die Beurteilung und Leistungsmessung stärker einbezogen werden, damit die Anbieter ihre Dienste besser auf die individuellen Präferenzen und Wünsche einstellen
können (Feedback-Funktion)«(SCHNURR 2001, 1335; vgl. Abb. 3). Bislang lag diese steuernde Funktion trotz theoretisch bestehender Wunsch- und Wahlrechte kaum
bei den Nutzern sozialer Dienstleistungen, sondern in der Tradition des Sachleis-
tungsprinzips wurden Inhalt, Umfang und Qualität der Leistungen durch die Anbieter selbst festgelegt bzw. zwischen Anbietern und Leistungsträgern vereinbart.

Nach einer langen Tradition, soziale Leistungen (insbesondere auch der Eingliederungshilfe) im Binnenverhältnis von Leistungsanbietern und -trägern auszuhandeln und dann als Versorgungsstruktur für Menschen, deren Unterstützungsbe-

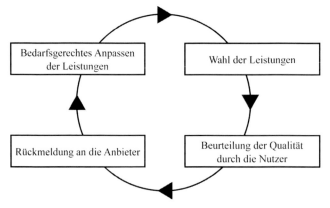

Abb. 3: Choice-Verfahren

darf anerkannt wurde, bereitzustellen (vgl. Abb. 4), wandelt sich dieses Binnenverhältnis nun mit einem neuen sozialrechtlichen und sozialpolitischen Verständnis: Die Rechte der Nutzer werden gestärkt. Sie sollen neue Relevanz erhalten im Spiel der Kräfte innerhalb des Leistungsdreiecks im Rehabilitationsgeschehen (vgl. Abb. 5).

Dennoch bleibt eine Abhängigkeitsstellung der Nutzer weiterhin bestehen insofern, als Leistungen für sie auf der Basis des Übereinkommens von Leistungsanbietern und Leistungsträgern gestaltet werden; nach dem Sachleistungsprinzip kommen sie mit ihrem individuellen Wunsch- und Wahlrecht erst abschließend als Konsumenten ins Spiel. Mit der Option auf Geldleistungen (wie sie das SGB IX in § 17 Abs. 4 eröffnet) ergibt sich nun die reale Chance, bereits bei der Gestaltung der Hilfen entscheidenden Einfluss zu nehmen. Der Nutzer gelangt tatsächlich in den Kernbereich des Hilfegeschehens und verliert seine reine Empfängerrolle. Die Chancen wachsen, durch einen sukzessiven Wandel der Angebote sozialer Dienst-

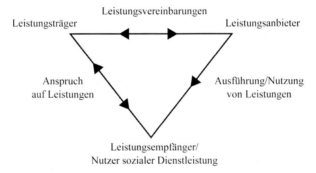

Abb. 4: Das traditionelle Leistungsdreieck

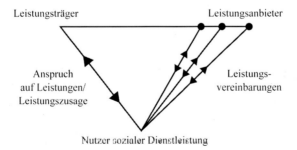

Abb. 5: Das neue Binnenverhältnis im Leistungsgeschehen

leistung tatsächlich einen Ausweg aus der strukturellen sozialen Abhängigkeit zu bahnen und im Hilfegeschehen »auf gleiche Augenhöhe« zu gelangen. Mit dem Instrument vereinbarter Persönlicher Budgets können nunmehr die Nutzer die Art, den Umfang und den Einsatz von Hilfen steuern, und die Anbieter formen ihre Hilfe gemäß der objektiven Versorgungsstandards (des kulturell Üblichen) und der subjektiven Wünsche (des für den eigenen Lebensplan Angemessenen) der Nutzer (vgl. Abb. 6).

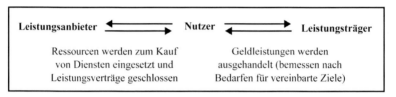

Abb. 6: Das Binnenverhältnis beim Persönlichen Budget

Diese Umgestaltung des Binnenverhältnisses von Leistungsträgern, Leistungser-bringern und Leistungsnutzern kann gelingen, weil das neue Rehabilitationsrecht die Partizipation von Menschen mit Behinderung an der Auswahl passender Leis-tungen stärkt: »Bei der Entscheidung über die Leistungen und bei der Ausführung der Leistungen zur Teilhabe wird berechtigten Wünschen der Leistungsberechtig-ten entsprochen. Dabei wird auch auf die persönliche Lebenssituation, das Alter, das Geschlecht, die Familie sowie die religiösen und weltanschaulichen Bedürfnis-se der Leistungsberechtigten Rücksicht genommen« (§ 9 Abs. 1 SGB IX).

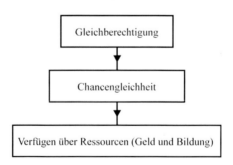

Abb. 7: Voice-Verfahren

Eine verfügbare und wählbare Infrastruktur alleine ist allerdings auf der Nachfra-geseite noch nicht entscheidend für die Gestaltung individuell passender Leistun-gen. Ob Partizipation realisiert wird, ist zudem abhängig von den Chancen, eigene

Interessen artikulieren und durchsetzen zu können. Es geht also um die aktive Mitbestimmung und Mitwirkung der Menschen mit Behinderung im gesamten Rehabilitationsprozess (= voice, vgl. Abb. 7) von der Bedarfsermittlung über das Arrangement von Leistungen bis hin zur Beurteilung der Qualität. Dies geht über die Wahl von Leistungen deutlich hinaus.

Entsprechende Handlungsgrundlagen bieten das Grundgesetz (insbesondere das Benachteiligungsverbot Art. 3 Abs. 3 GG) ebenso wie die Leistungsgesetze auch bei erheblichem Unterstützungsbedarf. Also sind passende Partizipationsstrukturen, die den Leistungsnehmern »eine Stimme geben«, die unverzichtbaren weiteren Aufgaben des Strukturwandels (vgl. WACKER 2002). Sie müssen im Selbstverständnis und in den organisationalen und konzeptionellen Strukturen der sozialen Dienste noch besser verankert werden.

1.2.2 Ressourcenorientierung

Nach dem bio-psycho-sozialen Modell von Behinderung ist von einer deutlichen Wechselwirkung auszugehen zwischen persönlichen Kompetenzen und Umweltressourcen einerseits sowie den Beeinträchtigungen von Aktivitäten und Partizipation in allen Lebensbereichen andererseits. Ressourcenorientierte Ansätze der Lebensqualität verdeutlichen darüber hinaus, dass sich die Verfügbarkeit bzw. Mobilisierung von Ressourcen erheblich auf das subjektive Wohlbefinden von Menschen auswirken (vgl. Kap. 1). Der Perspektivenwechsel von der angebots- zur personenbezogenen Unterstützung muss deshalb mit einer konsequenten Ressourcenorientierung bei der Planung und Gestaltung von Leistungen einhergehen.

Hierbei ist es die Aufgabe der sozialen Dienstleistungen, passende Handlungskompetenzen so auf individuelle Lagen bezogen zu vermitteln, dass alltägliche Lebensführung (wieder) in den ›normalen‹ Lebenszusammenhängen einer Gesellschaft gelingen kann. Dies bedeutet, »dass Anforderungen, Schwierigkeiten, Herausforderungen, Probleme, Risiken, Pflichten und Verantwortungsbereiche nicht ›enteignet‹, d. h. nicht mittels routinehafter (...) Abläufe von Menschen mit Hilfebedarf ferngehalten werden und aus deren Lebenswirklichkeit verbannt werden, sondern dass Menschen mit Behinderung geeignete Ressourcen zur Verfügung gestellt werden, um diesen Anforderungen begegnen und sie bewältigen zu können« (METZLER, RAUSCHER 2003, 240). Dies können z. B. ebenso Kompetenzen im Umgang mit Informations- und Kommunikationstechnologie sein wie Fähigkeiten, öffentliche Verkehrsmittel zu nutzen, Partnerschaften zu gestalten, eigene Rechte wahrzunehmen o. ä. Aber auch die Entwicklung und Stärkung sozialer Unterstützung und Netzwerke ist hier von erheblicher Bedeutung. Insgesamt ist ein ressourcenorientierter Weg zur passenden Unterstützung grundlegend markiert vom Respekt vor den Personen, ihrem je eigenen individuellen Lebensplan und ihren individuellen Lösungen ihrer Lebensaufgaben, denn Beeinträchtigungen haben eine subjektive Komponente in ihrer Relevanz für die unterschiedlich befähigten Personen. Zudem gibt es in der Regel mehr als nur eine Möglichkeit, mit Beeinträchtigungen umzugehen und Anforderungen zu bewältigen. Der Vielfalt der Problemdefinitionen und der Bewältigungsmuster werden oft routinierte professionelle Programme weniger gerecht als die lebensweltlichen Konzepte der Nutzer selbst. Entscheidend ist deshalb nicht, lediglich (fach- und sachgerecht) Hilfen zu entwickeln und zu vermitteln, sondern insbesondere auch (bereits vorhandene) persönliche und soziale Ressourcen wahrzunehmen und relevant zu machen. In pauschal angebotenen Leistungsformen (Wohneinrichtungen, Werkstätten) werden die Chancen, eigene Kompetenz und eigene Bedeutung, z. B. durch Elemente der Selbstsorge, zu erleben oder eigene Ressourcen durch nichtprofessionelle Personen (Verwandte, Freunde, Selbsthilfe) in die Hilfeleistungen einzubeziehen, vielfach strukturell ausgeschlossen oder begrenzt durch pauschal vorgehaltene Versorgungssysteme. Es gilt das »All-inclusive-Prinzip«, das nicht nur einer tendenziellen Gleichbehandlung im Sinne von Gleichmacherei (»One-size-fits-all«) Vorschub leistet, sondern auch zur Enteignung eigener Kompetenzen beiträgt.

Eigene Ressourcen in die Lebensführung einzubringen, schont den Mitteleinsatz nachhaltig, stärkt aber gleichermaßen die Eigenständigkeit und die gesellschaftliche Anerkennung von Menschen mit Behinderung. So wird ein positiver Kreislauf der Selbstbefähigung und -ermächtigung (›Empowerment‹), der die Gestaltung der eigenen Lebensumstände fördert und die Kontrolle über das eigene Leben steigert, in Gang gesetzt (vgl. RAPPAPORT 1985; THEUNISSEN, PLAUTE 2002).

Entsprechende Aussagen lassen sich nicht nur aus theoretischen Überlegungen zur Kompetenzentwicklung von Menschen und zur gesellschaftlichen Anerkennung ableiten, sondern können auch im Strukturwandel beobachtet werden, der sich in europäischen Nachbarstaaten vollzieht (vgl. Kap. 3).

Seit der Jahrtausendwende gewinnt nun diese Neuorientierung der Bemessung und Steuerung sozialer Dienstleistungen in der Rehabilitation auch in Deutschland an Dynamik, wie sich am Modell eines Persönlichen Budgets und den Schritten zu seiner Einführung beobachten lässt.

2 Konzeptionelle und sozialrechtliche Grundlagen eines Persönlichen Budgets

Um eine bessere Passgenauigkeit und Wirksamkeit rehabilitativer (Dienst-) Leistungen zu erzielen, wird international das Persönliche Budget als neues Steuerungsinstrument eingeführt. Hiermit geht der Wechsel von der Sachleistung zur Geldleistung einher. Mit den Geldleistungen können Menschen mit Behinderung bedarfsgerecht und wunschgemäß Unterstützung bei professionellen Dienstleistern erwerben, nach dem Arbeitgebermodell Persönliche Assistenten einstellen oder Hilfen privat organisieren. Dabei werden wesentliche sachliche, soziale und zeitliche Entscheidungsspielräume geschaffen, welche zu einer individualisierten Lebensführung beitragen und dem Budgetnehmer mehr Kontrolle über das eigene Leben ermöglichen.

Auch in Deutschland wurden mit Einführung des SGB IX die rechtlichen Voraussetzungen für diese Leistungsvariante geschaffen. Deren konkrete Ausgestaltung wurde mit dem Erlass einer Budgetverordnung zum 1. Juli 2004 erheblich vorangebracht und soll bis Ende 2007 bundesweit mit (weiteren) Modellerprobungen in verschiedenen Regionen zu einer ab 2008 gültigen Form des Persönlichen Budgets entwickelt werden.

2.1 Konzeptionelle Eckpunkte – von der Sachleistung zur Geldleistung

In Europa lässt sich seit einigen Jahren ein grundlegender Richtungswechsel erkennen als Abkehr von einer separaten Behindertenpolitik und Hinwendung zu einer umfassenden Gesellschaftspolitik, welche die Interessen von Menschen mit besonderen Unterstützungsbedarfen als Bürgerrechte anerkennt. Um diese Ziele zu erreichen, wird international als neues Steuerungsinstrument das Persönliche Budget eingeführt, das durch Selbststeuerung die Effektivität und die Effizienz der sozialpolitischen Programme und der sozialen Dienste erhöhen soll.

Unter einem Budget versteht man in der Finanzwissenschaft einen Finanzplan für einen bestimmten Zeitabschnitt, in der Betriebswirtschaftslehre einen Plan, der die Verteilung von Ressourcen steuert. Auch Privathaushalte wirtschaften in der Regel mit Budgets, die aus ihrem Einkommen oder Leistungen, die sie erhalten, gespeist werden. Im Unterschied zu einfachen, in der Regel einmaligen Geldleistungen wird Menschen mit Behinderung bei einem Persönlichen Budget ein Betrag für einen bestimmten Zeitraum zur Verfügung gestellt, mit dem die Organisation und Ausgestaltung ihrer Unterstützung geplant und umgesetzt werden kann.

Ein Persönliches Budget bedeutet den Umstieg von der traditionellen Sachleistung zur Geldleistung und damit eine Umlenkung der wohlfahrtsstaatlichen Geldmittel vom Anbieter zum Nutzer der Leistungen (vgl. Kap. 1.2.1). Menschen mit Behinderung erhalten statt einer Sachleistung, z. B. in Form eines Wohnheimplatzes, eines Arbeitsplatzes in einer Werkstatt für behinderte Menschen oder einer Pflegeleistung, einen bestimmten Geldbetrag. Dieser Geldbetrag ist kein Taschengeld, sondern soll in einer Weise zugeschnitten sein, dass man damit einen regelmäßigen erwartbaren Bedarf der Lebensführung decken kann. Menschen mit Behinderung sollen dadurch mehr Kontrolle über die Auswahl und Gestaltung der individuell erforderlichen Unterstützungsleistungen erhalten, ihre Selbstbestimmung und Selbstzuständigkeit soll gestärkt werden. Mit der Erbringung von Geldleistungen geht ein erheblicher Machtwechsel zugunsten der behinderten Menschen einher, denn die Beziehungen im klassischen Finanzierungsdreieck verändern sich:

- Die Vertragsbeziehung zwischen Leistungsträger und -anbieter wird aufgelöst oder zumindest geschwächt (vgl. Abb. 5).
- Die Kundenposition der Menschen mit Behinderung wird erheblich dadurch gestärkt, dass sie über die finanziellen Ressourcen verfügen bzw. in ihrer Rolle als Arbeitgeber die Leistungen steuern und Vereinbarungen über Inhalt, Umfang und Qualität der Leistungen treffen können.
- Qualität ergibt sich dann nicht mehr allein durch das Angebot und die Kontrolle der aus Sicht von Anbietern und Kostenträgern als notwendig definierten Hilfen, sondern der Budgetnehmer steuert die Qualität selbst.

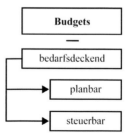

Abb. 8: Zentrale Merkmale eines Budgets

Darüber hinaus ist ein Budget durch den Aspekt der Planung bzw. Planbarkeit charakterisiert (vgl. Abb. 8). Durch diesen Budgetcharakter werden den Leistungsberechtigten wesentliche Entscheidungsspielräume bei der Auswahl von Unterstützungsleistungen eröffnet (vgl. KASTL 2002):

Sachliche Entscheidungsspielräume: Was? Wie?

Mit einem Persönlichen Budget erhalten Menschen mit Behinderung die Möglichkeit, maßgeblich zu entscheiden, welche Hilfeleistungen sie in Anspruch nehmen und wie diese ausgeführt werden.

Soziale Entscheidungsspielräume: Wer?

Eine wesentliche Bedeutung des Persönlichen Budgets liegt in der Möglichkeit zu entscheiden, *wer* eine Unterstützung erbringen soll. Mit den Geldleistungen können professionelle Anbieter in Anspruch genommen, persönliche Assistenten angestellt oder Hilfen privat organisiert werden, indem man Freunde, Nachbarn u.a. beauftragt, die Unterstützung zu leisten. Traditionelle Betreuungsbeziehungen, die durch Abhängigkeit gekennzeichnet sind, werden abgelöst durch eine Beziehung zu Leistungserbringern, die nicht mehr nach dem Fürsorgeprinzip, sondern von einem Austauschverhältnis »Geld gegen Unterstützungsleistung« bestimmt ist.

Zeitliche Entscheidungsspielräume: Wann? Wie oft?

Im Leben behinderungserfahrener Menschen strukturieren Zeitpläne den Alltag, die durch externe Organisationen oder Institutionen vorgegeben sind. Häufig ist der Tagesablauf nach einem klaren Schema organisiert, das dem rationellen Organisationsgeschehen und den effektiven Dienstplänen geschuldet sind (vgl. WACKER, WETZLER, METZLER, HORNUNG 1998; WACKER 2001a). Für viele Menschen bedeutet dies, über Jahre hinweg nach einem Zeitplan zu leben, den sie nicht selbst gestalten. Mit einem Persönlichen Budget besteht die Möglichkeit, Zeitpunkt und Frequenz der gewünschten und benötigten Leistungserbringung individuell zu bestimmen bzw. flexibel mit den Leistungserbringern auszuhandeln. Anbieter müssen sich so mehr den Bedürfnissen der Nutzer anpassen als den Rationalitäten der Organisation und der professionellen Dienstleister.

Prioritätsspielräume

Wenn mit einem Persönlichen Budget das Leben individuell gestaltet wird, sollten nach Möglichkeit Prioritäten innerhalb des Gesamtbudgets gesetzt werden können, welche Lebensbereiche in jeweiligen Lebensphasen besondere Relevanz haben.

Wenn z.B. ein Umzug in eine private Wohnung ansteht oder der Erwerb von Fähigkeiten im Umgang mit neuen Medien gewünscht ist, sollten diese Mehrbedarfe
im Rahmen des Budgets flexibel zu decken sein.

2.2 Sozialrechtliche Grundlagen

Die Möglichkeit der Leistungserbringung in Form von Geldleistungen bzw. Persönlichen Budgets fußt auf verschiedenen gesetzlichen Bestimmungen, die in den
letzten Jahren wesentlich ausgestaltet wurden.

Pauschalierte Geldleistungen auf Grund der Experimentierklausel im BSHG

Bereits mit der Einführung des § 101a (»Experimentierklausel«) in das Bundessozialhilfegesetz (BSHG) wurde eine gesetzliche Grundlage geschaffen, um Leistungen der Sozialhilfe als pauschale Geldleistung zu erbringen. Der Richtungswechsel
von der Bearbeitung und Bewilligung der verschiedenen Sozialhilfeleistungen in
jedem Einzelfall hin zu monatlichen Pauschalen soll das Verfahren vereinfachen
und Freiräume für Sozialhilfeberechtigte und die Kommunen schaffen. Die Träger
der Sozialhilfe konnten durch eine Rechtsverordnung der Landesregierung ermächtigt werden, in Modellvorhaben die Pauschalierung von Sozialhilfeleistungen
zu erproben (bis zum Jahre 2004). Hierbei sollte geprüft werden, ob die Dispositi-
onsfreiheit und Selbstverantwortung der Hilfeberechtigten hierdurch gestärkt und
die Verwaltung vereinfacht wird.

Geldleistungen und Persönliche Budgets nach SGB IX

Erheblich ausgeweitet wurde das Wunsch- und Wahlrecht von Menschen mit Behinderung bei der Auswahl der ihnen zustehenden Leistungen durch die Einführung des SGB IX im Jahre 2001. Damit einhergehend wurden gesetzliche Grundlagen gegeben, um Leistungen zur Eingliederung als Geldleistung erbringen zu
können. Nach § 9 Abs. 2 SGB IX können Leistungen zur Teilhabe, die nicht in
Rehabilitationseinrichtungen auszuführen sind, auf Antrag der Leistungsberechtigten nicht nur als Sachleistung, sondern auch als *Geldleistung* erbracht werden,
wenn die Leistungen hierdurch voraussichtlich bei gleicher Wirksamkeit wirt-
schaftlich zumindest gleichwertig ausgeführt werden. Die Leistungserbringung
über ein Persönliches Budget wird in § 17 SGB IX geregelt: »Der zuständige Rehabilitationsträger kann Leistungen zur Teilhabe (...) durch ein persönliches Budget

ausführen. Er bleibt für die Ausführung der Leistungen verantwortlich. Satz 1 Nr. 1 bis 3 gilt insbesondere dann, wenn der Rehabilitationsträger die Leistung dadurch wirksamer oder wirtschaftlicher erbringen kann.« Während diese Ausführungen zur Gestaltung des Persönlichen Budgets zunächst sehr knapp gehalten waren, wurden die Bestimmungen zum Persönlichen Budget im SGB IX im Zuge der Einordnung des Sozialhilferechts in das SBG XII durch Artikel 8 des Gesetzes zur Einordnung des Sozialhilferechts in das Sozialgesetzbuch mit Inkrafttreten am 1. Juli 2004 weiter ausgestaltet (§ 17 Abs. 2–6 SGB IX). Demnach können auf Antrag Leistungen zur Teilhabe durch ein Persönliches Budget ausgeführt werden, »um den Leistungsberechtigten in eigener Verantwortung ein möglichst selbstbestimmtes Leben zu ermöglichen« (§ 17 Abs. 2 Satz 1).

Komplexleistung

Als mögliche Leistungsträger kommen nach der neuen Fassung des SGB IX neben den Rehabilitationsträgern (gesetzliche Krankenkassen, Bundesagentur für Arbeit, gesetzliche Unfallversicherung, gesetzliche Rentenversicherung, Kriegsopferversorgung und Kriegsopferfürsorge, öffentliche Jugendhilfe, Sozialhilfe; vgl. § 6 Abs. 1 SGB IX) auch die Pflegekassen und Integrationsämter in Frage (vgl. § 17 Abs. 2 SGB IX). Das Persönliche Budget soll dabei leistungsträgerübergreifend von allen im Einzelfall beteiligten Leistungsträgern als *Komplexleistung* erbracht werden. Diese Leistungserbringung »wie aus einer Hand« ist vor allem für Personen mit komplexen Unterstützungsbedarfen von Bedeutung, die Ansprüche gegenüber verschiedenen Leistungsträgern geltend machen können. In das Gesamtbudget einer Person können so z. B. Teilpauschalen der Sozialhilfeträger für Hilfen zum Wohnen, für Mobilität und Haushaltsführung einfließen, von der Krankenversicherung Gelder für Rehabilitationssport und von der Bundesagentur für Arbeit Gelder für Arbeitsassistenz.

Budgetfähige Leistungen

Als Leistungen, die über ein Persönliches Budget erbracht werden können, waren zunächst Leistungen vorgesehen, »die sich auf alltägliche, regelmäßig wiederkehrende und regiefähige Bedarfe beziehen und als Geldleistungen oder durch Gutscheine erbracht werden können« (§ 17 Abs. 2 Satz 4 SGB IX). Damit waren solche Leistungen gemeint, die bei der Bewältigung von Aufgaben und Anforderungen der alltäglichen Lebensführung (Wohnen, Arbeit, Familie usw.) erforderlich sind und innerhalb bestimmbarer Zeitintervalle (täglich, wöchentlich) wiederkehren. Regiefähigkeit meinte dabei nicht die Kompetenzen des Budgetnehmers, sondern dass es um Leistungen geht, die geeignet sind, durch den Budgetnehmer – wenn nötig mit Unterstützung – selbst ausgewählt und organisiert zu werden. Im Zuge des Verwaltungsvereinfachungsgesetzes vom 21. März 2005 fielen diese Vorgaben weg. Budgetfähig sind nun prinzipiell *alle* Leistungen zur Teilhabe nach SGB IX, und darüber hinaus auch Leistungen der Krankenkassen und der Pflegekassen, Leistungen der Träger der Unfallversicherung bei Pflegebedürftigkeit sowie Hilfen zur Pflege der Sozialhilfe, die sich auf alltägliche und regelmäßig wiederkehrende Bedarfe beziehen und als Geldleistungen oder durch Gutscheine erbracht werden können.

Budgetbemessung

Persönliche Budgets müssen so bemessen werden, dass der individuelle Bedarf – festzustellen entsprechend der jeweils geltenden Leistungsgesetze – gedeckt wird und die erforderliche Beratung und Unterstützung erfolgen kann. »Dabei soll die Höhe des Persönlichen Budgets die Kosten aller bisher individuell festgestellten, ohne das Persönliche Budget zu erbringenden Leistungen nicht überschreiten« (§ 17 Abs. 3 Satz 3 SGB IX). Wie das Verfahren zur Budgetbemessung im Einzelnen aussehen soll, ist bislang noch offen (vgl. Kap. 4.3).

Koordination der Leistungen und Bewilligung Persönlicher Budgets

Um das Hauptanliegen des SGB IX einer besseren Koordination aller Leistungen für die Leistungsempfänger zu realisieren, ist ein effektives und effizientes »Schnittstellenmanagement« erforderlich: Zuständigkeiten sollen möglichst schnell und unbürokratisch geklärt werden und die zuständigen Leistungsträger sollen bei der Bewilligung und Ausführung von Leistungen kooperieren und ihre Aufgaben koordinieren. Die entsprechenden Aufgaben bei der Bewilligung und Festsetzung Persönlicher Budgets sind gemäß §§ 10 und 14 SGB IX zu erfüllen. Wenn Leistungen verschiedener Leistungsträger erforderlich sind, ist der zuerst angegangene Träger dafür verantwortlich, »dass die beteiligten Rehabilitationsträger im Benehmen miteinander und in Abstimmung mit den Leistungsberechtigten die nach dem individuellen Bedarf voraussichtlich erforderlichen Leistungen funktionsbezogen feststellen und schriftlich so zusammenstellen, dass sie nahtlos ineinander greifen« (§ 10 Abs. 1 SGB IX). Es kann aber auch in Abstimmung der beteiligten Leistungsträger und dem Leistungsberechtigten ein anderer Leistungsträger die Rolle des Beauftragten übernehmen.

Näheres über die Inhalte und Verfahren des Persönlichen Budgets wird in der *Budgetverordnung (BudgetV)* geregelt, die ebenfalls zum 1. Juli 2004 in Kraft getreten ist. Ein Kernpunkt der Budgetverordnung ist die Verpflichtung zur Zielvereinbarung, die zwischen dem Antragsteller und dem beauftragten Leistungsträger abzuschließen ist.

»Sie enthält mindestens Regelungen über

1. die Ausrichtung der individuellen Förder- und Leistungsziele,
2. die Erforderlichkeit eines Nachweises für die Deckung des festgestellten individuellen Bedarfs sowie
3. die Qualitätssicherung« (§ 4 Abs. 1 BudgetV).

An die Erbringungsform über ein Persönliches Budget ist der Antragsteller gemäß § 17 Abs. 2 SGB IX für die Dauer von sechs Monaten gebunden. Die Zielvereinbarung kann jedoch sowohl vom beauftragten Leistungsträger als auch vom Antragsteller aus wichtigem Grund mit sofortiger Wirkung gekündigt werden, wenn den Beteiligten eine Fortsetzung nicht zumutbar ist. Seitens des Leistungsträgers kann ein wichtiger Grund vorliegen, wenn der Leistungsberechtigte die Vereinbarung nicht einhält, z.B. Nachweise zur Bedarfsdeckung nicht vorlegt. Ein wichtiger Grund für den Antragsteller kann in der persönlichen Lebenssituation (z.B. im Fall einer Krise) liegen (vgl. § 4 Abs. 2 BudgetV). Hiermit wird sichergestellt, dass der Budgetnehmer zeitnah zur Sachleistung zurückkehren kann, wenn er beispielsweise mit der Budgetverwaltung überfordert ist oder mit dem Budget seinen Unterstützungsbedarfe nicht decken kann.

Außerdem ist ein Bedarfsfeststellungsverfahren vorgesehen, an dem die im Einzelfall beteiligten Leistungsträger, die antragstellende Person, ggf. ihr gesetzlicher Betreuer und auf Wunsch eine weitere Vertrauensperson beteiligt sind. Im Rahmen dieses Verfahrens werden die jeweils getroffenen Feststellungen beraten. Hierfür sollen die beteiligten Leistungsträger eine Stellungnahme abgeben zu

»1. dem Bedarf, der durch budgetfähige Leistungen gedeckt werden kann, unter Berücksichtigung des Wunsch- und Wahlrechts nach § 9 Abs. 1 des Neunten Buches Sozialgesetzbuch,
2. der Höhe des Persönlichen Budgets als Geldleistung oder durch Gutscheine,
3. dem Inhalt der Zielvereinbarung nach § 4,
4. einem Beratungs- und Unterstützungsbedarf« (§ 3 Abs. 1 BudgetV).

Das Bedarfsfeststellungsverfahren ist in der Regel im Abstand von zwei Jahren zu wiederholen.

Nach den gesetzlichen Grundlagen des SGB IX und der Budgetverordnung ist die Beantragung und Bewilligung eines Persönlichen Budgets also in folgenden Schritten vorgesehen (vgl. Abb. 9):

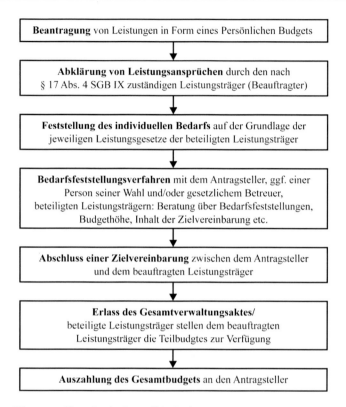

Abb. 9: Bewilligungsverfahren für das Persönliche Budget

- Der Leistungsberechtigte stellt bei einem der möglichen Leistungsträger oder der gemeinsamen Servicestelle einen Antrag auf Leistungen durch ein Persönliches Budget. Beispiel: Ein Mensch mit Behinderung beantragt Leistungen im Rahmen des Betreuten Wohnens beim Sozialhilfeträger.
- Der nach § 10 SGB IX für die Koordination zuständige Leistungsträger klärt, ob noch weitere Leistungen anderer Träger in Frage kommen, z. B. Leistungen der Grundpflege durch die Pflegekassen und/oder Leistungen des Rehabilitationssports durch die Krankenkasse.
- Die beteiligten Leistungsträger (im o. g. Beispiel: Sozialhilfeträger, Krankenkasse und Pflegekasse) stellen den individuellen Bedarf des Antragstellers auf der Grundlage ihrer Leistungsgesetze fest.
- Es wird ein Bedarfsfeststellungsverfahren unter Federführung des beauftragten Leistungsträgers (hier: Sozialhilfeträger) durchgeführt, an dem die einzelnen Leistungsträger (falls erforderlich), der Antragsteller (ggf. gesetzliche Betreuer) und nach Wunsch eine vom Antragsteller benannte Person beteiligt

sind. Sie beraten über die festgestellten Bedarfe, die durch budgetfähige Bedarfe gedeckt werden können, die Höhe des Persönlichen Budgets, den Inhalt der Zielvereinbarung und einen evtl. vorliegenden Beratungs- und Unterstützungsbedarf.

- Als Ergebnis der Budgetkonferenz wird eine Zielvereinbarung abgeschlossen. Diese beinhaltet mindestens die individuellen Förder- und Leistungsziele, ob und ggf. in welcher Form ein Nachweis zur Bedarfsdeckung erbracht werden muss und welche Anforderungen an die Qualitätssicherung zu stellen sind.
- Die Leistungsträger stellen dem beauftragten Leistungsträger (hier: Sozialhilfeträger) die Teilbudgets innerhalb einer Woche zur Verfügung.
- Der beauftragte Leistungsträger erlässt den Verwaltungsakt und zahlt das Budget monatlich im Voraus an den Antragsteller aus.

Mit Inkrafttreten der Neufassung des SGB IX und der Neuregelungen zum Persönlichen Budget im Juli 2004 werden bis Ende 2007 weitere bundesweite Modellerprobungen erfolgen.[4] »Dabei sollen insbesondere modellhaft Verfahren zur Bemessung von budgetfähigen Leistungen in Geld und die Weiterentwicklung von Versorgungsstrukturen unter wissenschaftlicher Begleitung und Auswertung erprobt werden« (§ 17 Abs. 6 SGB IX). Davon unberührt können aber auch Personen außerhalb von Modellversuchen einen Antrag auf ein Persönliches Budget stellen. Ab 2008 besteht ein Rechtsanspruch auf ein Persönliches Budget.

Im Rahmen der Modellerprobung wird es wichtig sein festzustellen, auf welche Weise die zeitnahe Feststellung und Umsetzung der Budgetbemessung, der Budgetumsetzung und der Qualitätssicherung trägerübergreifend gelingen kann, welche Veränderungen in der Angebotsstruktur notwendig sind für den effektiven und effizienten Einsatz der Leistungsangebote, welche Kompetenzen die Leistungsnehmer aufbauen müssen, um mit dem neuen Steuerungsinstrument »Zielvereinbarung« und »Geldleistung« die angemessene Unterstützung zu stellen und welche Informationen und Beratungsbedarfe dabei gedeckt werden müssen. Eine wesentliche Frage wird auch sein, ob hier die Gemeinsamen Servicestellen (nach § 23 SGB IX) in der Lage sind, die vom Gesetzgeber vorgesehene Schlüsselposition im Zugang zum Persönlichen Budget (»Gatekeeper«) auszufüllen und zu gestalten.

---

[4] Die wissenschaftliche Begleitforschung erfolgt durch die Universität Tübingen (Zentrum zur Interdisziplinären Erforschung der Lebenswelten behinderter Menschen, Dr. Heidrun Metzler), die Universität Dortmund (Fakultät für Rehabilitationswissenschaften, Prof. Dr. Elisabeth Wacker) und die Pädagogische Hochschule Ludwigsburg (Fakultät für Sonderpädagogik Reutlingen, Prof. Dr. Rainer Trost).

3 Europäische Modelle und Erfahrungen

Während die praktische Erprobung des Persönlichen Budgets im Rahmen von Modellversuchen in Deutschland bislang insgesamt zögerlich anläuft, liegen in europäischen Nachbarländern (wie in den Niederlanden, Großbritannien und Schweden) bereits seit vielen Jahren empirische Erfahrungen mit Geldleistungen vor. Diese sind insgesamt ermutigend und weisen darauf hin, dass sich das Persönliche Budget sowohl positiv auf die Lebensqualität der Budgetnehmer (durch das Erleben von Wahlmöglichkeiten, Kontrolle und Selbstvertrauen) als auch auf die Effektivität und Effizienz von Unterstützungsleistungen (schnelle, häufig kostengünstigere Hilfen in passender Qualität führen zu mehr sozialer Teilhabe) auswirkt. Als förderlich erweisen sich hierbei eine differenzierte und verlässliche Angebotsstruktur – inklusive unabhängiger Beratung –, eine positive Einstellung der sozialen Dienstleister sowie eine starke Selbsthilfebewegung und Spielräume bei der Verwendung der Gelder. Hinderlich hingegen sind Schwierigkeiten bei der Rekrutierung Persönlicher Assistenten, Aufgaben im Zusammenhang mit der Arbeitgeberrolle und dem Budgetmanagement sowie hohe bürokratische Hürden.

In Deutschland sind inzwischen in verschiedenen Bundesländern und Regionen Modellversuche mit unterschiedlichen Zuschnitten angelaufen; die konkreten Erfahrungen sind dennoch immer noch gering – nicht zuletzt aufgrund der geringen Anzahl an Budgetnehmern. Skepsis zeigt sich bei den Anspruchsberechtigten aufgrund der Sorge, dass Leistungen gekürzt würden, ebenso wie bei Anbietern, die befürchten, dass Leistungsstandards abgesenkt werden. Gesicherte Aussagen zu Wirkungen (und Nebenwirkungen) des Persönlichen Budgets in Deutschland sowie die Identifizierung von Best-practice-Ansätzen sind deshalb zum aktuellen Zeitpunkt kaum möglich. Bundesweite Modellversuche, die ab Oktober 2004 auf Initiative der Bundesregierung unter wissenschaftlicher Begleitung anlaufen, sollen hier wichtige Erkenntnisse liefern.

Seit der Einführung des Persönlichen Budgets im SGB IX im Jahre 2001 sind Modellerprobungen in Deutschland beabsichtigt. Dennoch muss man mit Blick auf die vergangenen drei Jahre feststellen, dass der inzwischen »inflationäre« Gebrauch des Themas in politischen Debatten, bei Fachkongressen und in wissenschaftlichen Aufsätzen keine empirische Entsprechung findet. Dies hat verschiedene Gründe:

- Die Ausführungen zum Persönlichen Budget im Gesetzestext waren bislang sehr knapp gehalten. Was konkret unter einem Persönlichen Budget zu verstehen ist, wurde im SGB IX (Fassung bis 1. Juli 2004) nicht weiter definiert. Es wurde lediglich vorgegeben, dass die Bemessung der Budgets bedarfsdeckend erfolgen muss und gleichzeitig die Prinzipien der Wirtschaftlichkeit und Sparsamkeit zu beachten sind (vgl. Kap. 2.2).
- Trotz des gesetzlich verankerten Vorranges ambulanter vor stationären Leistungen im BSHG bzw. SGB XII wird die Angebotsstruktur in Deutschland immer noch durch die Handlungsmacht der Leistungsanbieter und einen stationären Charakter der Hilfen dominiert. Flexible ambulante Leistungen, die mit einem Persönlichen Budget erworben werden sollen, sind in den meisten Regionen gar nicht oder nur sehr wenig verfügbar. Auch unabhängige Beratungsstellen, welche die Budgetassistenz übernehmen könnten, sind kaum vorhanden bzw. nicht auf die neuen Aufgaben eingestellt.
- In Deutschland hat sich ein sehr ausdifferenziertes und ausgebautes Rehabilitationssystem für Menschen mit Behinderung entwickelt, dessen Leistungsstandards im Zuge der öffentlichen Finanzprobleme in Gefahr geraten. Im Zusammenhang mit einem dramatischen Kostenanstieg der Eingliederungshilfe aufgrund einer Steigerung der Fallzahlen bei gleichzeitiger Verknappung öffentlicher Gelder steht die Eingliederungshilfe daher aktuell unter erheblichem Druck (vgl. Rechtsdienst der Lebenshilfe 1, 2003, 3ff.). Die Verbände der Freien Wohlfahrtspflege befürchten vor diesem Hintergrund, dass die Leistungträger das Persönliche Budget einseitig für Einsparungen instrumentalisieren und Standards der Hilfeleistungen abgesenkt werden könnten (vgl. BundesElternVereinigung, Freundeskreis Camphill 2003; Bundesvereinigung Lebenshilfe 2003).

Auch wenn inzwischen verschiedene Modellversuche angelaufen sind (vgl. Kap. 3.2), sind die Erfahrungen in Deutschland insgesamt immer noch sehr gering – nicht zuletzt aufgrund der vielerorts noch kleinen Anzahl an Budgetnehmern. Es lohnt sich deshalb, den Blick auf einige europäische Nachbarländer zu richten, in denen bereits seit einigen Jahren praktische Erfahrungen mit dem Persönlichen Budget vorliegen.

3.1 Internationale Modelle und Erfahrungen

3.1.1 Niederlande

Behindertenpolitik und Budgetentwicklung

In den Niederlanden obliegt die Zuständigkeit für allgemeine Behindertenpolitik und insbesondere für die »Fürsorgeeinrichtungen« für Menschen mit Behinderung dem Ministerium für Gesundheit, Gemeinwohl und Sport (VWS). Über die öffentliche Krankenversicherung AWBZ (Algemene Wet Bijzondere Ziektekosten, Allgemeines Gesetz spezielle Kosten durch Krankheit) finanziert das VWS einen Großteil der sozialen Dienste und Einrichtungen für Menschen mit Behinderung. Zum Januar 2003 wurde das AWBZ grundlegend modernisiert unter dem Motto »von der Angebotssteuerung hin zur Bedarfssteuerung« (vgl. http://www.minvws.nl, vervolbrief modernisering AWBZ en vereenvouding pgb, 15.7.2002).

Als wichtiges Instrument zur Unterstützung dieses Wandels wurde bereits seit den 1980er Jahren die Einführung eines Personengebundenen Budgets (PGB) diskutiert. Dahinter stand und steht die Absicht, Menschen mit Behinderung Unterstützung nach Maß (zorg op maat) und eine selbstständige Lebensführung durch eine nachfrageorientierte und effiziente Angebotsgestaltung zu ermöglichen. Darüber hinaus haben lange Wartelisten für Sachleistungen (zorg in natura) wesentlich zur Einführung eines PGBs beigetragen. Nach ersten Modellversuchen wurde das PGB 1995 (für häusliche Pflege und Betreuung) bzw. 1996 für Menschen mit geistiger Behinderung landesweit realisiert. Ob jemand ein Budget erhalten konnte, war zunächst von einer (gedeckelten) regionalen Gesamtbudgetlage abhängig. Seit dem Jahr 2003 hat jede Person, die einen Anspruch auf Leistungen nach dem ABWZ hat, ein Recht auf ein Persönliches Budget.

Personenkreis

Ein PGB beantragen kann jeder, der wegen einer geistigen, körperlichen oder psychischen Beeinträchtigung länger als drei Monate Unterstützung nach dem AWBZ benötigt, darüber hinaus auch Eltern behinderter Kinder. Den unterschiedlichen Behinderungsarten entsprechend wurden zunächst fünf verschiedene Budgetarten differenziert und erprobt (für häusliche Pflege und Versorgung, für Menschen mit geistiger Behinderung, für psychisch Kranke, für intensive ambulante Pflege, für Menschen mit Körperbehinderung). Diese Indikation nach Behinderungsarten hat sich in der Praxis allerdings als ungünstig erwiesen. Im Zuge der umfassenden Modernisierung des AWBZ und des PGB fallen die Klassifizierungen nach Behinderungsart seit dem Jahr 2003 weg und werden durch eine einheitliche Regelung nach Unterstützungsbereichen ersetzt (z.B. Unterstützung im Haushalt, Pflege, Begleitung, vgl. Tab. 1).

Einschätzung des Unterstützungsbedarfs und Leistungen

Die Einschätzung von Art und Umfang der erforderlichen Unterstützungsleistungen erfolgt in einem unabhängigen Indikationsverfahren, an dem weder Kostenträger noch Leistungsanbieter beteiligt sind und das durch regionale Zentren für Indikationen (CIZ, vgl. http://www.ciz.nl) durchgeführt wird. Bei sehr geringen Unterstützungsbedarfen kann die Indikation auf der Basis eines vollständig ausgefüllten Antragformulars erfolgen, bei komplexen Unterstützungsfragen ist ein Treffen mit der betroffenen Person mit einem multidisziplinären Expertenteam vorgesehen. Die Indikationsstelle entwickelt auf dieser Grundlage einen Vorschlag für bestimmte Leistungen.

➢ Hilfen bei der Haushaltführung (putzen, Wäsche waschen u.a.)
➢ Persönliche Versorgung (aufstehen, duschen, anziehen, essen u.a.)
➢ (Gesundheits-)Pflege (Umgang mit Medikamenten, Wundversorgung, Verband wechseln u.a.)
➢ Unterstützende Begleitung (Förderung und Erhalt von Selbstständigkeit und gesellschaftlicher Teilhabe)
➢ Aktivierende Begleitung (Gespräche, Training sozialer Kompetenzen u.a.)
➢ Kurzzeitunterbringung (z.B. am Wochenende)

Tab. 1: Budgetrelevante Unterstützungsleistungen nach AWBZ

Dieser Indikationsvorschlag enthält auch den Wunsch des Anspruchsberechtigten, die bewilligte Unterstützung als Sachleistung, als Persönliches Budget oder in einer Kombination aus beiden Leistungsformen zu erhalten. Der Indikationsvorschlag geht an das zuständige Versorgungsamt (»Zorgkantoor«), welches in der Rolle des Leistungsträgers die Indikation prüft, ggf. bewilligt und entsprechend die Höhe des Budgets festlegt. Die Leistungen können je nach Wunsch des Budgethalters entweder bei professionellen Dienstleistern eingekauft oder privat organisiert werden. Ausgeschlossen vom PGB sind medizinisch-therapeutische Behandlungen sowie dauerhaftes Wohnen in einer Wohneinrichtung. Diese Leistungen sind nur als Sachleistung zu erhalten.

Indikation/zeitlicher Umfang der Leistungen in Stunden	PGB-Betrag pro Woche in Euro
Klasse A: 0–1,9	16,68
Klasse B: 2–3,9	50,07
Klasse C: 4–6,9	91,82
Klasse D: 7–9,9	141,90
Klasse E: 10–12,9	191,99
Klasse F: 13–15,9	242,05
Klasse G: ab 16	242,05 + (16,68 pro Stunde ab 16 Stunden)

Tab. 2: Bemessung des PGB für Hilfe bei der Haushaltsführung (Stand 2005)

Die *Budgethöhe* bemisst sich als Bruttobudget nach Art und Umfang der erforderlichen Unterstützungsleistungen. Der Umfang wird im Rahmen zeitlicher Korridore (Stunden/Tage) festgelegt (vgl. Tab. 2). Die jeweils definierte Geldsumme berücksichtigt dabei auch die erforderliche »Intensität« der Unterstützung. So werden beispielsweise für 0–1,9 Stunden Haushaltsunterstützung 16,68 Euro veranschlagt, für 0–1,9 Stunden unterstützende Begleitung 32,62 Euro und für 0–1,9 Stunden aktivierende Begleitung 50,04 Euro. Die Tarife werden jährlich festgelegt und liegen 25 % unter den Tarifen für entsprechende Sachleistungen.

Von dem auf diese Weise ermittelten Bruttobudget wird bei Personen ab dem 18. Lebensjahr ein einkommensabhängiger Eigenbetrag von max. 17 % abgezogen.

Die Verwendung des Budgets muss im Zeitraum von acht Wochen nach Ablauf des jeweiligen Bewilligungszeitraums über erhaltene Hilfeleistungen nachgewiesen werden (über einen Freibetrag von 1,5 % des Nettobudgets kann ohne Nachweis verfügt werden). Eine Kontrolle der Angaben wird nur in Stichproben vorgenommen.

Bis zum Jahr 2003 wurde das Budget bis auf einen kleinen frei verfügbaren Betrag an die *Sozialversicherungsbank* überwiesen, welche die Verwaltung des Budgets einschließlich Arbeitgeberpflichten wie Abführen von Sozialleistungen und Steuern übernahm. Die Arbeit der Sozialversicherungsbank hat sich allerdings in der Praxis als zu bürokratisch und zu aufwändig erwiesen. Seit dem Jahr 2003 entfällt daher diese Instanz, und das Geld wird direkt auf das Konto des Budgetnehmers überwiesen (je nach Budgethöhe monatlich, viertel-, halb-, jährlich).

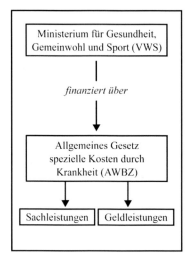
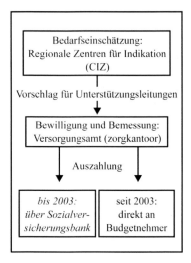

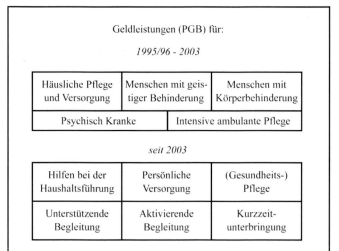

Abb. 10: Elemente des PGB in den Niederlanden

Erfahrungen

Das PGB ist inzwischen als Alternative zur Sachleistung aus dem niederländischen Unterstützungssystem nicht mehr wegzudenken. Die Anzahl der Budgetnehmer nimmt ständig zu und ist von ca. 36.000 Personen zum Jahresende 2001 über ca. 48.000 zum Jahresende 2002 auf ca. 70.000 zum Jahresende 2004 gestiegen (vgl. http://www.minvws.nl; 25.4.2005).

Die Angebotsstruktur in den Niederlanden wandelt sich im Zuge der Budget-einführung zum Teil in radikaler Weise. Aufgrund einer veränderten Nachfrage schließen stationäre Einrichtungen zugunsten ambulanter Angebote, neue Leistungsmodule (Produkte) werden bei Bedarf entwickelt. Eine vergleichende Evaluation der Hilfen von Menschen mit so genannter geistiger Behinderung zeigte, dass Personen, die mit Hilfe eines Budgets Assistenz im privaten Haushalt erhalten, z. B. häufiger Begleitung bei Aktivitäten sowie Unterstützung in der Mobilität wahrnehmen als Menschen, die Sachleistungen in Anspruch nehmen (vgl. WOLDRINGH, BAARVELD, RAMAKERS 1998). Bezüglich des zeitlichen Umfanges der Hilfen äußern sich Budgetnehmer allerdings häufiger unzufrieden als Personen mit Sachleistungen. Insgesamt zeigt sich dennoch eine hohe Zufriedenheit der Budgetnehmer, die sich vor allem auf die Entscheidungsfreiheit bei der Auswahl der Leistungen bezieht. Positive Resonanz zeigt sich auch auf Seiten der Leistungsanbieter und persönlichen Assistenten. Ein wichtiger Grund für diesen Erfolg ist sicherlich die gut ausgebaute Beratungsstruktur in den Niederlanden. Viele Budgetnehmer greifen auf die Angebote des »Sozialpädagogischen Dienstes« (SPD) zurück, der als öffentliche Dienstleistung für Menschen mit Behinderung und ihre Familien eine lange Tradition hat. Ziel dieser Dienstleistung ist es, Menschen mit (geistiger) Behinderung so zu unterstützen, dass ihre Emanzipation durch ein Angebot gefördert wird, das auf ihren individuellen Hilfebedarf abgestimmt ist. Zur Dienstleistung gehören z. B. unabhängige Case-Manager, die Unterstützung bei der Auswahl der passenden Angebote bis hin zum Vertragsabschluss bieten.

Eine weitere wichtige Anlaufstelle ist »Per Saldo«, eine Interessenvereinigung für Budgethalter, die Information und Beratung rund um das PGB sowie juristischen Beistand anbietet. Darüber hinaus vermittelt Per Saldo Assistenten und organisiert regionale Treffen von Budgetnehmern zum gegenseitigen Austausch (vgl. http://www.persaldo.nl)

Die Abschaffung der Sozialversicherungsbank – und damit verbunden der Wegfall ihrer Verwaltungsleistungen – wird von Interessenvertretern ambivalent beurteilt: Grundsätzlich wird diese Entscheidung begrüßt, da so die Autonomie der Budgetnehmer weiter gestärkt wird. Gleichwohl wird diese Entwicklung besonders im Hinblick auf Menschen mit so genannter geistiger Behinderung auch kritisch betrachtet. Die administrativen Aufgaben, die mit der Eigenverwaltung des Budgets verbunden sind, könnten einige Budgetnehmer überfordern und ggf. davon abhalten, ein PGB zu beantragen. Bereits in der alten Variante zeigten viele Menschen mit so genannter geistiger Behinderung Schwierigkeiten mit den komplizierten Abläufen von der Anmeldung bis zur Bewilligung des Budgets (vgl. WOLD-RINGH, BAARVELD, RAMAKERS 1998).

Insgesamt ist das Procedere von der Einschätzung des Unterstützungsbedarfs bis zum Erhalt bedürfnisgerechter Leistungen durch die Beteiligung vieler unterschiedlicher Instanzen und Behörden sehr unübersichtlich und kompliziert. Hier liegt ein zentraler Kritikpunkt am niederländischen System. Es gibt aber deutliche Hinweise darauf, dass das PBG entschieden dazu beiträgt, den erforderlichen Perspektivenwechsel vom Hilfeempfänger zum Kunden und vom Fürsorgedenken zur Dienstleistung zu vollziehen. Förderlich für diesen Prozess ist vor allem eine hohe Motivation bei allen Beteiligten (Behörden, Dienstleister, Menschen mit Behinderung, Angehörige), die mit dem Bemühen um Konsensfindung (»Poldermodell«) sowie dem Willen zur Fortentwicklung des Hilfesystems einhergeht.

3.1.2 Großbritannien

Behindertenpolitik und Budgetentwicklung

In Großbritannien obliegt die Verantwortung für alle nicht gesundheitsbezogenen sozialen Dienstleistungen nach dem National Health Service (NHS) und dem Gesetz für Sozialfürsorge (Community Care Act) grundsätzlich den Kommunalverwaltungen (local authorities). Dazu zählt die Begutachtung ebenso wie die Kontrolle und die Gewährleistung, dass erforderliche Hilfen verfügbar sind. Ergänzend hierzu trat im Jahr 1997 der »Community Care Direct Payments Act« in Kraft. Hier wurde festgelegt, dass örtliche Behörden im Einzelfall die Wahl haben, Dienste entweder selbst bereit zu stellen, freie oder private Anbieter zu beauftragen oder aber Direktzahlungen zu leisten (vgl. Department of Health 1996). Als Vorläufer von Direktzahlungen wurde bereits 1988 der »Independent Living Fund« eingeführt, der es vielen Menschen ermöglichte, mit ambulanten Hilfen zu Hause wohnen zu bleiben und auf große Resonanz bei der Independent-Living-Bewegung stieß.

Die Einführung von Direktzahlungen sollte bewirken, dass Menschen mit Behinderung mehr Kontrolle über ihr Leben erhalten, um so generell ihre Lebensqualität zu verbessern und am Leben der Gemeinde teilnehmen zu können. »Direct payments help people who want to manage their own support to improve their quality of life. They promote independence, choice and inclusion by enabling people to purchase the assistance or services that the council would otherwise provide in order to live in their own homes, be fully involved in family and community life, and to engage in work, education and leisure« (Department of Health 2003b, 5). Obwohl bereits 80% der Kommunen im Jahr 2000 von der Möglichkeit der Direktzahlungen Gebrauch machten (vgl. CARMICHAEL, EVANS, BROWN 2000) und die

Anzahl der Budgetnehmer stetig zunimmt (in England von 5.000 im Jahr 2000/2001 auf 9.600 im Jahr 2002/2003 bzw. 17.300 im Jahr 2003/2004), ist der Anteil der Budgetnehmer im Vergleich mit allen anderen »community based services« insgesamt immer noch gering (in England etwa 1% im Jahr 2003/2004) (vgl. Department of Health 2005). Weil die Regierung eine stärkere Nutzung der Direktzahlungen forciert, wurde die Entscheidungsfreiheit der Behörden im Jahr 2003 aufgehoben. Sofern nicht ganz wesentliche Bedingungen vorliegen, die gegen eine Direktzahlung sprechen, haben seitdem die Behörden die Pflicht, jeder anspruchsberechtigten Person eine Direktzahlung anzubieten. Die anspruchsberechtigte Person hat die Wahl, ob sie Leistungen als Dienstleistung oder als Geldleistung oder als Kombination von beidem in Anspruch nimmt.

Personenkreis

Grundsätzlich können alle Menschen Direktzahlungen erhalten, die einen Anspruch auf kommunale Unterstützungsleistungen (»Community Care Services«) haben. Dazu zählen Menschen mit geistiger, körperlicher und Lernbehinderung ebenso wie alte Menschen sowie Personen, die aufgrund chronischer Krankheiten (z.B. HIV-Infektion) beeinträchtigt sind. War der Kreis der Adressaten für Direktzahlungen ursprünglich auf Personen ab 18 Jahren begrenzt, so wurde er inzwischen auf Jugendliche ab 16 Jahren sowie auf Eltern bzw. Erziehungsberechtigte von Kindern mit Unterstützungsbedarf ausgeweitet. Darüber hinaus können auch pflegende Angehörige für ihre eigenen Unterstützungsbedarfe (psychosoziale Beratung und Unterstützung, Taxifahrten u.a.) Direktzahlungen erhalten. Ausgeschlossen sind Personen mit bestimmten psychischen Erkrankungen sowie straffällig gewordene Personen, die spezifische Maßnahmen als Teil ihrer Rehabilitation in Anspruch nehmen müssen (vgl. Department of Health 2003b, 50).

Grundvoraussetzung für den Erhalt von Direktzahlungen ist zum einen, dass der Budgetempfänger in der Lage ist, der Direktzahlung anstelle von Sachleistungen zuzustimmen und zum anderen diese Zahlungen zu verwalten (»willing and able to manage them«, Department of Health 1996, 5). Hierbei kann die Person durchaus Unterstützung in Anspruch nehmen, muss aber jederzeit die Kontrolle über die Arrangements behalten und die Verantwortung für die Inanspruchnahme der Dienstleistungen übernehmen.

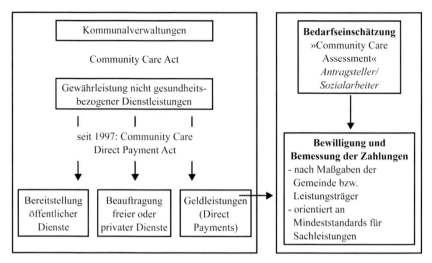

Abb. 11: Elemente des Persönlichen Budgets in Großbritannien

Einschätzung des Unterstützungsbedarfs und Leistungen

Zur Einschätzung des Unterstützungsbedarfs wird ein »Community Care Assessment« gemeinsam von einem Sozialarbeiter und dem Antragsteller erstellt. Die Höhe der Zahlungen wird auf dieser Grundlage mit den lokalen Leistungsträgern ausgehandelt. Dabei gibt es grundsätzlich keine festgelegte Obergrenze, jede Gemeinde legt in eigener Verantwortung die Höhe und die Frequenz der Zahlungen fest und entscheidet, welche Leistungen hiermit gedeckt werden sollen. Bei der Entscheidung, Direktzahlungen zu leisten, sollen die Gemeinden sich um Kostenneutralität bemühen. Der Betrag muss jedoch in jedem Fall ausreichend sein, um die Bedarfe des Klienten zu decken und Dienstleistungen in Anspruch nehmen zu können, die einem allgemeinen Standard entsprechen. Grundsätzlich sollen Personen, die Sachleistungen in Anspruch nehmen, und Personen, die Geldleistungen erhalten, gleich behandelt werden. Mit den Geldern können alle Dienste im Gemeinwesen wie persönliche Assistenz oder tagesstrukturierende Maßnahmen erworben werden, eine langfristige stationäre Unterbringung wird dagegen explizit nicht unterstützt. Die Zahlungen können verwendet werden, entweder um professionelle Dienstleister zu bezahlen oder Unterstützung mit Hilfe persönlicher Assistenten selbst zu organisieren. Ausgeschlossen hiervon ist jedoch die Beschäftigung von Ehe- bzw. Lebenspartnern, nahen Verwandten und allen Personen, die im selben Haushalt leben. Wenn eine Direktzahlung bewilligt ist, wird zwischen dem

Nutzer und der kommunalen Behörde eine Vereinbarung geschlossen, die u. a. eine Beschreibung des Unterstützungsbedarfs, die Höhe der Direktzahlung und eventuelle Eigenleistungen sowie Regelungen im Kündigungsschutz beinhaltet. Über die Verwendung der Gelder sind Nachweise zu führen, z. B. in Form von Quittungen der Assistenzgeber oder -agenturen.

Erfahrungen und Beurteilungen

Die Erfahrungen mit den Direktzahlungen werden insgesamt als sehr positiv beschrieben. Die Budgetnehmer erleben neue Wahlmöglichkeiten und sprechen von einem wiedererlangten Gefühl der Kontrolle und Unabhängigkeit sowie von einem wachsenden Selbstvertrauen, welches ihnen die Direktzahlungen besonders im Vergleich zu den traditionellen Sachleistungen ermöglichen (vgl. WITCHER, STALKER, ROADBURG, JONES 2000; STAINTON 2001; RIDLEY, JONES 2002).»It has given back my life – given me back what I lost when I acquired my disability. I now have my self-worth. The disability is still there but now I can give something back« (NOLAN, REGAN 2003, 21). Die Beschäftigung von Persönlichen Assistenten führt zu einer Ausweitung an Aktivitäten außerhalb der Wohnung. Auch die Dienstleister beurteilen die Möglichkeiten der Direktzahlungen positiv, da die Unterstützung hierbei flexibler und individueller zu leisten sei und bei den Arbeitgebern ein Gefühl von Normalität und Inklusion unterstütze. Die hiermit einhergehende Veränderung von Machtstrukturen zu Gunsten der Menschen mit Behinderung werden als gesunde Herausforderung für die eigene Arbeit empfunden (vgl. RIDLEY, JONES 2002, 35). Gleichwohl zeigen sich bei vielen Mitarbeiterinnen und Mitarbeitern große Unsicherheit und Skepsis – insbesondere bezüglich des Personenkreises von Menschen mit so genannter geistiger Behinderung und / oder psychischen Erkrankungen (vgl. CARMICHAEL, EVANS, BROWN 2001). Insgesamt belegen die Erfahrungen, dass die Einstellung der Dienstleister ein Schlüsselelement für den Erfolg von Direktzahlungen ist.

Als problematisch werden von vielen Budgetnehmern die Rekrutierung von Persönlichen Assistenten wahrgenommen sowie das Arrangieren einer kontinuierlichen und verlässlichen Unterstützung (vgl. WITCHER, STALKER, ROADBURG, JONES 2000; CARMICHAEL, EVANS, BROWN 2001). Schwierigkeiten zeigen sich auch in Großbritannien bezüglich des Budgetmanagements und der Bewältigung administrativer Aufgaben, die im Zusammenhang mit der Arbeitgeberrolle stehen. Diese Probleme treten vor allem bei Menschen mit Lernschwierigkeiten und / oder psychischen Erkrankungen auf (vgl. RIDLEY, JONES 2002). Vielleicht ist dies eine Erklärung dafür, dass Direktzahlungen derzeit insgesamt von Menschen mit so

genannter geistiger Behinderung und/oder psychischen Erkrankungen seltener in
Anspruch genommen werden als von Menschen mit körperlichen Beeinträchtigungen (etwa 10% Menschen mit geistiger Behinderung, 2% psychisch Kranke).[5]

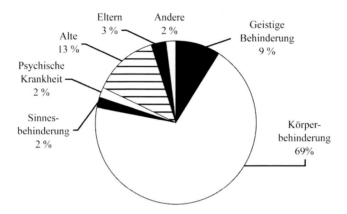

Abb. 12: Budgetnehmer in Großbritannien nach Art der Behinderung

Einige Kommunen haben jedoch inzwischen erkannt, dass auch diese Personen in
der Lage sind, ihre Hilfen durch Direktzahlungen zu finanzieren, wenn sie Unterstützung hierbei erhalten. Neue Modelle sind entwickelt worden, bei denen Menschen mit so genannter geistiger Behinderung die notwendige Begleitung erhalten
können. Eine erfolgreiche Form ist der so genannte »Circle Of Friends«: eine ehrenamtliche Beratergruppe, die sich aus Freunden, Familienmitgliedern u.a. zu-
sammensetzt, begleitet die Lebensgestaltung und verwaltet die Zahlungen. Es besteht aber auch die Möglichkeit, die notwendige Unterstützung aus dem »Independent Living Trust (ILT)« finanziert zu bekommen.

Nicht nur für diesen Personenkreis hat sich in Großbritannien vor dem Hintergrund bisheriger Erfahrungen ein umfassendes Angebot an Information und Unterstützung als unverzichtbar und effektiv für den Erfolg von Direktzahlungen erwiesen. Inzwischen haben sich ähnlich wie in den Niederlanden Maklerdienste (»Brokerage Services«) entwickelt, welche Unterstützung bei Buchhaltung und Verwaltung, Arbeitsverträgen und Ausbildung von Assistenten anbieten. Von den
Budgetnehmern bevorzugt werden hierbei insgesamt unabhängige Formen der Beratung, wie z.B. das Peer Counseling, das vor allem über Selbsthilfeverbände und

---

5   Vgl. http://www.doh.gov.uk/directpayments/autumnstatement2002.xls [Stand: 2002].

-vereinigungen wie Zentren für Selbstbestimmtes Leben oder durch »People First« geleistet wird. Insgesamt geben die Budgetnehmer an, dass die Direktzahlungen, auch wenn sie mit mehr Arbeit verbunden sind, ihre Lebensqualität verbessern und die Vorteile gegenüber den Nachteilen überwiegen.

3.1.3 Schweden

Behindertenpolitik und Budgetentwicklung

Ziel schwedischer Behindertenpolitik ist es, in Übereinstimmung mit den Standardregeln der Vereinten Nationen über die Chancengleichheit für Menschen mit Behinderung, die gleichen Rechte zuzusichern wie für alle anderen Bürgern auch und die Teilhabe am Leben in der Gesellschaft zu ermöglichen. Mit dem 1982 in Kraft getretenen Gesetz über den »Sozialleistungsdienst« wird den Gemeinden die Verantwortung übertragen, »den Mitbürgern mit physischen, geistigen oder psychischen Behinderungen die Möglichkeit (zu) bieten, auf eine ihren Bedürfnissen angepasste Weise zu wohnen, am Gemeinschaftsleben teilzunehmen, sich frei fortbewegen zu können, Zugang zu den öffentlichen Gebäuden zu erhalten usw.« (Schwedisches Institut 2001, 2). Eine erhebliche Ausweitung der Rechte behinderter Menschen gelang 1994 mit dem »Gesetz über Unterstützung und Dienstleistungen für gewisse Funktionsbehinderte« (LSS[6]). Es garantiert in international nicht vergleichbarer Weise ein Grundrecht, das festlegt, dass behinderte Personen dieselben Möglichkeiten haben sollen wie nicht behinderte Personen, um ihren Alltag zu organisieren (vgl. Schwedisches Institut 2001). Dabei soll insbesondere das Recht des Einzelnen auf Selbstbestimmung und Privatsphäre gestützt werden. Einer der Schwerpunkte des Gesetzes ist das Recht auf Persönliche Assistenz, die über Persönliche Budgets aus der staatlichen Sozialversicherung finanziert wird. Die Kostenzuständigkeit bei Personen, die einen Assistenzbedarf unter 20 Stunden in der Woche haben, liegt bei den Gemeinden, für Personen mit einem wöchentlichen Bedarf über 20 Stunden beim Staat.

Personenkreis

Mit dem LSS wird ausdrücklich auch Menschen mit komplexen Beeinträchtigungen bzw. Personen mit umfassenden Unterstützungsbedarfen das Recht auf Persönliche Assistenz zugesichert. Hierzu zählen Menschen mit so genannter geistiger

---

[6] »Lag om stöd och service för vissa funktionshindrade«; für die deutsche Übersetzung des Gesetzes vgl. MGSIS 2004.

Behinderung und/oder autistischen Verhaltensweisen, Menschen, die mit den Folgen eines Hirnschadens im Erwachsenenalter leben sowie Personen mit anderen bleibenden schweren körperlichen, geistigen und psychischen Beeinträchtigungen, die umfassende Unterstützung bei alltäglichen Angelegenheiten benötigen. Voraussetzung für die Inanspruchnahme der Assistenzleistungen ist, dass die Person ein Lebensalter unter 65 Jahren hat. Außerdem gelten die Leistungen nur für Menschen, die nicht in Einrichtungen leben. Menschen, die in Heimen wohnen, soll damit der Auszug in eine private Wohnung ermöglicht werden.

Einschätzung des Unterstützungsbedarfs und Leistungen

Die Frage, in welchem zeitlichen Umfang Unterstützungsleistungen erforderlich sind, wird auf der Basis einer Selbsteinschätzung in Verbindung mit Gesprächen mit der Sozialverwaltung und der zuständigen Gemeindeschwester geklärt (vgl. ÖSTERWITZ 1996). Einziges Kriterium für die Bewilligung der Hilfen sind das Prinzip der Bedarfsdeckung bzw. die Lebensqualität und der Lebensstil der Person. Eine Deckelung des Budgets oder ein Kostenvergleich mit Sachleistungen wird nicht vorgenommen. Die Geldzahlungen sind steuerfrei und einkommensunabhängig und werden monatlich auf das Konto des Assistenznehmers überwiesen. Für jedes Jahr wird von der Regierung ein pauschaler Stundensatz festgelegt (für 2003 ca. 22 Euro), mit dem alle direkten und indirekten Leistungen im Assistenzmodell (einschließlich Verwaltung, Reisekosten für Assistenten u. a.) gedeckt werden können. Die Verwendung der Gelder muss über die geleisteten Assistenzstunden nachgewiesen werden, ungenutzte Stunden werden nach einem halben Jahr verrechnet (vgl. RATZKA 2004).

Gemäß den Bestimmungen im LSS können mit den Zahlungen alle Hilfen erworben werden, die für eine selbstbestimmte Lebensführung im Alltag notwendig sind (vgl. Tab. 3).

➢ Information und Beratung
➢ Persönliche Assistenz
➢ Begleitdienste
➢ Kontaktpersonen
➢ Kurzzeitpflege
➢ Ablösedienste zu Hause
➢ Kurzzeitbesuche außerhalb des Hauses
➢ Kurzzeitbetreuung von Schulkindern über 12 Jahre

> ➤ Familienwohnheim oder Gruppenwohnung für Kinder und Jugendliche
> ➤ Wohnungen mit besonderem Service
> ➤ Tagesbeschäftigung

Tab. 3: Unterstützungsleistungen nach LSS

Diese Unterstützungen können bei öffentlichen oder privaten Dienstleistern erworben, im Rahmen von Assistenzgenossenschaften organisiert oder von selbst angestellten Assistenten nach dem Arbeitgebermodell erbracht werden. Ausgeschlossen sind Assistenzleistungen während Schulstunden, Tagesbeschäftigung für Personen im erwerbsfähigen Alter, Klinikaufenthalte und Dienste in Gruppenwohnungen, weil im Rahmen dieser öffentlichen Dienstleistungen bereits entsprechende Unterstützung (durch Personal) vorgehalten wird (vgl. BERG 2003, 7).

Erfahrungen und Beurteilung

In Schweden gelingt die Realisierung personenbezogener Unterstützung in beeindruckender Weise. Nach dem Gesetz über die Auflösung von Anstalten von 1999 müssen bestehende stationäre Sondereinrichtungen aufgelöst werden; Forschungsergebnisse haben gezeigt, dass in Schweden im Prinzip jeder in eine eigene Wohnung ziehen und ein selbstständiges Leben führen kann, wenn geeignete Unterstützung verfügbar ist (vgl. Schwedisches Institut 2001). Entsprechend werden gleiche

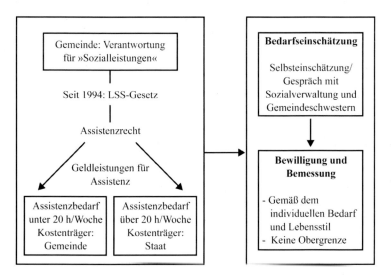

Abb. 13: Elemente des Persönlichen Budgets in Schweden

Wohnbedingungen für alle Menschen geschaffen: Aufgrund gesetzlicher Baunormen seit 1978 gibt es in Schweden inzwischen einen hohen Anteil an barrierefreien Wohnungen. Auch steht ein gut ausgebautes Netz an ambulanten Diensten zur Verfügung. Von insgesamt 40.000 Personen mit so genannter geistiger Behinderung, die in Schweden leben, wohnten 1999 nur 170 Personen in Institutionen (vgl. Schwedisches Institut 2001).

Obwohl das Assistenzgesetz auch Menschen mit so genannter geistiger Behinderung individuelle Unterstützung in einer privaten (Einzel-)Wohnung ermöglicht, wohnt dieser Personenkreis sehr häufig in Wohngemeinschaften zusammen mit bis zu sechs Personen. Insgesamt werden Leistungen nach dem Assistenzgesetz von Menschen mit geistiger Behinderung seltener beantragt als beispielsweise von Menschen mit körperlichen Beeinträchtigungen. Schwierigkeiten werden vor allem im Umgang mit diesem Personenkreis bei den für die Begutachtung zuständigen Behörden wahrgenommen (vgl. JANSSON 2002).

Mit den Geldleistungen werden von den meisten Anspruchsberechtigten Dienstleistungen der Gemeinde nach Wunsch eingekauft. Einige organisieren sich in Assistenzgenossenschaften (z. B.»Stockholmer Genossenschaft für Independent Living«, STIL), und erst vergleichsweise wenige Personen stellen persönliche Assistenten nach dem Arbeitgebermodell selbst ein (vgl. Abb. 14; BERG 2003, 9). Eine Erklärung dafür mag sein, dass die Reformen insgesamt immer noch neu sind und Personen Zeit benötigen, sich auf die Anforderungen, die mit dem Arbeitgebermodell verbunden sind, einzustellen.

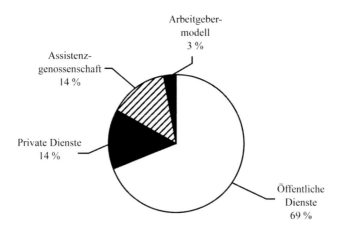

Abb. 14: Mit einem Persönlichen Budget eingekaufte Dienstleistungsform

Insgesamt hat sich das Modell der Persönlichen Assistenz in Schweden zur wichtigsten Unterstützungsform für Menschen mit Behinderung entwickelt. Unterstützungsleistungen können mit diesem Modell selbst bestimmt und organisiert und so häufig schneller, in passender Qualität und auch kostengünstiger umgesetzt werden (vgl. Socialstyrelsen 2002). Menschen mit Assistenzbedarf beurteilen ihre Erfahrungen ausgesprochen positiv und erleben durch die gewonnenen Entscheidungs- und Gestaltungsspielräume eine erhebliche Verbesserung ihrer Lebensqualität (vgl. RATZKA 1996a). Als sehr positiv wird auch die Flexibilität in der Verwendung der Gelder bewertet, unverbrauchte Stunden können innerhalb eines halben Jahres gespart und für unvorhersehbare Notwendigkeiten oder auch für Reisen ausgegeben werden.

Die weit fortgeschrittene Individualisierung der Unterstützungsleistungen in Schweden hat kulturelle Wurzeln: Eine bedeutende Rolle für die Entwicklungen in der schwedischen Behindertenpolitik spielt sicherlich eine tief verwurzelte Volksbewegungstradition: Etwa 470.000 Personen sind Mitglieder der Behindertenbewegung (vgl. Schwedisches Institut 2001). Vertreter der Organisationen werden bei der Planung von Projekten einbezogen und nehmen an entsprechenden Arbeitsgruppen sowohl auf nationaler als auch auf regionaler Ebene teil. Auch die Reformen im Zusammenhang mit dem LSS-Gesetz wurden stark von der Independent-Living-Bewegung und deren politischem Kampf um selbstbestimmte Persönliche Assistenz beeinflusst (vgl. RATZKA 1996b). Vor allem gibt es in Schweden aber keine korporatistische Verflechtung zwischen Politik und Wohlfahrtsverbänden, wie sie in Deutschland Tradition hat.

Trotz der insgesamt positiven Einschätzung der Situation in Schweden warnt RATZKA (1996a, 4) als prominenter Vertreter der schwedischen Independent-Living-Bewegung vor einem »Mythos vom Musterländle mit dem menschenfreundlichen Wohlfahrtsstaat«, da auch hier der Abschied vom Fürsorgedenken und die Verwirklichung grundlegender Bürgerrechte in vielen Bereichen noch ausstehe. Ein gesetzlich verankertes Antidiskriminierungsverbot gibt es bislang nur für den Bereich des Erwerbslebens. Menschen mit Behinderung haben auch in Schweden im Durchschnitt immer noch einen geringeren Lebensstandard als die allgemeine Bevölkerung. Dies betrifft vor allem ihre Situation am Arbeitsmarkt, die mit einer schlechteren Einkommenssituation und einem Mangel an sozialen Kontakten einhergeht (vgl. Socialstyrelsen 2002).

3.1.4 Zusammenfassung der europäischen Modelle und Erfahrungen

Das Persönliche Budget ist in allen drei Ländern inzwischen als Alternative zu Sachleistungen nicht mehr wegzudenken; die Anzahl der Budgetnehmer steigt zwar langsam, aber stetig. Auch wenn das Persönliche Budget in den aufgeführten Ländern bereits seit einigen Jahren umgesetzt wird, ist dieser Ansatz für alle Beteiligten immer noch neu und wandelt sich in Elementen der Ausgestaltung. Vielfach zeigen sich Informationsdefizite bezüglich des Persönlichen Budgets sowohl bei den Anspruchsberechtigten als auch bei Angehörigen und Leistungserbringern. Länderübergreifend werden die Geldleistungen insbesondere von Menschen mit Körperbehinderung genutzt, während Menschen mit so genannter geistiger Behinderung sowie Menschen mit psychischen Erkrankungen die Möglichkeiten des Budgets bislang noch selten in Anspruch nehmen. Dies hängt zum einen mit den Anforderungen beim Management des Budgets und bei der Übernahme der Arbeitgeberrolle zusammen, zum anderen damit, dass (noch) nicht immer verlässliche Bedingungen bereit gestellt werden, damit auch dieser Personenkreis die Chancen der Geldleistungen realisieren kann.

Die Budgetnehmer beurteilen ihre Erfahrungen überwiegend positiv: Sie erleben erweiterte Entscheidungsspielräume, mehr Kontrolle über ihr Leben sowie einen Zugewinn an Selbstvertrauen und Lebensqualität. Vor allem die Möglichkeit, als Arbeitgeber selber darüber zu entscheiden, welche Menschen eingestellt werden, die oft an sehr intimen Dingen des Lebens teilhaben, und diese für ihre Unterstützung zu bezahlen, wird von Menschen mit Behinderung sehr begrüßt. Sie erleben sich dadurch nicht mehr so sehr in der Rolle des Bittstellers.

Studien haben darüber hinaus gezeigt, dass Personen ihre Unterstützung über Persönliche Budgets häufig schneller, in passender Qualität und kostengünstiger arrangieren, als dies über Sachleistungen möglich ist. Die Beschäftigung von Persönlichen Assistenten führt beispielsweise zu einer deutlichen Ausweitung der sozialen Aktivitäten außerhalb des jeweiligen Wohnbereichs.

Auch wenn in den drei Ländern unterschiedliche rechtliche, sozialpolitische und wirtschaftliche Voraussetzungen für die Einführung und Umsetzung Persönlicher Budgets vorliegen, lassen sich in der Zusammenschau der Erfahrungen und Einschätzungen ähnliche Bedingungen erkennen, die sich als förderlich oder hinderlich für die Gestaltung Persönlicher Budgets erweisen.

Hinderliche Bedingungen

- Als problematisch wird von vielen Budgetnehmern die Aufgabe wahrgenommen, Persönliche Assistenten zu rekrutieren sowie kontinuierliche und verläss-

	Niederlande	Großbritannien	Schweden
Start	1995 / Rechtsanspruch seit 2003	1997 / Rechtsanspruch seit 2003	Rechtsanspruch seit 1994
Anzahl Budgetnehmer	ca. 70.000 Ende 2004	ca. 17.000 Ende 2004	ca. 11.000 Ende 2003 (Personen mit mehr als 20h Assistenzbedarf pro Woche)
Bedarfsermittlung	Unabhängiges Indikationsverfahren	Assessment in der Gemeinde (Sozialarbeiter / Antragsteller)	Selbsteinschätzung, »Gemeindeschwester«
Leistungen	Haushaltsführung, Selbstversorgung, Pflege, (aktivierende oder unterstützende) Begleitung, Kurzzeitunterbringung Kein stationäres Wohnen	Alle Dienste im Gemeinwesen (z. B. Persönliche Assistenz, Tagesbeschäftigung) Keine familiäre Unterstützung *Kein stationäres Wohnen*	Alle Hilfen, die im Alltag erforderlich sind: Information, Assistenz, Pflege, Kurzzeitbetreuung von Schulkindern über 12 Jahre, Tagesbeschäftigung u. a. Kein »Gruppenwohnen« für Menschen mit geistiger Behinderung
Budgetbemessung	Differenzierte Pauschalen nach Art, Umfang (Zeitkorridore) und erforderlicher Qualifikation der Unterstützung	Aushandlung mit lokalen Leistungsträgern, Kostenneutralität im Vergleich zu Sachleistungen	Pauschaler Stundensatz für Persönliche Assistenz (22 € für 2003), Orientierung am individuellen Bedarf und Lebensstil, keine Deckelung oder Kostenvergleich
Budgetassistenz	Sozialpädagogischer Dienst (öffentlich finanziert), »Per Saldo« (Interessenvereinigung für Budgetnehmer)	Zentrum Selbstbestimmt Leben, Ehrenamtliche Begleitung (»Circle Of Friends«), Finanzierung aus Independent-Living-Fund im Einzelfall	Zentrum Selbstbestimmt Leben, Assistenzgenossenschaften
Verwendungsnachweis	Dokumentationsformular, Überprüfung in Stichproben, überschüssiges Budget wird nach Ende des Bewilligungszeitraums zurückgezahlt oder verrechnet	Schriftliche Nachweise (Quittungen)	Schriftliche Nachweise (geleistete Assistenzstunden) überschüssiges Budget kann innerhalb eines halben Jahres angespart und flexibel verwendet werden, danach wird es verrechnet

Tab. 4: Internationale Modelle der Ausgestaltung Persönlicher Budgets im Vergleich

liche Unterstützung zu arrangieren. Dies hängt auch damit zusammen, dass der neue Dienstleistungsmarkt (noch) im Aufbau ist und wenig koordiniert und reguliert wird.

- Schwierigkeiten zeigen sich auch bezüglich des Budgetmanagements und bei der Bewältigung administrativer Aufgaben.
- Als hinderlich für die Nachfrage Persönlicher Budgets erweisen sich bürokratische Hürden. Vor allem in den Niederlanden wird das Procedere von der Einschätzung des Unterstützungsbedarfs bis zum Erhalt bedürfnisgerechter Leistungen durch die Beteiligung vieler unterschiedlicher Instanzen sehr unübersichtlich und kompliziert.

Förderliche Bedingungen

- In den drei dargestellten wie in vielen anderen europäischen Ländern lässt sich ein grundlegender Richtungswechsel in der Behindertenpolitik erkennen: Menschen mit Behinderung sollen mehr Kontrolle über ihr Leben und ihre Unterstützungsleistungen erhalten und am Leben der Gesellschaft teilhaben wie andere Bürgerinnen und Bürger auch. Wichtige Impulse für die politischen Reformen gehen dabei international von einer starken und präsenten Selbsthilfebewegung aus, insbesondere von der Independent-Living-Bewegung, aber auch von Elternvereinigungen.
- Die Einführung von Direktzahlungen wirkt sich erheblich auf die Nachfrage im System der Dienstleistungen aus. Menschen mit Behinderung wollen ihre Unterstützungen zumeist so organisieren, dass eine Lebensführung im privaten Haushalten möglich ist. Entsprechend hat sich die Angebotsstruktur in allen Ländern zum Teil radikal verändert. Um besser auf die Kundenwünsche reagieren zu können, werden mehr und mehr traditionelle stationäre Großeinrichtungen geschlossen und differenzierte und flexible Leistungsangebote entwickelt.
- Als unverzichtbar hat sich international insbesondere erwiesen, dass unabhängige Unterstützungs- und Beratungsstrukturen zur Verfügung stehen, die Beratung und Information zum Persönlichen Budget, juristischen Beistand, Vermittlung von Assistenten und Dienstleistern und die Übernahme administrativer Tätigkeiten leisten. Sehr hilfreich zeigen sich hierfür auch bürgerschaftliche Unterstützungsarrangements, bei denen selbstgewählte Personen die Lebensgestaltung begleiten und die Persönlichen Budgets verwalten, sowie Formen des Peer Counseling, wie sie z.B. von Zentren für Selbstbestimmtes Leben angeboten werden.
- Ein Schlüsselelement bildet die Motivation und Einstellung der Dienstleister. Der Erfolg von Persönlichen Budgets hängt wesentlich davon ab, ob die Veränderung der Machtstrukturen zu Gunsten der Nutzerinnen und Nutzer als positive Herausforderung für die eigene Arbeit empfunden wird, oder ob Skepsis gegenüber den Selbstgestaltungskräften der Budgetnehmer, Sorge um die

Planbarkeit der eigenen Arbeit und der Wunsch nach Schutz und Kontrolle bezogen auf die Leistungsnehmer überwiegen.

- International wurden unterschiedliche Formen erprobt, mit denen die Verwendung des Budgets kontrolliert wird. Hierbei zeigte sich beispielsweise in den Niederlanden, dass bei einer übergeordneten institutionellen Kontrolle (Sozialversicherungsbank) ein hoher bürokratischer und damit finanzieller Aufwand entsteht. Als sinnvoller und erfolgreicher erweisen sich hingegen Verfahren, bei denen die Verwendung der Geldleistung zwar durch die Budgetnehmer formal nachgewiesen werden muss, der bürokratische Aufwand aber minimal gehalten (Formularvordrucke, Quittungen) und dem Budgetnehmer möglichst viel Spielraum beim Einsatz der Gelder gelassen wird. Die Modellerfahrungen zeigen insgesamt, dass die meisten Budgetnehmer das Geld zweckgemäß, nämlich für die Finanzierung benötigter Unterstützung, ausgeben. Missbrauch durch Ressourcenverschwendung (beispielsweise die Verwendung eines Budgets für die Befriedigung einer Sucht) oder durch zu geizigen Ressourceneinsatz (beispielsweise Unterversorgung durch unangemessene »Sparsamkeit«) treten nur in Einzelfällen auf.
- Ergänzend zum Wandel der sozialen Dienste unterstützt eine barrierefreie Infrastruktur in den Gemeinden die Realisierung der selbstständigen Lebensführung erheblich. In Schweden stehen beispielsweise ausreichend barrierefreie Wohnungen sowie Wohnungen mit besonderem Service zur Verfügung, um allen Menschen mit Behinderung ein Leben in einer Privatwohnung zu ermöglichen.

3.2 Nationale Modelle und Erfahrungen

3.2.1 Rheinland-Pfalz

Rheinland-Pfalz hat als erstes Bundesland in Deutschland 1998 ein Persönliches Budget in vier Modellkommunen mit einer zweifachen Zielsetzung eingeführt: Zum einen sollen bedarfsgerechte und zielgenaue Hilfeformen angeboten werden, welche die Selbstständigkeit und Selbstbestimmung der Leistungsempfänger fördern, zum anderen sollen eine gewisse Planungssicherheit bei der Kostenentwicklung im Bereich der Eingliederungshilfe ermöglicht bzw. der finanzielle Aufwand für die Betreuung begrenzt werden. Im Modellzeitraum von September 1998 bis zum 31. Dezember 2000 haben insgesamt 119 Personen ein Persönliches Budget erhalten. Die Finanzierung erfolgte im Rahmen eines regionalen Budgetierungssystems, welches den Kostenrahmen (bzw. die Planungsgröße) darstellte, mit dem im Modellprojekt anfallende Kosten für ambulante, stationäre und teilstationäre Hilfen abgedeckt werden sollten. Dabei wurden kommunale Mittel und Landesmittel im regionalen Budget zusammengeführt.

Die Modellphase ist inzwischen abgeschlossen; das Persönliche Budget wurde sukzessive als reguläre Leistungsform landesweit eingeführt. Seit 1. Juli 2004 setzen alle der insgesamt 36 Kommunalkörperschaften das Persönliche Budget flächendeckend um.

Personenkreis

Das Persönliche Budget wird so genannten geistig, seelisch und körperlich wesentlich behinderten Menschen angeboten, die einer vollstationären Betreuung oder der Förderung im Betreuten Wohnen bedürfen. Als weitere Bedingungen müssen

- die Budgetnehmer über ausreichende intellektuelle Fähigkeiten und ein geeignetes Sozialverhalten verfügen, um das Persönliche Budget sachgerecht in Anspruch nehmen bzw. selber über die Organisation von Leistungen bestimmen zu können,
- ein geeignetes soziales Umfeld vorhanden sein, welches bei der Umsetzung Persönlicher Budgets förderlich ist,
- geringere Kosten anfallen, als bei der Versorgung in einer vollstationären Einrichtung bzw. beim Betreuten Wohnen entstehen würden (vgl. MASFG 2001, 13).

Einschätzung des Unterstützungsbedarfs und Leistungen

Der Hilfebedarf wurde zunächst durch ein Begutachtungsverfahren erfasst, in das die Stellungnahmen des Antragstellers bzw. seines gesetzlichen Betreuers, des zuständigen sozialmedizinischen Dienstes und der Wohneinrichtung, in dem die Person lebte oder aufgenommen werden sollte, eingingen (vgl. LSJV 1999). Die Stellungnahmen wurden in einer Verwaltungskonferenz unter Beteiligung der Antragsteller, Vertreterinnen des Landesamtes sowie der jeweiligen Modellkommune erörtert. In der Erprobung hat sich gezeigt, dass das Assessmentverfahren noch weiter differenziert werden musste, um individuelle Leistungen in Art und Ausmaß noch passender bereitstellen zu können (vgl. MASFG 2001, 37). Daher wurde die Begutachtung im Jahre 2004 durch ein neues Verfahren zur individuellen Hilfeplanung (IHP) ersetzt (MASFG 2004, 14f., vgl. http://www.masfg.rlp.de/ Soziales/Individuelle_Hilfeplanung.htm).

Das Persönliche Budget bestand in der Erprobungsphase aus einem pauschalen Geldbetrag, der nach Art und Grad des Unterstützungsbedarfs gestaffelt ist. Dabei wurden zunächst in Anlehnung an die Pflegeversicherung drei Budgetstufen differenziert, die sich allerdings im Verlauf des Modellversuchs als zu starr erwiesen und später durch die Definition von Korridoren innerhalb der einzelnen Stufen flexibilisiert wurden (Stufe I: 205–310 Euro; Stufe II: 410–515 Euro; Stufe III:

665–770 Euro jeweils pro Monat). Inzwischen sind auch einzelfallbezogen weitere Differenzierungen z.B. nach Stunden möglich (vgl. MASFG 2004, 5). Vermögen und Einkommen werden auf das Persönliche Budget angerechnet. Mit dem Budget können ausschließlich Leistungen der ambulanten Eingliederungshilfe eingekauft werden, die im Zusammenhang mit dem Wohnen nach § 40 BSHG stehen. Andere erforderliche BSHG-Leistungen, wie z.B. Hilfe zur Pflege, Hilfsmittel oder der teilstationäre Besuch einer Werkstätte, sowie Leistungen anderer Leistungsträger sind als Geld- oder Sachleistung zu ergänzen. Ein Verwendungsnachweis ist nicht erforderlich; lediglich bei nicht-institutionellen Hilfen durch die Familie oder Nachbarschaft finden ein- bis zweimal im Jahr Kontrollen in der Wohnung des Budgetnehmers durch den Sozialleistungsträger statt.

Erfahrungen und Beurteilung

Der Modellversuch sollte dann als erfolgreich gelten, »wenn die Lebenszufriedenheit der behinderten Menschen bei konstant bleibenden oder sinkenden Kosten für die Sozialhilfeträger erhöht werden kann« (MASFG 2001, 28). Eine Befragung der Budgetempfänger ergab – wenn auch auf schmaler Datenbasis[7] – eine Steigerung der Lebenszufriedenheit durch das Persönliche Budget (vgl. MASFG 2001, 19). Diese Einschätzung bezieht sich vor allem auf die Wohnsituation sowie auf den Freizeitbereich. Ein Viertel der Beteiligten konnte mit Hilfe des Budgets eine stationäre Einrichtung verlassen, bei ca. 60% der Personen wurde eine Aufnahme in ein Heim vermieden oder zumindest zeitlich verzögert. Bei den (stationären) Einrichtungen lässt sich eine Öffnung nach außen beobachten: Budgetnehmer haben auch nach Auszug aus einer Wohneinrichtung die Möglichkeit, Unterstützung von den Mitarbeitern über das Persönliche Budget zu organisieren, so dass bei Wunsch ein Wechsel vertrauter Bezugspersonen vermieden werden kann. Positiv beurteilt wurde auch ein Helferpool über den Vertreter unterschiedlicher Berufssparten vorbereitende, begleitende und fördernde Unterstützungen im Umgang mit den Persönlichen Budgets anbieten. Vertreter der Selbstbestimmt-Leben-Bewegung beurteilen jedoch die Frage, ob das Modell die Selbstbestimmung tatsächlich fördert, zurückhaltend »mit einem entschiedenen ›Jein‹ oder einem ›noch nicht ganz‹« (RÖSCH 2002, 6).

Um die Auswirkungen des Persönlichen Budgets auf die öffentlichen Haushalte zu prüfen, wurde ein personenbezogener Kostenvergleich der zu gewährenden Hilfen ohne und mit einem Persönlichen Budget durchgeführt. Auch hier konnten – u.a. aufgrund der zugrundegelegten (z.T. fiktiven) Mischpflegesätze unabhängig

---

[7] In die statistische Auswertung wurden die Daten von nur 26 Budgetnehmern einbezogen.

vom Ausmaß des Unterstützungsbedarfs sowie des engen Modellrahmens – nur bedingt Aussagen gemacht werden, die aber auf Kostenersparnis hinweisen. Einsparpotentiale sind deswegen schwer genauer zu beziffern, weil nach derzeitigem Zuschnitt des Modells die »kostenintensiveren Fälle« vermutlich in den Einrichtungen verbleiben (müssen). Zudem blieben staatliche Investitionszuschüsse beim Kostenvergleich bislang unberücksichtigt. Eine übergreifende Betrachtung ergab für die Leistungsträger zwar zunächst einen Mehraufwand, weil freiwerdende stationäre Plätze schnell wieder belegt werden. Eine längerfristigere Perspektive legt aber die Vermutung nahe, dass ein – sonst unausweichlicher – weiterer Ausbau stationärer Wohnplätze verringert oder vermieden werden kann. Dies würde zu der gewünschten Entlastung der öffentlichen Haushalte führen. So lautet das Zwischenfazit der wissenschaftlichen Modellbegleitung (vgl. KAAS 2002, 128ff.).

Mit dem regionalen Budgetsystem wurden zwar die Regelungen über die Zuständigkeiten der Sozialhilfeträger vereinfacht, als Planungs- und Steuerungsinstrument konnte es sich allerdings nicht bewähren. Hier erwies sich in der Modellerprobung das neu eingeführte Begutachtungsverfahren, das zu einer größeren Individualisierung der Bedarfsbemessung beitrug, als erfolgsversprechender. Das zunächst aufwändigere Verfahren ermöglicht eine passgenauere Hilfegewährung und bewirkt offensichtlich auch eine Einnahmesteigerung der Sozialhilfeträger (vgl. KAAS 2002, 153f.).

Auch wenn einige Leistungsanbieter im Zuge des Modellversuches ihre Angebote angepasst haben, finden Budgetnehmer bislang nach wie vor keine bedarfsadäquate ambulante Infrastruktur bzw. geeignete (Wohn-)Angebote vor, die sich den veränderten Nachfragen anpassen. »Im Gegenteil, der kleine, und vor allem graue Markt der Anbieter geriert sich zurzeit jedenfalls als dubios und undurchschaubar. Auf keinen Fall erweist er sich als transparent!« (SPEICHER 2003, 4). Zukünftig ist also eine doppelte Strategie vorgesehen:

• Eine umfassende Information der Leistungsanbieter über das Persönliche Budget zur Vorbereitung auf die notwendigen Flexibilisierungen und Ausweitungen der Angebote wird als zentrale Rahmenbedingung für die weitere Entwicklung angesehen.

• Als förderlich bzw. unverzichtbar hat sich darüber hinaus erwiesen, umfassende Budgetberatung bereitzustellen. Insbesondere das Angebot von Peer Counseling scheint sich günstig auf die Nutzung eines Persönlichen Budgets auszuwirken, aber auch die Kommunen und Leistungserbringer machen entsprechende Beratungsangebote.

Zum 1. Januar 2001 wurden die Modellprojekte »Verbundsystem in der Gemeindepsychiatrie« und »Selbst bestimmen – Hilfe nach Maß für behinderte Menschen«

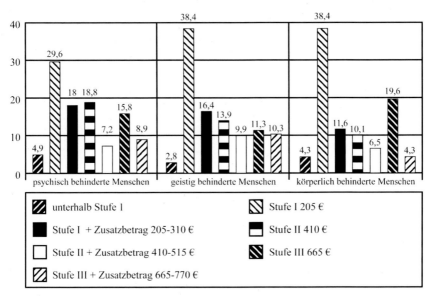

Abb. 15: Budgethöhe nach Behinderungsarten in % (MASFG 2004, 6)

zusammengeführt, um dem gemeinsam verfolgten Ziel noch mehr Nachdruck zu verleihen, Verantwortung auf die kommunale Ebene zu verlagern und die Hilfen zu flexibilisieren.

Trotz einiger kritischer Aspekte der Projektphase weisen die neuesten Entwicklungen auf die steigende Resonanz und Akzeptanz des Persönlichen Budgets in Rheinland-Pfalz hin: Ende Juni 2003 gab es etwa 800 Budgetnehmer/innen,[8] davon etwa 53% Menschen mit psychischer Erkrankung, 28% Menschen mit so genannter geistiger Behinderung, 18% körperbehinderte Personen und 2% Menschen mit mehrfacher Behinderung (vgl. MASFG 2004). Die Budgetkalkulation ist insgesamt differenzierter geworden (vgl. Abb. 15), wobei 4% der Budgetnehmer ein Budget unterhalb der Stufe I, 50% ein Budget der Stufe I (bzw. Stufe I mit Zusatzbetrag), 24% der Stufe II (bzw. mit Zusatzbetrag) und 22% der Stufe III (bzw. mit Zusatzbetrag) erhalten (n = 771).

Eine fundierte wissenschaftliche Evaluation der Entwicklungen nach Abschluss des Modellprojekts Ende 2000 liegt zwar bedauerlicherweise nicht vor, Erhebungen des Ministeriums für Arbeit, Soziales, Familie und Gesundheit und des Forschungsinstituts für Wirtschaftspolitik e.V. Mainz bei Leistungsträgern,

---

[8] Bis zum Beginn des Jahres 2005 stieg die Zahl auf etwa 1.350 Budgetnehmer/innen.

-erbringern und neun ausgewählten Budgetnehmern weisen jedoch zumindest im Ansatz darauf hin, dass das Persönliche Budget von den Betroffenen allgemein positiv bewertet wird und zu einem Wandel in der Angebotsstruktur und Leistungserbringung beigetragen hat (vgl. MASFG 2004).

3.2.2 Baden-Württemberg

Bereits im Oktober 2001 nahm eine Arbeitsgruppe mit Vertretern aller Institutionen/Organisationen der Behindertenhilfe unter der Koordination des Sozialministeriums in Baden-Württemberg ihre Arbeiten zur Konzeption eines Modellversuchs Persönliches Budget auf und legte Mitte 2002 das Ergebnis vor. Demnach sollte das Modellprojekt »im Sinne des SGB IX die Gleichberechtigung und Teilhabe behinderter Menschen unterstützen. Die Bereitstellung Persönlicher Budgets zielt darauf ab, Eigenverantwortung und Selbstbestimmung zu fördern und einen Perspektivenwechsel zu ermöglichen: Menschen mit Behinderung sollen nicht mehr länger Objekt der Fürsorge, sondern Subjekt der eigenen Lebensgestaltung sein. Dies setzt Wahlmöglichkeiten bei der Gewährung von Hilfen voraus« (Sozialministerium Baden-Württemberg 2002, 1). Gleichzeitig sollte das Modellprojekt dazu beitragen, den Grundsatz »ambulant vor stationär« zu verwirklichen und Alternativen zur Heimunterbringung zu fördern.

Der offizielle Start des zunächst auf zwei Jahre angelegten Modellversuchs war Oktober 2002; allerdings lief die praktische Erprobung in den ersten Monaten in den drei Württembergischen Modellregionen (Bodenseekreis, Rems-Murr-Kreis, Landkreis Reutlingen) nur sehr schleppend an, so dass erst im September 2003 die ersten Persönlichen Budgets bewilligt wurden (vgl. KASTL, METZLER 2004, 7).

Personenkreis

Die Entscheidung über Teilnahme einzelner Personen am Modellversuch liegt beim Rehabilitationsträger. Das Konzept ist grundsätzlich offen für alle Menschen mit Behinderung nach § 2 Abs. 1 SGB IX, unabhängig von Art und Ausmaß der Beeinträchtigung. Die Personen müssen jedoch in der Lage sein, Einfluss auf die Ausgestaltung der Leistung zu nehmen und die Funktion als Arbeitgeber auszuüben (auch mit Unterstützung). Leistungen der schulischen Eingliederung von Kindern und Jugendlichen bleiben ausgenommen.

Ermittlung des Unterstützungsbedarfs und Leistungen

Im Zentrum der Budgetleistungen stehen »in Alltagsvollzügen anfallende, regelmäßig wiederkehrende und regiefähige Bedarfe. Alltag bezieht sich auf die Aufgaben und Anforderungen in Arbeit, Familie, Privatleben und Gesellschaft sowie die Gestaltung des eigenen Lebensfeldes. (...) ›Regelmäßig wiederkehrend‹ heißt, dass die Hilfebedarfe in angebbaren Zeitintervallen (...) anfallen. ›Regiefähigkeit‹ bedeutet, dass die Budgetnehmer/innen alleine oder mit Unterstützung entscheiden können, wer die Assistenz oder Betreuung mit welchen Zielen, zu welcher Zeit, wo und wie leistet« (Sozialministerium Baden-Württemberg 2002, 6). Die Leistungen, die zur Deckung dieser Bedarfe über das Persönliche Budget erworben werden können, umfassen Leistungen der Sozialhilfeträger ebenso wie Leistungen der Kranken-, Renten- und Unfallversicherung, der Bundesagentur für Arbeit und der Integrationsämter. Dies können ambulante wie stationäre Leistungen sein.

Die Hilfebedarfsermittlung richtet sich dabei zunächst nach den jeweils geltenden Leistungsgesetzen und deren spezifischen Verfahrensweisen. Sie erfolgt im Bereich der Eingliederungshilfe beispielsweise auf Grundlage des »Verfahrens zur Ermittlung des Hilfebedarfs von Menschen mit Behinderung« (HMBW-99; vgl. METZLER 1998, 2001). Im Laufe der Modellerprobung sollte jedoch ein einheitliches Verfahren entwickelt werden, bei dem die Pauschalen nach Hilfebedarfsgruppen abgelöst werden durch die Festsetzung von erforderlichen Leistungsmodulen (wie im niederländischen Modell). Die Obergrenze für die Summe aller Teilpauschalen bilden die Kosten der durchschnittlichen vollstationären Leistungen bei entsprechender Hilfebedarfsgruppe und Behinderungsart.

Ein leistungsträgerübergreifender Budgetfond konnte zunächst nicht wie geplant realisiert werden, sondern die einzelnen Leistungsträger zahlen jeweils Teilbudgets an Budgetnehmer aus.

Hilfebedarfs-gruppe	Geistig behinderte Menschen	Körperlich behinderte Menschen	Seelisch behinderte Menschen
HBG 1	400 €	400 €	400 €
HBG 2	650 €	700 €	600 €
HBG 3	950 €	1.050 €	850 €
HBG 4	1.050 €	1.150 €	950 €
HBG 5	1.200 €	1.300 €	1.100 €

Abb. 16: Pauschalen der Eingliederungshilfe nach Hilfebedarfsgruppen und Behinderungsarten

Budgetassistenz

Eine unabhängige und verlässliche Budgetassistenz sicherzustellen hat sich im Rahmen der Modellentwicklung als wichtiger und zugleich schwieriger konzeptioneller Eckpunkt herausgestellt. Zwar wurde diesem Erfordernis von der überwiegenden Mehrheit der vorbereitenden Arbeitsgruppe zugestimmt; die Rehabilitationsträger machten allerdings deutlich, dass eine Finanzierung der Budgetassistenz ihrerseits nicht übernommen werden könne. Die Budgetassistenz wird nun von der Landesarbeitsgemeinschaft Hilfe für Behinderte angeboten und an die vorhandenen Beratungsstrukturen angegliedert (vgl. LAGH o.J.[9]).

Erfahrungen und Beurteilungen

Der Teilnehmerstand lag im März 2004 bei insgesamt 23 Budgetnehmer/innen.[10] Als Leistungsträger tritt in 17 Fällen der überörtliche Sozialhilfeträger in Erscheinung. Dabei handelt es sich um Budgetzahlungen für Menschen mit vorrangig psychischen Beeinträchtigungen (9 Budgetnehmer) und mit Lern- bzw. so genannter geistiger Behinderung (8 Budgetnehmer). Vor der Bewilligung des Persönlichen Budgets wohnten diese in einer eigenen Wohnung (5 Personen), wurden ambulant betreut (4 Personen), lebten bei den Eltern (2 Personen) oder wechselten mit der Bewilligung des Persönlichen Budgets von einer stationären Wohneinrichtung in eine Wohnform mit ambulanter Betreuung (6 Personen). Sechs Rehabilitanden mit körperlichen Beeinträchtigungen erhalten Budgets von der Landesversicherungsanstalt für Leistungen zur Teilhabe am Arbeitsleben (vgl. KASTL, METZLER 2004, 16f).

Ein trägerübergreifendes Budget ist bislang nicht zustande gekommen. In Einzelfällen erschienen Budgets verschiedener Leistungsträger (z.B. Sozialhilfeträger und Krankenversicherung/Agentur für Arbeit) zwar sinnvoll und wünschenswert, scheiterten aber bislang an leistungsrechtlichen Unklarheiten (vgl. KASTL, METZLER 2004, 47f).

Von den 17 Personen, die Leistungen der Eingliederungshilfe erhalten, sind elf Personen der Hilfebedarfsgruppe 2 und sechs Personen der Hilfebedarfsgruppe 3 zugeordnet. Damit ergibt sich ein durchschnittliches Budget in Höhe von 668 Euro (Spannweite: 600 Euro bis 950 Euro).

Die ersten Erfahrungen in der Budgetverwendung zeigen, dass mit den individuellen Budgets zumeist verschiedene Leistungsangebote eines einzelnen Leis-

---

[9] Das Konzeptpapier kann bei der LAGH angefordert werden (lagh.bw@t-online.de).
[10] Anfang 2005 stieg er auf etwa 50 Budgetnehmer/innen.

tungserbringers eingekauft werden, in einigen Fällen auch von verschiedenen Anbietern. Die Stundensätze für Betreuungsleistungen durch eine Fachkraft (Sozial-
arbeiter/in, Sozialpädagoge/in) inklusive Lohn-, Sach- und Fahrtkosten variieren
bei den 23 Budgetnehmern zwischen 37,50 Euro und 49,80 Euro. Zum Teil entwickeln die ambulanten und stationären (Groß-)Anbieter eigene Unterstützungsangebote wie auch Budgetassistenz. Insgesamt zeigen sich bei den Trägern stationärer
Einrichtungen noch Schwierigkeiten, differenzierte Teilleistungen aus den stationären Leistungsmodulen herauszulösen, anzubieten und mit Preisen zu versehen
(vgl. LWV 2004, 4).

Als wichtige Voraussetzung für eine freiwillige Teilnahme an der Modellerpro-
bung erweist sich die garantierte Rückkehrmöglichkeit zu Sachleistungen auf
Wunsch. Gefragt sind in diesem Zusammenhang auch flexible Übergänge aus der
Einrichtung ins Persönliche Budget (vgl. HOLUSCHA 2003, 16f.).

Aufgrund des zögerlichen Anlaufs des Modellprojektes wurde die Modellphase
zunächst bis Ende September 2005 verlängert.

3.2.3 Hamburg

Behindertenpolitik und Budgetentwicklung

Nach einigen Jahren Vorlauf, in denen das Persönliche Budget in Hamburg umfassend diskutiert und erste Konzepte vorgelegt wurden (vgl. GITSCHMANN 2000), ist
im Januar 2003 der Startschuss zur praktischen Umsetzung gefallen.

Durch die »Verordnung zur Durchführung eines Modellvorhabens zur Pauschalierung von Eingliederungshilfeleistungen und zur Erprobung persönlicher
Budgets für behinderte Menschen« vom 17. Dezember 2002 werden die Sozialhilfe-
feträger in Hamburg ermächtigt, »in Modellvorhaben solche Leistungen der Eingliederungshilfe, auch in Form persönlicher Budgets für behinderte Menschen,
pauschaliert zu erbringen, für die Beträge nicht schon durch das Bundessozialhilfegesetz festzusetzen sind« (§ 1 Abs. 1; Senat der Freien und Hansestadt Hamburg
2002, 362). Die Modellerprobung erfolgt also nicht auf Grundlage des § 17 SGB
IX, sondern auf Grund der Experimentierklausel § 101a BSHG. Der Modellzeitraum reicht von Januar 2003 bis Juni 2005. Durch den Modellversuch soll erprobt
werden, ob Geldleistungen die Aufgabenstellung der Eingliederungshilfe besser
erfüllen und ihre Zielsetzung genauer erreichen. Die Teilnehmerzahl ist auf maxi-
mal 100 Personen begrenzt.

Personenkreis

Ein Persönliches Budget beantragen kann im Modellversuch jede volljährige Person, die in Hamburg in einer eigenen Wohnung lebt und Anspruch auf mindestens eine Leistung der ambulanten Eingliederungshilfe hat bzw. bereits Empfänger einer solchen Leistung ist. Der Antragsteller muss eine Willenserklärung abgeben und in der Lage sein, das Budget zielgebunden einzusetzen und selbstständig zu verwalten. Dabei kann durchaus Unterstützung durch eine dritte Person erfolgen und im Rahmen des Arbeitgebermodells durch eine zusätzliche Pauschale finanziert werden. Es dürfen allerdings keine Zweifel daran bestehen, dass der Antragsteller grundsätzlich am Projekt teilnehmen kann, wie beispielsweise durch unwirtschaftliches Verhalten, mehrfache Mittellosigkeit, Überschuldung.[11]

Ermittlung des Unterstützungsbedarfes und Leistungen

Mit dem Persönlichen Budget sollen Bedarfe der ambulanten Eingliederungshilfe nach dem BSHG gedeckt werden. Ein Persönliches Budget kann sich aus folgenden Teilpauschalen zusammensetzen:

• Pädagogische Betreuung im eigenen Wohnraum,
• Hilfe zur Weiterführung des Haushalts,
• Haushaltshilfe,
• Teilnahme am Leben in der Gemeinschaft,
• Persönliche Assistenz.

Die jeweils erforderliche Unterstützung wird in einer Gesamtplan-Konferenz (nach § 46 BSHG) ermittelt, an der neben den Landesdiensten und dem Antragsteller nach Vereinbarung weitere Personen teilnehmen können. Am Ende des Gespräches werden die Ziele, der Einsatz der Unterstützungen und die Höhe des Gesamtbudgets für sechs Monate vereinbart. Das Budget wird monatlich auf das Konto des Budgetnehmers überwiesen, die Finanzierung von Budgetassistenz ist nur in Ausnahmefällen vorgesehen. Zur Deckung des Beratungsbedarfs wird auf die Sozialämter und Servicestellen sowie auf Angebote der Selbsthilfe, ambulante Dienste und gesetzliche Betreuer verwiesen.

Einschätzungen und Erfahrungen

Nach langer Startverzögerung durch innerbehördlichen Widerspruch läuft die praktische Erprobung des Persönlichen Budgets in Hamburg aus verschiedenen

---

[11] Vgl. http://fhh.hamburg.de/stadt/Aktuell/behoerden/soziales-familie/soziales/behinderung/
persoenliches-budget/teilnahmevoraussetzungen.html [18.02.2004].

Gründen nur zögerlich an: Die Anspruchsberechtigten sind misstrauisch und befürchten mehr Unsicherheit und Verwaltungsaufwand im Zusammenhang mit dem Persönlichen Budget. Ende März 2004 liegt der Teilnehmerstand bei sieben Budgetnehmer/innen,[12] welche Budgets zwischen 308 und 1.054 Euro beziehen. Sechs von sieben Budgets liegen dabei unter 650 Euro.

Auch die Beteiligung der Angebotsträger ist zurückhaltend, weil sie u.a. befürchten, erreichte Standards der Leistungserbringung könnten durch die Budgeteinführung zurückgefahren werden (vgl. ECKERT 2003).

Derzeit wird überlegt, ob der Modellzuschnitt entsprechend der neuen gesetzlichen Grundlagen (vgl. Kap. 2.2) weiterentwickelt werden kann.

3.2.4 Bayern, Bezirk Mittelfranken

Angeregt durch ein Werkstattgespräch im Rahmen des »Sozialpolitischen Forums« der Stadtmission Nürnberg zum Persönlichen Budget im Oktober 2001 wurde auf Initiative der Sozialverwaltung des Bezirkes Mittelfranken ein Modellprojekt durch eine Arbeitsgruppe aus Vertretern der Sozialverwaltung und verschiedenen Organisationen der Behindertenhilfe entwickelt. Die Phase I des Modellprojekts lief von Juli 2003 bis Juni 2004; in dieser ersten Phase wurde das Budget nur für einen kleinen – durch die Arbeitsgruppe ausgewählten – Personenkreis ermöglicht. Eine ursprünglich geplante Phase II, in der der Personenkreis ausgeweitet und die Erfahrungen wissenschaftlich begleitet werden sollten, konnte nicht realisiert werden. Stattdessen ging das Projekt in die bundesweite Modellerprobung zum Trägerübergreifenden Persönlichen Budget ein (vgl. Kap 3.2.6).

Mit den Budgets können BSHG- bzw. SGB XII-Leistungen der örtlichen und überörtlichen Leistungsträger erworben werden. Schwerpunktmäßig werden ambulante Leistungen einbezogen, in Einzelfällen können aber auch stationäre und teilstationäre Angebote erworben werden. Dies soll eine Kontinuität der Bezugsperson gewährleisten und sich positiv auf die Motivation auswirken, stationäre Wohnformen zu verlassen.

Der Hilfebedarf wird in einer gemeinsamen Hilfeplankonferenz mit dem örtlichen Kostenträger, den Budgetnehmern, den gesetzlichen Betreuern und den potentiellen Leistungsanbietern festgestellt. Auf dieser Grundlage wird ein individuelles Budget ermittelt.

---

[12] Anfang 2005 gab es nach informellen Quellen etwa zehn Budgetnehmer/innen.

Teilpauschale zur Bildung Persönlicher Budgets	
Pädagogische Betreuung im eigenen Wohnraum, Hilfe für AIDS-Kranke	35,50 €/Stunde
Hauswirtschaftliche Versorgung (§ 70 BSHG), gestaffelt nach Anzahl der Haushaltsangehörigen	160–196 €/Monat
Haushaltshilfe (§ 11 Absatz 3 BSHG) gestaffelt nach Wohnfläche	81–154 €/Monat
Vorbereitung, Zubereitung von Mahlzeiten, Abwasch	12,80 €/Bedarfstag
Einkaufen – je nach Wohnungslage	48–96 €/Monat
Wäschepflege	51 €/Monat
Fensterputzen, Treppenhausreinigung	12,80 €/Stunde
Mobilität/Beförderungspauschale	87 €/Monat
Kfz-Hilfe	46 €/Monat
Freizeitpauschale	77 €/Monat
Persönliche Assistenz im Arbeitgebermodell	14,85 €/Stunde
Hilfsmittel: PC Faxgerät Hörgerätebatterien	1.200 € 179 € 15 € bzw. 30 €
Gastweise Unterbringung Basispauschale (+ Pflegekassenleistung) Erhöhte Pauschale* (+ Pflegekassenleistung)	1.566 € (1.432 €) 2.545 € (1.432 €)
Familienentlastung Basispauschale Erhöhte Pauschale*	70 €/Monat 100 €/Monat

* Die erhöhten Pauschalen richten sich an schwerst- und mehrfachbehinderte Personen

Tab. 5: Pauschalbeträge zur Bildung Persönlicher Budgets in Hamburg (Senat der Freien und Hansestadt Hamburg 2002, 363; § 3 Abs. 2)

Aufgrund des noch sehr eng gesteckten Projektrahmens bzw. der geringen Anzahl an Budgetnehmern können die bisher vorliegenden Erfahrungen und Einschätzungen nicht mehr als erste Tendenzen wiedergeben:

Im Modellzeitraum erhielten zehn Personen ein Persönliches Budget (sieben
Personen mit so genannter geistiger, zwei mit seelischer und eine mit körperlicher
Behinderung). Mit den Budgetgeldern wurden überwiegend ambulante Leistungen
erworben, zwei Budgetnehmer nahmen auch Teilangebote von stationären Leistungserbringern in Anspruch (Tagesstrukturierung, Mahlzeiten, Freizeitangebote).
Durch diese Öffnung stationärer Leistungsangebote auch für externe Budgetnehmer erhöhte sich die individuelle Passung der Unterstützungsarrangements.

Insgesamt ist die bestehende Angebotsstruktur aber noch nicht auf den Leis-
tungserwerb über Persönliche Budgets ausgerichtet, die Entwicklung differenzierter Angebote und ihre Verpreislichung stehen noch aus. Als Hürde in der Umsetzung erweist sich insbesondere die unterschiedliche Zuständigkeit der Leistungsträger bei ambulanten und stationären Hilfen.

3.2.5 Niedersachsen

Behindertenpolitik und Budgetentwicklung

Nach einer Entschließung des Landtages im Mai 2003 wurde die Landesregierung
aufgefordert, Modellvorhaben zur Einführung Persönlicher Budgets in Niedersachsen einzurichten. Zur Umsetzung dieses Auftrages wurde durch das Landesmi-
nisterium für Soziales, Frauen, Familie und Gesundheit (MSFFG) eine Projekt-
gruppe eingerichtet mit Vertretern aus Landes- und Kommunalbehörden. Projekt-
start war im Januar 2004, das Modellvorhaben endet nach zwei Jahren. Teilnehmende Modellregionen sind bislang die Landkreise Osnabrück und Emsland sowie
die Stadt Braunschweig; weitere Städte und Landkreise können hinzukommen.

Wesentliches Ziel des Modellvorhabens ist es »festzustellen, wie ›persönliche
Budgets‹ ausgestaltet sein müssen, um die gleichberechtigte Teilhabe von Menschen mit Behinderung zu fördern« (MSFFG 2004, 20). Im Einzelnen sollen die
Autonomie und Partizipation der Budgetnehmer gestärkt sowie der Ausbau ambulanter Strukturen und die Entwicklung von Angebotsvielfalt gefördert werden. Die
Stärkung der ambulanten Angebote und die Entwicklung wettbewerbsorientierter
Preise sollen mittelfristig eine Kostenersparnis bewirken: »Die Höhe des ›persönlichen Budgets‹ muss mittelfristig – insbesondere durch die vorstehend beschriebenen Synergieeffekte – Einspareffekte realisieren lassen« (MSFFG 2004, 26).

Personenkreis

Das Persönliche Budget kann volljährigen Personen mit Behinderung auf Antrag gewährt werden. Orientierungspunkt ist die gewünschte Wohnform. Angesprochen werden sowohl Menschen, die in einem Heim leben und in eine ambulante Betreuungsform wechseln wollen, als auch Menschen, die vor der Entscheidung stehen, wie sie zukünftig wohnen möchten.

Ermittlung des Unterstützungsbedarfs und Leistungen

Persönliche Budgets können für alle Leistungen außerhalb (teil-)stationärer Einrichtungen nach dem BSHG bzw. SGB XII erbracht werden. Dies können sowohl Hilfen zum Lebensunterhalt als auch Hilfen in besonderen Lebenslagen, insbesondere der Eingliederungshilfe sein. Die Budgetassistenz soll über Peer Counseling erfolgen; eine Finanzierung hierfür ist nicht vorgesehen.

Die Feststellung der individuellen Hilfebedarfe, die mit dem Budget gedeckt werden sollen, erfolgt im Rahmen eines Hilfeplangespräches, an dem mindestens der Leistungsträger (Sozialamt) und der Antragsteller beteiligt sind. Ziel des Gesprächs ist »die gemeinsame Feststellung des zeitlichen Volumens des Hilfebedarfs. Die Strukturierung des Dialoges erfolgt anhand eines standardisierten Erhebungsbogens, der alle Lebensbereiche des Menschen mit Behinderung umfasst« (MSFFG 2004, 51).

Die Höhe des Budgets richtet sich nach dem ermittelten Umfang der Leistungen, der für den Bereich der Eingliederungshilfen in Zeiteinheiten (Stunden/ Minuten) bemessen wird. Der Stundensatz für eine Fachleistungsstunde beträgt nach der »Kommunalen Gemeinschaftsstelle für Verwaltungsvereinfachung« (KGSt) 35 Euro und beinhaltet neben den Personalkosten auch die erforderlichen Sachkosten einschließlich der notwendigen Fahrtkosten in einem Umkreis von 15 km (vgl. MSFFG 2004, 44). Dabei darf das Budget die bisher für einen vergleichbaren Hilfebedarf gewährte Summe nach dem Sachleistungsprinzip nicht übersteigen. Die Bewilligung des Budgets erfolgt auf Grundlage einer schriftlichen Vereinbarung zwischen dem Budgetnehmer und dem örtlichen Leistungsträger, der Aussagen enthalten soll über »den Umfang des ermittelten Hilfebedarfs, etwaige Leistungsbesonderheiten, Art und Umfang der vorhandenen Eigenressourcen, das gegenseitige Kündigungsrecht. (...) Ferner ist die konkrete Hilfeplanung Gegenstand der Vereinbarung« (MSFFG 2004, 25).

Einschätzungen und Erfahrungen

Mit Ende des Jahres 2004 gab es 23 Budgetnehmer/innen (Stichtag: 1.12.2004; vgl. WINDHEUSER, AMMANN, WARNKE 2005).[13] Dabei handelt es sich um elf Personen mit so genannter geistiger Behinderung, neun Personen mit seelischer Behinderung und drei Personen mit körperlicher Behinderung. Die meisten Budgets liegen zwischen 400 € und 500 € im Monat, was einem festgestellten Bedarf von 160–200 Minuten in der Woche entspricht (der mit dem Stundensatz von 35 € verrechnet wird). Im Hinblick auf das eingesetzte Hilfeplanverfahren wurde bereits deutlich, dass dieses eine hohe Kompetenz der Mitarbeiter voraussetzt, die durch entsprechende Schulungen vermittelt werden muss.

Die wissenschaftliche Begleitforschung[14] hält in ihrer ersten Zwischenbilanz fest, dass das Persönliche Budget geeignet scheint, die Selbstbestimmung und Teilhabe der Budgetnehmer zu stärken. »Bei vielen Budgetnehmern konnte, hier in geringerem, dort in größerem Ausmaß, ›Autonomie und gleichberechtigte Teilhabe durch eine stärkere Selbstbestimmung‹ gefördert werden. In sicher einem Fall konnte Heimunterbringung vermieden werden« (WINDHEUSER, AMMANN, WARNKE 2005, 72). Die Mehrzahl der Budgetnehmer behält die bisherige Wohn- und Betreuungsform zwar bei und nimmt auch denselben Anbieter (ambulante Dienste) wie zuvor in Anspruch, gewinnt aber dennoch in kleinem Maßstab an Flexibilität. In Einzelfällen entscheiden sich Budgetnehmer gegen traditionelle Angebote und entwickeln andere, zum Teil private Lösungen. Insgesamt zeichnet sich ab, dass das Persönliche Budget in den Modellregionen die Stärkung und Weiterentwicklung ambulanter und differenzierter Versorgungsstrukturen unterstützt.

Als wichtiger Faktor für das Gelingen der Modellerprobung wird eine unabhängige Budgetberatung und -assistenz eingeschätzt. Eine solche steht jedoch bislang noch nicht zur Verfügung, sondern wird von Angehörigen und anderen vertrauten Personen im Umfeld der Budgetnehmer übernommen.

3.2.6 Zusammenfassung der nationalen Modelle und Erfahrungen

Insgesamt sind die praktischen Erfahrungen mit dem Persönlichen Budget in Deutschland immer noch sehr gering, sowohl hinsichtlich der Erprobungszeit als auch der Anzahl an Budgetnehmern. Abgesehen von Rheinland-Pfalz mit inzwischen etwa 1.350 Budgetnehmern und einer über sechsjährigen Erfahrung mit dem

---

[13] Ende April 2005 lag der Teilnehmerstand bei 30 Personen.
[14] Die wissenschaftliche Evaluation wird wahrgenommen durch die Evangelische Fachhochschule Hannover in Kooperation mit der Katholischen Fachhochschule Norddeutschland in Osnabrück.

Persönlichen Budget in landesweiter Realisierung liegen die Budgetnehmerzahlen in den übrigen Bundesländern bzw. Modellregionen zwischen 10 und 50 Personen. Diese Zahlen sind auf den ersten Blick ernüchternd und erfüllen nicht die Erwartungen, die vor den Modellerprobungen an das Persönliche Budget gestellt wurden: In Baden-Württemberg wurden als Zielvorgabe 250 Personen, in Hamburg 100 Budgetnehmer anvisiert. Der jeweilige aktuelle Teilnehmerstand scheint jedoch für die Anfangsphase eines Modellversuchs eine realistische Größenordnung zu sein, da auch in Rheinland-Pfalz Ende des Jahres 1999 (nach etwa anderthalb Jahren Laufzeit des Modellversuchs) zunächst nur 24 Personen, ein Jahr später aber bereits 119 Personen ein Persönliches Budget in Anspruch genommen haben.

Trotz der unterschiedlichen Modellzuschnitte, regionalen Voraussetzungen und Vorgehensweisen zeigen sich über sämtliche Modellversuche hinweg ähnliche Erfahrungen: Skepsis auf breiter Ebene zu Anfang des Modellversuchs bei Leistungsträgern, Leistungserbringern, Betroffenen und Interessenvertretungen sowie relativ lange Anlaufzeiten und z.T. erhebliche Widerstände bei der Implementierung auf kommunaler Ebene (vgl. KASTL, METZLER 2004, 11f.). Die Umsetzungsschwierigkeiten sind dabei in erster Linie auf generelle Bedenken zurückzuführen: Aus Betroffenensicht werden mit der Umsetzung Persönlicher Budgets Gefahren der weiteren Leistungskürzung (ähnlich der Einführung der Pflegeversicherung) und Aushöhlung des Bedarfsdeckungsprinzips verbunden, auf Anbieterseite wird u.a. die Absenkung der erreichten Standards als mit dem Persönlichen Budget einhergehende Nebenwirkung gefürchtet.

Modellspezifische Faktoren, die konzeptionell und sozialpolitisch umstritten sind (z.B. Hilfebedarfsermittlung, Budgetkalkulation und -höhen), sind für das zurückhaltende Interesse potentieller Budgetnehmer vermutlich nicht primär verantwortlich, da sich diese Faktoren – wie aufgezeigt – in den verschiedenen Modellversuchen erheblich unterscheiden, die Erfahrungen, dass es schwierig ist, Teilnehmer zu gewinnen, jedoch sehr ähnlich sind. Eine Bewertung der Modellzuschnitte verbietet sich aus wissenschaftlicher Sicht, solange »sich die Angebote passende Abnehmer (suchen) und nicht umgekehrt« (KASTL, METZLER 2004, 13). Derzeit gehen nämlich potentielle Budgetnehmer, für die das Persönliche Budget aufgrund der spezifischen Bedarfsermittlung und Budgetkalkulation voraussichtlich nicht bedarfsdeckend sein wird, das Risiko nicht ein mit einem Budget zu leben. Daher ist zum jetzigen Zeitpunkt auch ein »Best-practice« in punkto Verfahrensfragen der Hilfebedarfsermittlung und Budgetkalkulation kaum darstellbar.

Im Zentrum der bisherigen geplanten bzw. sich in der Umsetzung befindlichen Modelle stehen ambulante Leistungen der Eingliederungshilfe, entweder durch konzeptionelle Eingrenzung oder dadurch, dass stationäre Leistungen zwar prinzipiell möglich sind, sich die praktischen Erfahrungen aber fast ausschließlich auf den ambulanten Bereich beschränken. Zudem werden z. T. hohe Anforderungen für die Bewilligung Persönlicher Budgets gestellt, so dass tendenziell die Gefahr besteht, bestimmte Zielgruppen durch die gestalteten Rahmenbedingungen systematisch auszuschließen (z. b. Menschen in stationären Wohneinrichtungen, Menschen mit komplexen Beeinträchtigungen bzw. hohen Unterstützungsbedarfen). Die zukünftige Entwicklung wird zeigen, inwiefern der Grundsatz, alle Menschen unabhängig von Art und Ausmaß der Beeinträchtigung in die Umsetzung Persönlicher Budgets einzubeziehen, realisiert wird und welche Bedingungen dies begünstigen bzw. verhindern.

Die Erfahrungen mit dem Persönlichen Budget im europäischen Ausland zeigen, dass eine der unverzichtbaren Voraussetzungen für die Partizipation am Persönlichen Budget (insbesondere von Personen mit so genannter geistiger und mehrfacher Behinderung) die Verfügbarkeit von (unabhängiger) Budgetassistenz ist. Über diese Notwendigkeit besteht auch in allen deutschen Modellen breite konzeptionelle Übereinstimmung; es sind hierfür allerdings bislang in keiner Modellregion gesicherte Finanzierungsstrukturen vorhanden.

Ausblick: Modellprojekte Trägerübergreifende Persönliche Budgets

Mit Änderung des SGB IX im Juli 2004 können Persönliche Budgets leistungsträgerübergreifend als Komplexleistungen erbracht werden (vgl. Kap. 2.2). Seit Oktober 2004 laufen hierzu Modellversuche in acht Bundesländern bzw. 14 Modellregionen an (Bayern: München und Mittelfranken, Berlin: Friedrichshain/ Kreuzberg, Hessen: Groß-Gerau und Marburg-Biedenkopf, Nordrhein-Westfalen: Düsseldorf und Bielefeld, Rheinland-Pfalz: Trier, Trier-Saarburg, Bernkastel-Wittlich, Sachsen-Anhalt: Magdeburg mit ausgewählten Landkreisen, Schleswig-Holstein: Segeberg und Schleswig-Flensburg, Thüringen: Gera).[15] Im Mittelpunkt dieser Erprobungen steht

- die trägerübergreifende Gestaltung der Kernverfahren im Gesamtprozess von der Budgetbeantragung bis zur Zielvereinbarung (unter möglichst hoher Beteiligung der Budgetnehmer),
- die Identifizierung förderlicher und hinderlicher Bedingungen für die Kooperation und Koordination aller Beteiligten sowie
- die Weiterentwicklung der erforderlichen Dienstleistungsstrukturen, einschließlich der Verfügbarkeit von Beratungsangeboten und Budgetassistenz.

Der Abschlussbericht der wissenschaftlichen Begleitforschung wird im Juli 2007 vorgelegt.

---

[15] Vgl. http://www.projekt-persoenliches-budget.de.

	Rheinland-Pfalz	Baden-Württemberg	Hamburg	Mittelfranken	NRW/PerLe	Niedersachsen
Start	September 1998	Oktober 2002	Januar 2003	Juli 2003	August 2003	Januar 2004
Anzahl Budgetnehmer	ca. 1.350	ca. 50	ca. 10	ca. 10	18	23
Leistungen	Ambulante Eingliederungshilfe	Ambulante Eingliederungshilfe (auch Übergang stationär/ambulant) Rentenversicherung, Integrationsämter, BA	Ambulante Eingliederungshilfe	Ambulante Eingliederungshilfe, auch (teil-)stationäre Leistungen	Ausgewählte Leistungen stationäre/ambulante Eingliederungshilfe	Ambulante Eingliederungshilfe
Bedarfsermittlung	Hilfeplankonferenz (IHP)	Verfahren der jeweiligen Rehaträger (z.B. HMB bei Sozialhilfeträger)	Hilfeplan-Konferenz	Hilfeplan-Konferenz	Assessment	Hilfeplan-Konferenz, Bedarfsermittlung in 7 Lebensbereichen
Budgetbemessung	Budgetstufen/-korridore I. 205 € – 310 € II. 410 € – 515 € III. 665 € – 770 € jeweils pro Monat	Pauschalen der Rehaträger (z.B. nach HBG und Art der Beeinträchtigung: 400 €–1.300 € pro Monat)	Teilpauschalen für differenzierte Leistungen (z.B. PBW 35,50 €/h, Freizeitpauschale 77 €)	Individuelle Bemessung	Anteile der Maßnahmepauschale nach LT und HBG (367 €–839 € pro Monat)	Umfang der erforderlichen Leistungen in Stunden x Vergütung für Fachleistungsstunde (35 €)
Budgetassistenz	Zentrum für selbstbestimmtes Leben behinderter Menschen	LAG Hilfe für Behinderte Keine Finanzierung	Sozialämter, Servicestellen, Selbsthilfe Keine Finanzierung	–	Café 3b (unabh. Beratungsstelle) Keine Finanzierung	Peer Counseling Keine Finanzierung
Verwendungsnachweis	–	variiert nach Leistungsträger, für Sozialhilfeträger: im Rahmen der Fortschreibung des Gesamtplans	Nachweis über Geldverwendung nach ½ Jahr (Rechnungen, Quittungen, Haushaltsbuch etc., individuell vereinbart)	Nachweis über Geldverwendung, individuell vereinbart	–	Zielvereinbarung und Überprüfung nach ½ Jahr, Dokumentationsbogen

Tab. 6: Übersicht über nationale Modelle der Ausgestaltung Persönlicher Budgets (Stand: Anfang 2005)

4 Persönliches Budget im idealtypischen Modell

Ausgehend von der Zielperspektive Lebensqualität durch Hilfe nach Maß (Kap. 1), den konzeptionellen und sozialrechtlichen Grundlagen eines Persönlichen Budgets (Kap. 2) sowie den internationalen und nationalen Modellen und Erfahrungen (Kap. 3) lässt sich ein (idealtypisches) Modell zur Ausgestaltung Persönlicher Budgets entwerfen, das eingebettet ist in einen zirkulären Unterstützungsprozess, in dem Beratung, Bedarfseinschätzung, Budgetbemessung, individuelle Hilfeplanung und -organisation, Vertragsschließung mit Leistungsträgern und -erbringern und Qualitätskontrollen enthalten sind (vgl. Abb. 17).

Im Budgetverfahren sind mehrere Schritte zu gehen und Prinzipien zu verfolgen: Zunächst sind die (potentiellen) Budgetnehmer über das Persönliche Budget zu informieren und für Menschen mit Lernschwierigkeiten entsprechende Bildungsangebote bereitzustellen.

Bei der Einschätzung des Unterstützungsbedarfs, der über die Geldleistungen gedeckt werden soll (Assessment), steht die Lebenswelt der jeweiligen Person im Mittelpunkt der Betrachtungen: persönliche Kompetenzen, Aktivitäten und deren Beeinträchtigungen, Interaktionen mit dem sozialen und ökologischen Umfeld (Ressourcen und Barrieren), subjektive Selbsteinschätzungen und Handlungsmuster und sich daraus ergebende Schwierigkeiten und Optionen der gesellschaftlichen Teilhabe. Diese eingeschätzten Bedarfe, Bedürfnisse und Ressourcen bilden die Grundlage für eine personenbezogene Kalkulation eines Persönlichen Budgets.

Das Budget muss so differenziert wie nötig und so pauschal wie möglich bemessen sein, um einerseits der individuellen Bedarfslage gerecht werden zu können und andererseits Entscheidungsspielräume beim Einsatz des Budgets zu eröffnen. Die Frage der finanziellen Ausstattung Persönlicher Budgets lässt sich im Modell nicht detailliert beantworten; die Akzeptanz, Praktikabilität und Angemessenheit verschiedener Kalkulationsmodelle erfordert eine empirische Überprüfung im Rahmen von Modellversuchen.

Der Budgetbewilligung und -festsetzung schließt sich das Arrangement individuell passender Unterstützungsleistungen an, bei dem Sach- und Geldleistungen, stationäre und ambulante Leistungen, professionelle und nicht-professionelle Dienste kombiniert werden können. Hierbei ist die Verfügbarkeit von unabhängiger Beratung und Unterstützung (Budgetassistenz) ebenso unverzichtbarer Bestandteil wie die regelmäßige Evaluation des gesamten Budgetprozesses.

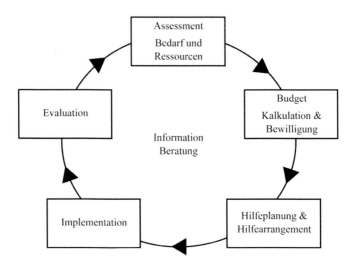

Abb. 17: Verfahren zur Bemessung und Umsetzung eines Persönlichen Budgets

4.1   Information und Bildung der Budgetnehmer/innen

Wenn ein Persönliches Budget Lebensqualität steigern und Selbstbestimmung erhöhen soll, dann ist der erste wichtige Schritt bei seiner Einführung eine zielgerichtete Information der potentiellen Budgetnehmer/innen. Da das Persönliche Budget
eine Wahlmöglichkeit darstellt und die Inanspruchnahme freiwillig ist, müssen im
Prozess der Entscheidungsfindung zunächst in einfacher Form Unterschiede zwischen der Dienstleistungsorganisation und -erbringung nach dem Sachleistungsprinzip und dem Geldleistungsprinzip herausgestellt sowie Vor- und Nachteile
eines Persönlichen Budgets aufgezeigt werden. In dieser ersten Informationsphase
steht im Vordergrund, die Kernideen des Persönlichen Budgets (mehr Entscheidungsspielräume bei der Auswahl von Unterstützungsleistungen) zu vermitteln,
damit auf dieser Informationsbasis potenzielle Budgetnehmer/innen sich für bzw.
gegen das Persönliche Budget entscheiden können. Informationsmaterialien und
Anträge müssen dabei auch in leicht verständlicher Sprache verfasst sein (vgl. Wir
vertreten uns selbst 2001).

Da das Persönliche Budget (besonders für Menschen mit Behinderung in stationären Wohneinrichtungen) ein radikales Umdenken erfordert, sind unmittelbar vor
und begleitend zu der Implementierung des Persönlichen Budgets weiterführende

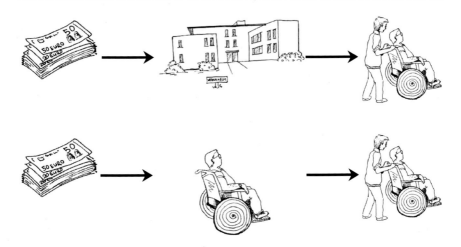

Abb. 18: »Von der Sachleistung zur Geldleistung«

Informations- und Bildungsangebote für die Budgetnehmer/innen unerlässlich. Diese sollten sich nicht ausschließlich auf das Persönliche Budget, die neue Rollenverteilung zwischen Leistungsträgern, Anbietern und Budgetnehmern bzw. auf die notwendigen Zusammenhänge und »technischen« Handlungsschritte beim »Einkauf« von Dienstleistungen beziehen. Vielmehr sind die grundsätzlichen mit dem Persönlichen Budget verbundenen Zielsetzungen (stärkere Eigenverantwortung, mehr Selbstbestimmungsmöglichkeiten etc.) und damit zusammenhängenden Aufgaben selbst zu thematisieren. Entscheidungen zu treffen, eigene Ziele und Vorstellungen zu formulieren und zu verfolgen erfordert Kompetenzen, über die Menschen (mit Behinderung) nicht automatisch verfügen. Dies gilt insbesondere für Heimbewohner/innen, die bereits viele Jahre oder Jahrzehnte in großen Einrichtungen verbracht haben und unter Umständen aufgrund institutioneller Hemmnisse und einer pauschalen Rundum-Versorgung wenig Erfahrungen mit einer selbstbestimmten Lebensführung sammeln konnten (vgl. WACKER, WETZLER, METZLER, HORNUNG 1998). Hier gilt es bei der Entwicklung von Grundqualifikationen unterstützend zu wirken, wie z.B. beim Herausbilden von Handlungs-, Sozial- und Kommunikationskompetenz. Gleichzeitig muss die lebensweltliche Perspektive bei der Planung und Gestaltung begleitender Bildungsangebote handlungsleitend sein. Dies bedeutet in erster Linie eine authentische, die Bedingungen und Anforderungen der Lebenswirklichkeit widerspiegelnde Bildungsarbeit sowie die Zusammenarbeit mit den Bezugspersonen vor Ort. Lernfortschritte und konkrete Veränderungen werden am ehesten dann erreicht, »wenn die Bildung in Kooperation mit den relevanten Bezugspersonen erfolgt, die ihrerseits der Leitidee (des Empowerment, d. A.) aufgeschlossen gegenüberstehen und gegebenenfalls bereit sein müssen, sich selbst mit zu verändern« (THEUNISSEN, PLAUTE 2002, 199).

Bildung in diesem Sinne geht über die Vermittlung rein praktischer oder instrumenteller Fertigkeiten beim Umgang mit dem Persönlichen Budget hinaus und zielt auf eine grundsätzliche »Stärkung der Reflexivität des Subjekts und seiner Möglichkeiten, ein aktives geistiges Verhältnis zu seinen gesellschaftlich entstandenen und determinierten Lebensbedingungen aufzunehmen, sie in ihrer Gewordenheit zu rekonstruieren und in ihrer Veränderbarkeit emanzipativ zu begreifen« (SCHUCK 2001, 64). Daher müssen lebensrelevante Inhalte und aktuelle »Schlüsselprobleme«, die sich auf das konkrete Alltagsleben der Budgetnehmer/innen beziehen, aufgegriffen werden, um die individuellen Möglichkeiten zur selbstbestimmten Lebensführung und gesellschaftlichen Teilhabe zu erweitern.

Für die methodische Gestaltung begleitender Fortbildungskurse ist von weit reichender Bedeutung, dass nicht nur die Inhalte, sondern auch die Methoden dem Leitgedanken »Empowerment« verpflichtet sind. Daher steht nicht die Belehrung und Vermittlung von Wissen, sondern die Organisation von eigenaktivem und sozial-interaktivem Lernen der Kursteilnehmer/innen im Vordergrund. Dies kann erreicht werden durch entdeckendes, experimentelles, handlungsbezogenes und projektorientiertes Lernen, so dass sich die Kursteilnehmer/innen bereits im Lernprozess als autonome und aktive Subjekte erfahren.

Beispiel für ein Kurskonzept: »Welche Unterstützung wünsche ich mir?«

Zur Konkretisierung soll ein Fortbildungskonzept skizziert werden, welches im Projektverlauf (vgl. Kap. 5) gemeinsam mit Mitgliedern des »Netzwerks People first Deutschland e. V.« entwickelt wurde. Dieses stellt in Verbindung mit den ebenfalls im Projekt erstellten didaktischen Materialien eine Gestaltungshilfe zur Planung von Bildungsangeboten für Budgetnehmer/innen dar. Insbesondere wurde ein Fortbildungsfilm mit dem Titel »Welche Unterstützung wünsche ich mir?« erstellt, der sich am Aufbau der im Europäischen Projekt »Menschen mit Lernschwierigkeiten und Behinderungen als Konsumentinnen und Konsumenten« (vgl. Inclusion Europe o. J.) entstandenen Übungsmaterialien orientiert. Anhand zweier Fallbeispiele werden im Film die notwendigen Überlegungen und Handlungsschritte, die für Menschen mit Behinderung beim »Einkauf« von Unterstützungsleistungen von besonderer Relevanz sind, veranschaulicht:

- Fallbeispiel 1: In dem ersten Fallbeispiel ist Herr Scholz (ein Bewohner eines Wohnheimes) unzufrieden mit der gruppenbezogenen Unterstützung. Anstatt immer gemeinsam mit den Mitbewohnerinnen und Mitbewohnern seiner Wohngruppe zum Kegeln zu gehen, möchte er lieber ohne die Wohngruppe schwimmen gehen. Er verabredet daher mit einem Assistenten, ihn einmal pro Woche beim Schwimmen zu begleiten.

- Fallbeispiel 2: In dem zweiten Beispiel hat Frau Berger (eine Heimbewohnerin) keine Lust mehr, das Essen aus der Großküche zu essen. Sie möchte selbst kochen lernen und beauftragt eine Assistentin, ihr das Kochen beizubringen.

Die Fallbeispiele lassen sich dabei in Sequenzen einteilen, welche die fünf wesentlichen Schritte bei der selbstbestimmten Auswahl und Organisation von Unterstützung widerspiegeln:

Sequenz	Zusammenfassung des Inhalts (Fallbeispiel 1)
	Herr Scholz äußert in einem Gespräch mit einem Betreuer im Wohnheim, dass er damit unzufrieden ist, in seiner Freizeit mit der ganzen Wohngruppe zum Kegeln zu gehen. Viel lieber möchte er ohne die Wohngruppe schwimmen gehen.
	Herr Scholz fragt die Mitbewohner/innen und Betreuer/innen um Rat. Diese informieren ihn über Öffnungszeiten und Eintrittspreise eines nahe gelegenen Schwimmbads. Im Schwimmbad spricht Herr Scholz mit einer Kursleiterin über verschiedene Erwachsenenschwimmkurse und deren Preise.

Herr Scholz erzählt in einem Gespräch mit dem Betreuer, dass er sich gegen einen Schwimmkurs entschieden hat. Er möchte lieber alleine mit einem selbst gewählten Assistenten schwimmen gehen.

Herr Scholz fragt einen Bekannten in der Nachbarschaft, ob er sein Assistent wird und ihn zum Schwimmen begleitet. Die Beiden verabreden, dass sie einmal in der Woche zum Schwimmen gehen, und unterzeichen einen Vertrag.

Herr Scholz ist mit seinem Assistenten zufrieden und möchte weiterhin mit ihm einmal pro Woche schwimmen gehen.

Tab. 7: Fünf Schritte bei der Auswahl und Organisation von Unterstützung (Fallbeispiel aus dem Film »Welche Unterstützung wünsche ich mir?«)

Die Filmsequenzen können als Ausgangspunkte dienen, um die notwendigen Handlungsschritte auf die eigene konkrete Lebenssituation der Budgetnehmer/innen und das Persönliche Budget zu beziehen. Dabei können folgende Leitfragen von Bedeutung sein (vgl. Tab. 8):

Sequenz	Leitfragen und Inhalte	Mögliche Aktivitäten
Wunsch	• Wie lebe ich? • Was sind meine Vorlieben und Interessen? • In welchen Bereichen bekomme ich Hilfe und Unterstützung? Was kann ich alleine machen, was nicht? • Bei welchen Dingen kann ich selbst bestimmen, wer mir hilft und wann man mir hilft? Bei welchen Dingen kann ich das nicht bestimmen? • Womit bin ich zufrieden und womit unzufrieden? Was sollte sich im Wohnheim (bei meinen Unterstützern) verändern? • Was sind meine Wünsche und Lebensziele? Was ist mir im Moment am wichtigsten?	• Die Kursteilnehmer/innen schreiben oder malen einen Steckbrief bzw. stellen ein »Ich-Museum« mit verschiedenen »Ausstellungsräumen« (Lebenslauf, Vorlieben und Interessen, Wünsche und Ziele etc.) her und stellen dies den anderen vor. • Die Kursteilnehmer/innen tragen konkrete Veränderungswünsche und Ziele zusammen (Plakate oder Collagen als Wunschzettel), so dass Kleingruppen anhand verschiedener Kategorien gebildet werden können (z.B. Veränderungswünsche nach Lebensbereichen). • Fantasiereise: »Wie möchte ich in einem Jahr leben?« • Persönliche Zukunftsplanung (vgl. DOOSE 1999)
Information	• Wie kann ich meine Wünsche erfüllen? • Wie kann ich meine Ziele erreichen? • Warum ist es wichtig, sich gut zu informieren? • Welche Wahlmöglichkeiten habe ich? • Wer bietet Hilfe und Unterstützung an? • Wen kann ich um Rat fragen? • Was ist gute/schlechte Beratung? Wem kann ich vertrauen? • Wie kann ich sicher gehen, dass ich wirklich selbst entscheide?	• In Kleingruppen stellt jede(r) einen vordringlichen Veränderungswunsch/das wichtigste Ziel dar (bezogen auf die Lebenssituation und/oder das Hilfearrangement), die anderen Teilnehmer/innen geben Tipps und suchen Lösungsmöglichkeiten, die dokumentiert werden. (Evtl. können auch Informationsmaterialien verschiedener regionaler Anbieter und der Budgetassistenz in einfacher Sprache zur Verfügung gestellt werden.) Auf diese Weise entstehen Leitfäden, die Möglichkeiten zur Realisierung individueller Bedürfnisse der einzelnen Teilnehmer/innen aufzeigen. • In Rollenspielen (z.B. Budgetnehmer – Dienstleister oder Budgetnehmer – Budgetassistenz) können Unterschiede zwischen einer »guten« Beratung, die Selbstbestimmung ermöglicht, und »schlechter« Beratung, die manipulierend und fremdbestimmend wirkt, herausgestellt werden. • Erstellen von individuellen Kontaktbüchern: Wer bietet Hilfe an? Wer bietet Beratung an? Wer hilft mir in Krisenzeiten?
Entscheidung	• Welche Wahlmöglichkeit/Lösung ist für mich am besten? • Was sind jeweils Vor- und Nachteile? • Welche Folgen kann meine Entscheidung haben? • Wer ist alles von meiner Entscheidung betroffen? • Muss ich jemanden vor meiner Entscheidung um Einverständnis fragen? • Wer kann mir bei meiner Entscheidung helfen? Wen kann ich um Rat bitten?	• In Kleingruppen werden für jeden Kursteilnehmer bezüglich der verschiedenen Wahlmöglichkeiten Pro- und Contralisten erstellt. • In Form von »Zeitreisen« (z.B. sechs Wochen/Monate nach meiner Entscheidung) werden Szenarien durchgespielt, welche die möglichen Folgen, Chancen und Risiken der Entscheidungen aufgreifen.

Rechte und Pflichten	• Welche Rechte und Pflichten habe ich als Kunde? • Was ist ein Vertrag? Was muss in einem Vertrag geregelt sein? • Was passiert, wenn sich jemand nicht an den geschlossenen Vertrag hält? • Wer kann mir beim Abschließen und Einhalten von Verträgen/Abmachungen helfen?	• In Rollenspielen (Kunde/Kundin kauft in einem Geschäft eine Ware; Bewohner/Bewohnerin kauft sich eine Unterstützungsleistung ein) werden Rechte und Pflichten eines Kunden/Nutzers und eines Anbieters (z.B. Einhalten von Absprachen, Pünktlichkeit), mögliche Vertragsinhalte (wie Leistungsdefinition und Bezahlung) sowie Folgen von Vertragsbruch (Verlust von Ansprüchen und Geld, Möglichkeit, sich beim Anbieter zu beschweren bzw. die Bezahlung des Assistenten zu verweigern) thematisiert.
Bewertung	• Wurden die Absprachen mit dem Anbieter/dem Mitarbeiter/dem Assistenten eingehalten? • Bin ich zufrieden mit der Hilfe? Muss ich etwas verändern? • Was kann ich tun, wenn ich unzufrieden bin? Bei wem kann ich mich beschweren? • Habe ich meine Wünsche erfüllt? Sind meine Ziele erreicht? • Habe ich Fehler gemacht? • Muss ich/soll ich mich für etwas anderes entscheiden?	• In Rollenspielen können verschiedene Bewertungssituationen (Zufriedenheit und Unzufriedenheit) nachgespielt und Handlungsnotwendigkeiten herausgestellt werden (z.B. Beschwerde). • Die Teilnehmer diskutieren, wie eine richtige Beschwerde zu machen ist.

Tab. 8: Exemplarische Leitfragen und Aktivitäten als Grundlage eines Fortbildungskonzepts

Die durch den Film veranschaulichten und durch zusätzliche Aktivitäten vertieften Handlungsschritte und Strategien können anschließend erprobt werden. Geeignet sind dafür konkrete alltägliche Beispiele (z.B. verschiedene Formen der Essensversorgung oder Wahlmöglichkeiten bei abendlichen Unternehmungen). Die Kursteilnehmer/innen erhalten dabei ein Budget, arbeiten verschiedene Wahlmöglichkeiten heraus, entscheiden sich für eine Aktivität, treffen Vereinbarungen mit Unterstützern und bewerten schließlich Entscheidung und erbrachte Leistung in einer gemeinsamen Schlussrunde (weitere Beispiele finden sich auch in der Broschüre »Ich weiß, was ich will! Ich kaufe, was ich will!«, Inclusion Europe o. J.; vgl. auch DOOSE 1999).

Zusätzlich erhalten die Teilnehmer/innen des Workshops eine Kursmappe (»persönlicher Zukunftsplaner«; vgl. DOOSE 1999, 114) mit allen erarbeiteten Schritten bei der Organisation von Unterstützung, den gefertigten Materialien und Umsetzungsleitfäden individueller Wünsche, Bedürfnisse und Zielsetzungen der Teilnehmer/innen, die in der konkreten Alltagswirklichkeit hilfreich sein können.

Die skizzierten Anregungen sind als offenes Konzept zu verstehen, welches den konkreten Bedingungen vor Ort und den individuellen Voraussetzungen der Kursteilnehmer/innen anzupassen ist. Die im Projekt entwickelten Materialien stellen dabei *einen* Strukturvorschlag dar. Wichtig ist, dass auch (spontane) Wünsche der Teilnehmer/innen in die inhaltliche Planung und Gestaltung einbezogen werden.

4.2 Assessment

Die Realisierung einer individuell passenden Unterstützung über ein Persönliches Budget kann nur gelingen, wenn der erforderliche Perspektivenwechsel von der angebots- zur personenbezogenen Unterstützung (vgl. Kap. 1) bereits bei der Einschätzung der Bedarfe einsetzt, die mit den Budgetleistungen gedeckt werden sollen. Dies setzt voraus, dass der Unterstützungsbedarf möglichst unabhängig davon beurteilt wird, welche Leistungsangebote in Anspruch genommen werden. Wenn die Hilfebedarfsermittlung im Rahmen von (stationären) Leistungsprogrammen durchgeführt wird, besteht prinzipiell die Gefahr, dass nur jene Unterstützungsbedarfe erfasst werden, die mit den vorhandenen Angeboten gedeckt werden können. Eine konsequent personenbezogene Hilfebedarfsermittlung bedeutet aber, dass deren Ergebnisse möglichst viel Spielraum für die Auswahl und Organisation der passenden Leistungen (über ein Persönliches Budget) lassen und sich nicht automatisch einem vorhandenen (Pauschal-)Angebot anschließen, dem der Adressat sich anpassen muss. Daher muss die Bedarfsermittlung unabhängig von Leistungsangeboten und -anbietern erfolgen. Um darüber hinaus zu vermeiden, dass einseitig Kostengesichtspunkte im Mittelpunkt der Bedarfseinschätzung stehen, wäre prinzipiell auch die Unabhängigkeit von Leistungsträgern sinnvoll. Erfahrungen in den Niederlanden zeigen aber, dass die Implementation von weiteren Institutionen/ zuständigen Personen zwar eine größere Unabhängigkeit gewährleistet, zugleich aber (insbesondere aus Sicht der Adressaten) die Komplexität des Gesamtprozesses der Hilfeplanung ebenso erhöht wie den bürokratischen Aufwand. Vor diesem Hintergrund und unter Berücksichtigung der rechtlichen Verfahrensvorgaben zur Bedarfsfeststellung in der Budgetverordnung (§ 3 BudgetV; vgl. Kap. 2.2) ist das Assessment im Zusammenhang mit dem Persönlichen Budget von den jeweils zu beteiligenden Leistungsträgern bzw. im Rahmen eines trägerübergreifenden Bedarfsfeststellungsverfahrens durchzuführen, an dem der Leistungsberechtigte sowie auf Wunsch eine weitere Person des Vertrauens aktiv beteiligt wird.[16]

Mit der Wortwahl Assessment soll die negative Konnotation des Hilfebegriffs in der traditionellen Formulierung der »Hilfebedarfsermittlung« vermieden und zugleich betont werden, dass eine Bedarfsfeststellung mittels diagnostischer Klassifikationen und Defizitfeststellungen unzureichend ist. »Mit dem englischen Verb to ›assess‹ ist der Vorgang einer kritischen Beurteilung und Bewertung eines Tat-

---

[16] Die Entwicklung geeigneter und ggf. einheitlicher Verfahren ist bislang eine noch nicht befriedigend gelöste Aufgabe. Derzeit lassen sich aber seitens der überörtlichen Träger der Sozialhilfe verstärkt Bemühungen erkennen, eigene Hilfeplanverfahren zu entwickeln (vgl. z.B. http://www.lvr.FachDez/Soziales/leistungsanbieter/hilfeplanverfahren.htm, MSFFG 2004, 53ff.).

bestandes oder Sachverhalts bezeichnet. (...) Assessment heißt der Prozess der Einschätzung und ihr Produkt, das in schriftlicher Form im weiteren Verfahren verwendet und zu den Akten genommen werden kann« (WENDT 1997, 108). Aufgabe eines solchen Assessmentprozesses ist es, die jeweilige Lebenssituation und Lebenslage einer Person – ihre biografischen Erfahrungen und Zukunftsperspektiven eingeschlossen – zu beschreiben, zu analysieren und zu bewerten. Die Ergebnisse eines sorgfältig durchgeführten Assessments liefern detaillierte Hinweise auf erforderliche Unterstützungsleistungen bzw. bilden die Grundlage für eine angemessene, bedarfsdeckende Bemessung eines Persönlichen Budgets (vgl. Kap. 4.3).

Entscheidend für das Verfahren mit Blick auf ein relationales Verständnis von Behinderung und von Unterstützungsbedarfen sowie die Zielperspektive Lebensqualität (vgl. Kap. 1) ist, dass die Einschätzung nicht nur auf persönliche (psychische, körperliche, kognitive) Beeinträchtigungen bezogen, sondern die gesamte *Lebenswelt* der jeweiligen Person in den Blick genommen wird. Eine solche Lebensweltorientierung fokussiert die erfahrenen Lebensräume und sozialen Bezüge, »vor allem auch mit den in ihnen liegenden Möglichkeiten und Ressourcen; betont wird nicht nur die Vielfalt der im Alltag zu bewältigenden Aufgaben und Probleme, sondern auch die grundsätzliche autonome Zuständigkeit aller Menschen für ihren je eigenen Alltag« (THIERSCH, GRUNWALD 2002, 129).

Es geht damit um die Berücksichtigung der

- persönlichen Kompetenzen, Aktivitäten und deren Beeinträchtigungen,
- Interaktionen mit dem sozialen und ökologischen Umfeld (Ressourcen und Barrieren),
- subjektiven Selbsteinschätzungen und Handlungsmuster und
- sich daraus ergebenden Schwierigkeiten der gesellschaftlichen Teilhabe, welche es durch passende Unterstützung zu beseitigen gilt.

»Hilfebedarf bedeutet in erster Linie die Herstellung gleicher Lebenschancen und muss final auf die Förderung der selbständigen Lebensführung, den Abbau von Benachteiligung und sozialer Isolierung gerichtet sein. Er ist eine in wesentlichen Teilen soziale, nie von Umweltfaktoren unabhängige, relative und normative Kategorie« (BECK 2002, 51).

4.2.1 Bedarfe, Bedürfnisse und Ressourcen – Operationalisierung und Instrumententwicklung

Im Prozess des Assessment geht es darum, Unterstützungbedarfe in der alltäglichen Lebensführung ebenso auszumachen wie individuelle Bedürfnisse. Der (objektive) Bedarf ergibt sich aus allgemeinen Grundbedürfnissen (Schutz, Sicherheit, soziale

Anerkennung usw.) sowie aus der Zielsetzung der Partizipation (an Bildung, Arbeit, Information, Mobilität usw.) und bemisst sich an einem kulturell vorfindbaren allgemeinen Lebensstandard. Die (subjektiven) Bedürfnisse resultieren stärker aus den persönlichen Wünschen, Lebensstilen und -vorstellungen und zielen auf die Realisierung individueller Lebensführung und der Teilhabe an subjektiv bedeutsamen Lebensbereichen. Um diese subjektiven Wünsche und Vorstellungen im Rahmen eines Assessment formulieren zu können, benötigen viele Menschen mit (geistiger) Behinderung im Vorfeld Unterstützung (vgl. Kap. 4.1).

Wie viel Unterstützung eine Person zur Deckung der individuellen Bedarfe und Bedürfnisse benötigt, hängt neben der Lebensphase und dem individuellen Lebensstil wesentlich davon ab, welche (nichtprofessionellen) Ressourcen einer Person aktuell zur Verfügung stehen bzw. mobilisiert werden können und welche Umweltfaktoren Aktivitäten und Partizipation erschweren.

Im Bereich der *persönlichen Ressourcen* spielen vor allem Aktivitäten einer Person eine wichtige Rolle (vgl. ICF der WHO 2001). Die Dimension der Aktivität bezieht sich auf die aktuellen Leistungen einer Person, also auf die konkrete Lösung einer Aufgabe oder Ausführung einer Aktivität (z.B. sich waschen, Beziehungen pflegen, kommunizieren) und nicht darauf, was eine Person tun könnte. Hierbei geht es um eine bestmögliche Passung zwischen den geleisteten Aktivitäten und den jeweiligen kontextuellen Anforderungen. Relevant sind darüber hinaus psychische Ressourcen wie Selbstwertgefühl, Selbstwirksamkeit, Einstellungen und Werte sowie individuelle Bewältigungsstrategien.

Soziale Ressourcen sind von erheblicher Bedeutung sowohl für die Bewältigung von Unterstützungsbedarfen als auch für die Konstituierung subjektiven Wohlbefindens. Entscheidend sind hierbei nicht die objektive Verfügbarkeit sozialer Kontakte, sondern vielmehr die Qualität und Verlässlichkeit von Beziehungen, d.h. wie viele und welche Kontakte von der jeweiligen Person als unterstützend wahrgenommen und genutzt werden. Zu den sozialen Ressourcen zählen der enge und erweiterte Familienkreis, Partner, Freunde, Nachbarn, Bekannte sowie Assistenz- und Pflegepersonen.

Wie der Umfang sozialer Ressourcen eingeschätzt wird, hat entscheidenden Einfluss darauf, wie viel (zusätzliche) professionelle Unterstützung notwendig erscheint. Grundsätzlich gilt es hierbei zu berücksichtigen, dass sich soziale Beziehungen nicht nur positiv auf die Alltagsbewältigung auswirken, sondern auch Barrieren im Hinblick auf eine selbstbestimmte Lebensführung und Partizipation darstellen können und damit den Unterstützungsbedarf nicht mindern, sondern erhöhen. So kann beispielsweise ein häufiger Kontakt bzw. eine enge Beziehung eines erwachsenen Menschen mit so genannter geistiger Behinderung zu seinen Eltern eine wertvolle Ressource bedeuten; denkbar ist jedoch auch, dass die Präsens der Eltern hinderlich ist aus Gründen, die in der Person der Eltern liegen können oder in der Art der Beziehung. In diesem Fall darf die soziale Beziehung zu den Eltern nicht (ausschließlich) als unterstützende Ressource bewertet werden, sondern es entsteht hier u.U. ein (vorübergehender) Unterstützungsbedarf zur Ablösung vom Elternhaus.

Umweltfaktoren schließlich beziehen sich auf die physikalische, soziale und einstellungsbezogene Umwelt und können die Partizipation einer Person, ihre Aktivitäten positiv oder negativ beeinflussen (vgl. ICF, WHO 2001). Neben materiellen Ressourcen (Hilfsmittel, Vermögen, Haushaltsgeräte, Kommunikationstechnologien) ist insbesondere die Infrastruktur zu berücksichtigen:

• die Barrierefreiheit öffentlicher Einrichtungen bzw. von Einrichtungen des täglichen Lebens und von Technologien,
• der Zugänge zum Öffentlichen Personen(nah)verkehr und zu Freizeit- und Erholungsangeboten sowie
• die Verfügbarkeit von (sozialen) Dienstleistungen.

Auch wenn die Umweltbarrieren im Einzelfall nicht immer durch personenbezogene Leistungen überwunden werden können, sondern eine entsprechende (Um-)Gestaltung der Umgebung voraussetzen, sind diese strukturellen Erfordernisse in jedem Fall zu berücksichtigen, um als regionale Bedarfslagen für die Sozial(raum)planung zur Verfügung zu stehen.

Bedarfe, Bedürfnisse, Ressourcen und Umweltfaktoren gilt es im Assessment für alle (relevanten) Lebensbereiche einzuschätzen. Hierbei kann man sich an den Dimensionen der Lebensführung orientieren, wie sie in der ICF kategorisiert werden und auch in zahlreichen erprobten Instrumenten und Verfahren der Hilfebedarfsermittlung im Feld der Rehabilitation übernommen wurden (z.B. HMB: vgl. METZLER 2001; IBRP: vgl. KAUDER 2001; GROMANN 2001).

Haushaltsführung	• Einkaufen • Zubereitung von Mahlzeiten • Wäschepflege • Ordnung halten / Reinigung von Zimmer / Wohnung • Versorgung von Tieren und Pflanzen
Basisversorgung	• Ernährung • Körperpflege / Persönliche Hygiene • Aufstehen / Zu Bett gehen • Anziehen / Ausziehen

Soziale Beziehungen	• Freundschaften/Bekanntschaften • Familienbeziehungen • Partnerschaft/Ehe/Intimbeziehungen • Formelle Beziehungen (Arbeitgeber, Lehrer, Dienstleister)
Gesundheit	• Bewältigen psychischer Probleme, Verarbeiten von Behinderung • Ausführen ärztlicher/therapeutischer Verordnungen • Wahrnehmen von Vorsorgeuntersuchungen, Behandlungen • Umgang mit Hilfsmitteln • Gesundheitsfördernder Lebensstil • Organisieren von Versorgung und Pflege bei Krankheit
Kommunikation	• Lautsprachliche Verständigung • Schriftliche Verständigung • Nonverbale, symbolische Verständigung • Nutzen moderner Kommunikationstechnologie, Computergestützte Kommunikation
Mobilität	• Im häuslichen Lebensraum • Außerhalb der häuslichen Umgebung • Ohne Transportmittel • Mittels privater und öffentlicher Verkehrsmittel
Wirtschaftsleben	• Geld/Eigentum verfügen und verwalten • Kaufen, Verkaufen • Budgetmanagement
Freizeit	• Sport und Bewegung • Spezifische Interessen und Hobbys • Religion und Spiritualität • Kunst und Kultur • Ausflüge und Reisen
Staatsbürgerliches Leben/Rechte	• Teilhabe an formellen und informellen Vereinigungen • Wahrnehmen und Durchsetzen von Rechten • Auswahl eines gesetzlichen Betreuers und Kooperation
Bildung	• Schulische Ausbildung • Berufliche Ausbildung, Fortbildung, Umschulung • Außerschulische, außerberufliche Erwachsenenbildung
Arbeit, Beschäftigung	• Erlangen und Erhalten einer bezahlten Beschäftigung • Wahrnehmen einer sonstigen angemessenen Beschäftigung • Austritt aus dem Berufsleben/Übergang in das Rentenalter • Freiwilligenarbeit, Ehrenamt, z.B. Engagement in einer Wohlfahrtsorganisation

Tab. 9: Unterstützungsrelevante Dimensionen der Lebensführung

Für die verschiedenen Lebensbereiche ist einzuschätzen, welche Aktivitäten jemand ausführen kann und in welchen Bereichen Partizipation gelingt. Hieraus ergeben sich in Verbindung mit den individuell angestrebten (Lebens-)Zielen Hinweise auf spezifische Unterstützungsbedarfe und -bedürfnisse, die zunächst nach Art der erforderlichen Unterstützung differenziert werden können:

Keine Unterstützung	Kann die Person Anforderungen in einem Lebensbereich selbst bzw. mit vorhandenen Ressourcen bewältigen, besteht hier prinzipiell kein Unterstützungsbedarf. Dies trifft grundsätzlich auch dann zu, wenn die Person keine Unterstützung wünscht. Hierbei ist allerdings abzuwägen, ob ggf. aus fachlicher Sicht dennoch Unterstützung erforderlich scheint (z. B. bei selbst- oder fremdaggressivem Verhalten, Suchtverhalten). In diesem Fall wäre die Leistung als Sachleistung zu erbringen.
Information, Beratung, Motivation	Diese Formen der Unterstützung können als kontinuierliche Begleitung selbstständiger Aktivitäten erforderlich sein (z. B. Motivation zum Aufstehen oder zur Selbstpflege, Information über Freizeitangebote) oder als vorübergehender Bedarf auftreten, wenn neue Lebensbereiche und Kompetenzen erschlossen werden (z. B. Leistungserwerb über Persönliches Budget, Umzug in eine selbstständigere Wohnform).
Unterstützung, Begleitung, Assistenz	Diese Form der Unterstützung ist dann erforderlich, wenn die Person Aktivitäten in den verschiedenen Lebensbereichen ausführen kann, hierzu aber praktische Unterstützung benötigt (z. B. Zubereitung von Mahlzeiten, Nutzung öffentlicher Verkehrsmittel).
Stellvertretende Ausführung	Eine stellvertretende Ausführung ist dann erforderlich, wenn eine Person eine Aktivität auch mit Unterstützung nicht ausführen kann (z. B. Eigentum verwalten, Wäsche waschen, Behördenkontakte). Eine stellvertretende Ausführung von Aktivitäten bedeutet aber nicht, dass die Person nicht an der Aktivität beteiligt sein kann!
Anleitung, Übung	Anleitung und Übung als Unterstützungsbedarf können vor allem dann auftreten, wenn neue Kompetenzen erworben und neue Aktivitäten erschlossen werden sollen (z. B. selbstständige Haushaltsführung, Nutzung von Kommunikationstechnologie, Umgang mit Geld), aber auch dann, wenn es darum geht, vorhandene Kompetenzen zu erhalten.

Tab. 10: Formen der Unterstützung

Zudem ist einzuschätzen, in welchem zeitlichen Umfang die jeweilige Unterstützung erforderlich ist (vgl. Kap. 4.3).

Insgesamt gestaltet sich ein Assessment auf der Ebene des Einzelfalls als ein Aushandlungsprozess, in dem sozialrechtliche und fachliche Kriterien sowie subjektive Bedürfnisse und Vorstellungen erwogen werden.

© PerLe, Uni Dortmund

Haushaltsführung

	Unterstützungsbedarf						Kontextfaktoren			
	brauche keine Unterstützung	*brauche Beratung u. Information*	*brauche Unterstützung, Assistenz*	*muss jemand anderes für mich machen*	*brauche jemanden, der mir zeigt, wie es geht*	*brauche Hilfsmittel*	materiell	sozial	persönlich	Umwelt
Einkaufen										
Zubereitung von Mahlzeiten										
Wäschepfelge										
Ordnung halten/ Reinigung von Zimmern/Wohnung										
Versorgung von Tieren und Pflanzen										
Vorübergehender Mehrbedarf										
Gesamteinschätzung										

Abb. 19: Auszug aus dem Assessmentinstrument (Beispiel: Haushaltsführung)

Die Ergebnisse des Assessment sollten in einem detaillierten Bericht dokumentiert werden, der folgende Angaben enthält:

- allgemeine Aussagen zur Person, zu ihrer Lebenssituation, ihren Lebensvorstellungen und -wünschen,
- den regelmäßig wiederkehrenden Unterstützungsbedarf (Art, Intensität und zeitlicher Umfang),
- spezifische Anforderungen an die Hilfen (z.B. Qualifikation der Unterstützer),
- vorhandene Ressourcen,
- strukturelle Besonderheiten und Erfordernisse (z.B. Gestaltung der Umgebung).

Diese Ergebnisse stellen die Grundlage dar, auf der ein bedarfsdeckendes Budget für den jeweiligen Planungszeitraum (für 2 Jahre nach §3 Abs. 6 BudgetV) ermittelt wird.

Ausgehend von den in diesem Kapitel beschriebenen konzeptionellen Prämissen und Operationalisierungen zur Bestimmung des Unterstützungsbedarfs wurde im Projektverlauf des Modellversuchs »PerLe« ein Instrument entwickelt (vgl. Abb. 19), das unabhängig von der Art der Leistungserbringung (Sach- oder Geldleistung) einsetzbar ist.

Dieses Assessmentinstrument wurde im Kontext der Modellentwicklung eines Persönlichen Budgets einem Pretest unterzogen, um herauszufinden, ob durch den Einsatz des Instrumentes notwendige Informationen für eine Budgetplanung erfasst werden und inwiefern das Instrument und die Vorgehensweise im Allgemeinen sowie für Menschen mit so genannter geistiger Behinderung im Besonderen praktikabel erscheinen.

4.2.2 Erprobung des Assessmentinstrumentes

Vorbereitung der Assessmentgespräche

Um die verschiedenen Lebensbereiche und Leistungsinhalte zu konkretisieren sowie in anschauliche und praxisbezogene Fragen zu übersetzen, die auch für Menschen mit kognitiven Beeinträchtigungen verständlich sind, wurde zunächst ein Interviewleitfaden mit Beispielfragen zu den Inhaltsbereichen erstellt. Dieser Leitfaden ist nicht als ein abzuarbeitender Fragenkatalog zu verstehen, sondern stellt im Sinne einer problemzentrierten Herangehensweise (vgl. WITZEL 1982) eine Orientierungsgrundlage dar, die im konkreten Assessmentgespräch den individuellen Voraussetzungen des Interviewpartners angepasst werden muss. Gleichzeitig wurde eine inhaltliche Spezifizierung der jeweiligen Art des Unterstützungsbedarfs vorgenommen (vgl. Tab. 10), die als eine Art »Legende« die Objektivierbarkeit der Einschätzung erhöhen soll. Beispiele sind:

Individuelle Basisversorgung > Ernährung

A	»brauche keine Unterstützung«	Die Person wählt selbst aus, was sie trinken und essen möchte. Die Person trinkt und isst selbstständig.
B	»brauche Beratung und Information«	Die Person benötigt Aufforderung und Motivation zum Essen und Trinken.
C	»brauche Unterstützung/Assistenz«	Die Person benötigt z.B. Hilfen beim Eingießen von Getränken, Zerkleinern der Nahrung.
D	»muss jemand anderes für mich machen«	Die Person benötigt jemanden, der Essen und Getränke auswählt und der Person reicht/zum Mund führt.
E	»brauche jemanden, der mir zeigt, wie es geht«	Die Person lernt mit einem Unterstützer, Essen und Getränke auszuwählen und zu sich zu nehmen.

Haushaltsführung > Einkaufen

A	»brauche keine Unterstützung«	Die Person kauft selbstständig ein.
B	»brauche Beratung und Information«	Die Person benötigt Motivation zum Einkaufen/Informationen über Geschäfte, Preise/Hilfe beim Erstellen einer Einkaufsliste etc.
C	»brauche Unterstützung/Assistenz«	Die Person benötigt Transfer/Begleitung beim Einkaufen.
D	»muss jemand anderes für mich machen«	Die Person benötigt jemanden, der einkaufen geht.
E	»brauche jemanden, der mir zeigt, wie es geht«	Die Person erlernt/übt mit einem Unterstützer, wie man einkauft.

Mobilität und Orientierung > Mobilität und Orientierung in vertrauter Umgebung

A	»brauche keine Unterstützung«	Die Person ist in der vertrauten Umgebung mobil.
B	»brauche Beratung und Information«	Die Person benötigt Beratung und Informationen über Hilfsmittel (z.B. Langstock, Rollstuhl), barrierefreien Zugang und barrierefreie Gestaltung des Wohnraums/der Umgebung.

C	»brauche Unterstützung/Assistenz«	Die Person benötigt Begleitung und Unterstützung zur Orientierung und Mobilität im häuslichen Lebensraum/der vertrauten Umgebung.
D	»muss jemand anderes für mich machen«	–
E	»brauche jemanden, der mir zeigt, wie es geht«	Die Person lernt mit einem Unterstützer, sich in der bekannten Umgebung zu orientieren und mobil zu sein (z.B. Rollstuhltraining, Treppensteigen, Verlassen und Wiederaufsuchen der Wohnung).

Tab. 11: Beispiele zum Assessmentinstrument

Durchführung der Assessmentgespräche

Im Rahmen des Pretests wurden Assessmentgespräche mit drei Personen (alle männlich) im Alter von 23, 42 und 72 Jahren geführt, von denen zwei Personen in einem Wohnheim für Menschen mit so genannter geistiger und mehrfacher Behinderung leben und eine Person ambulant betreut wird.

Die Interviews wurden im Zeitraum von Februar bis April 2003 geführt und fanden im Wohnraum des jeweiligen Interviewpartners statt. Die Gespräche wurden mit einem Tonbandgerät aufgenommen sowie anschließend transkribiert. Bei einem Assessmentgespräch war ein Mitarbeiter des Wohnheims anwesend, um bei zu erwartenden Verständigungsproblemen zwischen den Interviewpartnern eine Dolmetscherfunktion einnehmen zu können. Unmittelbar vor bzw. nach den Interviews wurden besondere Bedingungen der jeweiligen häuslichen Umgebung protokolliert, um materielle und ökologische Kontexte einschätzen zu können.

Als Ergänzung wurden Mitarbeiter/innen des Wohnheims, in dem zwei der befragten Personen wohnen, zum Unterstützungsbedarf und zu Ressourcen der Bewohner/innen befragt. Der Vergleich zwischen den Ergebnissen aus direkter Befragung und den Ergebnissen aus der bewohnerbezogenen Befragung der jeweiligen Bezugsbetreuer/innen soll Hinweise darauf geben, ob es sinnvoll und notwendig erscheint, Befragungen von Vertrauenspersonen (Angehörige, persönliche Assistenten, Bezugsbetreuer) als weitere Informationsquelle hinzuzuziehen (besonders bei Unklarheiten, Widersprüchen oder sonstigen Schwierigkeiten im Gespräch mit den Bewohner/innen).

Auf der Basis der Assessmentgespräche und Interviewtranskripte wurden schließlich die Unterstützungsbedarfe und -bedürfnisse sowie vorhandene Ressourcen der jeweiligen Person eingeschätzt und in differenzierten Assessmentberichten dokumentiert.

Auswertung hinsichtlich des Gesprächablaufs und der Gesprächsführung

Die Interviewpartner zeigten sich in den Interviews insgesamt interessiert, aufgeschlossen und konzentriert. Die durchschnittliche Dauer eines Interviews betrug 73 Minuten (Minimum: 65 Minuten; Maximum: 80 Minuten).

In den Assessmentgesprächen hat es sich als günstig erwiesen, in einem relativ offenen Einstieg (z.B.: Wie sieht ein normaler Tag bei Ihnen aus?) zunächst einen Überblick über die allgemeine Lebenssituation des Interviewpartners zu gewinnen (z.B. familiäre und berufliche Situation), bevor differenziert auf die einzelnen Lebens- und Unterstützungsbereiche eingegangen wird. Da den Bewohner/innen eine reflexive Auseinandersetzung mit ihren Unterstützungsbedarfen auf abstrakter Ebene erwartungsgemäß schwer fiel, zielten die Fragen in den Interviews vornehmlich darauf, über konkrete Aktivitäten in alltäglichen Lebensbereichen Rückschlüsse auf Kompetenzen, Ressourcen, Bedürfnisse und Unterstützungsbedarfe ziehen zu können. Um verständlich zu fragen und die Antworten der Interviewpartner gut einordnen zu können, mussten die Interviewer den Bewohner/innen bekannte Begriffe benutzen sowie vorab spezifische (einrichtungsinterne) Bezeichnungen kennen lernen, z.B. Namen für Unterstützungspersonen (Assistenten) und regionale Angebote für Menschen mit Behinderung. Dadurch konnte in weiten Teilen der Interviews ein prinzipielles Verständnis der Fragen durch die Befragten bzw. der Antworten durch den Befrager erreicht werden.

Interviews mit Vertrauenspersonen (hier: Bezugsbetreuer/in) in analoger Form wurden dazu genutzt, zusätzliche und/oder vertiefende Informationen z.B. über fachlich begründete Unterstützungsbedarfe (etwa im Bereich Gesundheitsförderung, psychosoziale Unterstützung) zu gewinnen. Im Pretest haben sie sich besonders bewährt, um Widersprüche oder Unklarheiten zu beseitigen. Im Assessmentverfahren erscheint es somit zweckdienlich, die Informationsquellen Selbstauskunft des Menschen mit Behinderung einerseits und Fremdauskunft einer (selbst gewählten) Vertrauensperson andererseits ergänzend einzusetzen, um zu einer Gesamteinschätzung mit hoher Güte zu kommen.

Im Pretest wurde insbesondere auch deutlich, wie wichtig es ist, von dem derzeitigen Unterstützungsarrangement zu abstrahieren und über die momentane Lebenssituation hinausgehend auch mittel- bis langfristige Lebensziele und Veränderungswünsche der Person in den Blick zu nehmen (z.B. die Wohn- oder Arbeitssituation betreffend), die zu zukünftigen Unterstützungsbedarfen (insbesondere in Form von Kompetenzentwicklung) führen können. Eine derartig konsequent personenbezogene Einschätzung erwies sich allerdings im Einzelnen bei stationären Versorgungs- und Betreuungsstrukturen im Ist-Stand als schwierig, da die Frage »Könnte die Bewohnerin XY alleine/ohne Unterstützung eine bestimmte Aktivität ausführen, wenn andere Bedingungen vorherrschen würden?« nicht immer sicher beantwortet werden konnte.

Auswertung hinsichtlich des Assessmentinstruments und Modifikation

Die Erfahrungen im Pretest weisen darauf hin, dass das Assessmentinstrument insgesamt eine gute und praktikable Reflexionsfolie darstellt, um Unterstützungsbedarfe und Ressourcen in den wichtigsten Lebensbereichen einschätzen zu können. Insbesondere die Strukturierung nach übergeordneten Lebensbereichen und einzelnen Aktivitäten bietet eine gute Übersicht beim Interview sowie die Möglichkeit, Bedarfe und Ressourcen im Einzelnen spezifisch feststellen und zu einer zusammenfassenden Einschätzung aggregieren zu können. Von entscheidender Bedeutung ist jedoch, dass sich der Interviewer der theoretischen Herleitung des Assessmentinstruments als »heuristisches Raster« bewusst ist, damit die lebensweltliche Perspektive handlungsleitend bleibt. Das Instrument selbst stellt lediglich den Versuch dar, die komplexe Alltagswirklichkeit zu strukturieren und annähernd zu erfassen.

Im Pretest wurde jedoch auch deutlich, dass bereichsübergreifende Unterstützungsbedarfe durch das Instrument nicht hinreichend erfasst werden können und zusätzlich berücksichtigt werden müssen. Zu denken ist hier z.B. an »diffuse« Unterstützungsbedarfe (wie Ansprechperson auf Abruf/Notrufbereitschaft bei Problemen zur psychosozialen Unterstützung).

4.3   Budgetbemessungsmodell

In der Gesamtdiskussion darum, wie Persönliche Budgets in Deutschland konzeptionell gestaltet und eingeführt werden sollen, wird die Frage der geeigneten Budgetbemessung sehr unterschiedlich und zum Teil recht kontrovers diskutiert.

Insbesondere die Frage, ob es mit einem Persönlichen Budget gelingt, eine bessere Ergebnisqualität bzw. Wirksamkeit der Leistungen mit gleichen oder weniger Ressourcen zu erreichen, ist Gegenstand vielfältiger Diskussionen, die allerdings bislang angesichts unzureichender empirischer Erfahrungen über den Status von Spekulationen kaum hinaus gehen.

Im Gesetzestext zum Persönlichen Budget ist lediglich festgelegt, dass ein Budget im Verfahren nach § 10 SGB IX so bemessen wird, dass der individuell festgestellte Bedarf gedeckt wird. Als Obergrenze (im Sinne einer Soll-Vorschrift) gilt hierbei die Summe der Kosten aller bisher individuell festgestellten, ohne das Persönliche Budget zu erbringenden Leistungen. Eine weitere Konkretisierung der Budgetbemessung ist bislang jedoch noch völlig offen. In den durch die Bundesregierung initiierten Modellversuchen ab Oktober 2004 sollen deshalb insbesondere modellhaft Verfahren zur Bemessung von budgetfähigen Leistungen in Geld erprobt werden.

Wenn man von einem relationalen Verständnis von Behinderung und Unterstützungsbedarfen ausgeht und ein Assessmentverfahren voraussetzt, wie es in Kap. 4.2 skizziert worden ist, dann muss der Prozess der Budgetbemessung modellhaft folgenden Schritten folgen (vgl. Abb. 20):

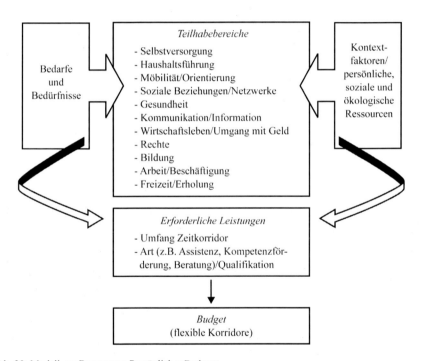

Abb. 20: Modell zur Bemessung Persönlicher Budgets

1.   Bedarfe und Kontextfaktoren

Im Assessment werden die individuellen Bedarfe und Bedürfnisse in den verschiedenen Lebensbereichen eingeschätzt. Für die Budgetbemessung müssen in jedem Fall auch »Transaktionskosten« für Beratung und Information berücksichtigt werden, die im Einzelfall erforderlich sein können, um die passende Unterstützung wählen zu können. Der Gesetzestext sieht in diesem Zusammenhang vor, dass die

Höhe des Budgets so bemessen wird, »dass die erforderliche Beratung und Unterstützung erfolgen kann« (§ 17 Abs. 3 SGB IX).

In allen Lebensbereichen, in denen Unterstützungsbedarfe vorliegen, werden zugleich Kontextfaktoren bzw. Ressourcen ermittelt, die Einfluss auf den jeweiligen Unterstützungsbedarf haben. Weil jeder Mensch mit Behinderung auch eigene persönliche und soziale Ressourcen in den Prozess der Lebensführung einbringen kann (und muss), erhalten nicht alle Personen mit vergleichbaren Unterstützungsbedarfen das gleiche, sondern jeder das erforderliche Budget.

2.   Erforderliche Leistungen

Umfang

Mit Bezug auf die unterschiedlichen Bedarfe, Bedürfnisse und Ressourcen muss eingeschätzt werden, in welchem zeitlichen Umfang jeweils Unterstützungsleistungen erforderlich sind. Ein konsequent personenbezogenes Vorgehen, bei dem ausschließlich die Lebensqualität und die Wünsche des Adressaten zum Bezugspunkt des zeitlichen Rahmens werden, wie dies als Richtschnur in Schweden praktiziert wird, ist zwar wünschenswert, aber im Kontext des deutschen Sozialsystems nicht realisierbar. Der zeitliche Umfang ist vielmehr in einem gemeinsamen Aushandlungsprozess mit dem Budgetnehmer zu ermitteln. Dabei ist davon auszugehen, dass eine minutengenaue Bestimmung weder möglich noch sinnvoll ist. Der Budgetidee entsprechend und besser handhabbar ist es, zeitliche Korridore (in Stunden) festzulegen.

Für Unterstützungsleistungen, die sich im Einzelfall nicht in einem bestimmten zeitlichen Umfang bemessen lassen (z.B. Mobilität, Beförderung), kann aber auch die Festlegung von monatlichen Pauschalen sinnvoll sein.

Art

Die Differenzierung des Budgets nach (zeitlichen) Quantitäten allein ist allerdings verkürzt, denn die Bewilligung von ein bis zwei Stunden Unterstützung, z.B. bei der Haushaltsführung, kann bedeuten, dass die Aktivität stellvertretend ausgeführt wird (im Sinne einer Haushaltshilfe) oder dass praktische Assistenz bei der selbstständigen Durchführung der Aufgaben geleistet wird (beide Varianten wären relativ günstig zu organisieren). Es könnte aber auch bedeuten, dass die Person im Rahmen dieser ein- bis zweistündigen Leistung im Sinne einer »pädagogischen Begleitung« motiviert, angeleitet und befähigt werden soll, die Aktivitäten selbstständig durchzuführen (diese Variante wäre kostenintensiver).

Die quantitative Einstufung muss deshalb um eine Einschätzung der erforderlichen Qualität der Leistung bzw. der notwendigen Qualifikation der Unterstützer ergänzt werden. Hier kann an das niederländische Budgetbemessungsmodell angeknüpft werden:

	Art/Qualität der Unterstützung		
Umfang der Unterstützung (in Stunden)	Haushaltsführung	Unterstützende Begleitung	Aktivierende Begleitung
0–1,9 h	16,68 €	32,62 €	50,04 €
2–3,9 h	50,07 €	97,87 €	150,09 €
usw.	…	…	…

Tab. 12: Budgetbeträge nach Art und Ausmaß der Unterstützung pro Woche in den Niederlanden

3. Budgethöhe

Grundsätzlich gilt, dass Persönliche Budgets personenbezogen, also differenziert festzusetzen sind, um dem individuellen Bedarf gerecht zu werden. Dennoch kann es bei der Bemessung nicht darum gehen, Budgetleistungen möglichst punktgenau (z. B. nach Minutenwerten) zu kalkulieren, weil dadurch der Budgetcharakter ausgehebelt würde. Ein Budget ist durch den Aspekt der Planung bzw. Planbarkeit für einen bestimmten Zeitraum gekennzeichnet, in dessen Rahmen Entscheidungsspielräume bei der Verteilung der Ressourcen offen stehen. Diesem Budgetcharakter kann am besten durch Budgetpauschalen entsprochen werden. Gleichwohl bedürfen diese Pauschalen einer angemessenen Differenzierung, um den unterschiedlichen Lebenssituationen, Bedarfen und Ressourcen gerecht werden zu können. Budgetkorridore beispielsweise in Anlehnung an die Stufen der Pflegeversicherung erweisen sich hier als nicht flexibel genug, wie die Erfahrungen in Rheinland-Pfalz gezeigt haben (vgl. Kap. 3.2.1).

Mit welchen Beträgen die ermittelten Zeitkorridore und Anforderungen an die Qualifikation der Unterstützung schließlich verrechnet werden, ist in Deutschland nach wie vor offen. Es lassen sich grundsätzlich folgende Wege der Budget- und Preisbildung diskutieren:

Marktliche Preisbildung

Mit der Einführung des Persönlichen Budgets als Finanzierungsinstrument ist seitens des Gesetzgebers eine Steigerung von Markt und Wettbewerb intendiert, die sich auch in einer kostengünstigen Preisbildung niederschlagen soll. Die Budgetnehmer sollen durch verfügbare monetäre Ressourcen in ihrer Kundenposition erheblich gestärkt werden und können durch ein verändertes Nachfrageverhalten durchaus Einfluss nehmen auf Art und Preis der Angebote.

Dass sich aber alleine über die regulierenden Kräfte des Marktes angemessene Preise für die sozialen Dienstleistungen entwickeln, an denen sich die Bemessung eines Persönlichen Budgets orientieren kann, ist nicht zu erwarten. »Tauschprozesse auf Märkten sind ein Lernprozess, bei dem Käufer und Verkäufer immer wieder neu erproben, ob ein Gut zu dem vorherrschenden Preis ihren Erwartungen entspricht. Wettbewerb funktioniert dann, wenn es viele Anbieter und viele Nachfrager gibt und eine Vielzahl von Transaktionen getätigt wird, so dass sich als Ergebnis ein Gleichgewichtsspiel herausbildet. Persönliche Assistenzleistungen sind aber keine ›Erfahrungsgüter‹ in dem Sinne, dass innerhalb kürzester Zeit viele Käufe bei vielen Anbietern getätigt werden, wobei ein Urteil über Qualität gewonnen wird, sondern die Besonderheiten dieser speziellen Dienstleistungen bei intimen Aufgaben in der sensiblen Umgebung der eigenen Wohnung erfordern ein besonderes Vertrauensverhältnis, das unter den Bedingungen des Marktes bestenfalls unvollkommen erreicht werden kann« (HAJEN 2001a, 69). Auch kann die erforderliche Kundensouveränität bei vielen Budgetnehmern (mit kognitiven und/ oder psychischen Beeinträchtigungen) nicht vorausgesetzt werden. Darüber hinaus wird eine rein marktliche Preisbildung ausgeschlossen, weil eine bedarfsdeckende (qualifizierte) Leistungserbringung erforderlich ist und verlässliche und zahlbare Angebote verfügbar sein müssen.

Orientierung an bestehenden Entgelten

Eine andere Möglichkeit der (versuchsweisen) Annäherung an Budgethöhen wäre, sich an den derzeit bestehenden Entgelten für die sozialen Einrichtungen und Dienste zu orientieren. Dieser Weg wird beispielsweise in Großbritannien gegangen, wo die Höhe der Direktzahlungen ermittelt wird, indem der zeitlich erforderliche Umfang der Unterstützung einer Person multipliziert wird mit einem durchschnittlichen regionalen Preis für vergleichbare Leistungen (»Sachleistungen« im Kontext der Community Care). Eine solche Budgetkalkulation setzt allerdings zum einen die Transparenz der Kosten- und Leistungsrechnung der Anbieter voraus und zum anderen ihre Vergleichbarkeit im Hinblick auf Standards. Beide Voraussetzungen sind in Deutschland derzeit – bedingt durch die Tradition der Pauschalfinanzierung und die Unterschiede in den länderspezifischen Leistungsvereinbarungen – (noch) nicht gewährleistet. Vielmehr ist zunächst davon auszugehen, dass es keinen zwingenden Zusammenhang gibt zwischen den unterschiedlichen Leistungsvergütungen und den Standards der Leistungen bzw. den erzielten Wirkungen. Auch die Einführung von Benchmarking zwischen Einrichtungen und Diensten der Behindertenhilfe steht erst am Anfang. Im Rahmen des Modellversuches des Projektes PerLe (vgl. Kap. 5) wurden die Persönlichen Budgets nach den vereinbarten Maßnahmepauschalen des teilnehmenden Wohnheimes bemessen. Die praktische Erprobung wird Erkenntnisse darüber liefern, in welchem Verhältnis die (angebots- und gruppenbezogenen) Vergütungspauschalen zu den tatsächlichen individuellen Bedarfen und Ressourcen stehen.

Fachleistungsstunde

Eine weitere Möglichkeit der Verpreislichung bzw. Budgetbemessung ist die Kalkulation über so genannte Fachleistungsstunden, die in der Jugendhilfe bereits eine längere Tradition hat und auch im Bereich der ambulanten Eingliederungshilfe für Menschen mit Behinderung zunehmend übernommen wird. Der Vorteil einer Kalkulation nach Fachleistungsstunden als »Einheitswährung« für das Persönliche Budget besteht in dem gemeinsamen Nenner der Zeiteinheit ›Stunde‹ für die unterschiedlichsten – auch unkonventionellen – Leistungsinhalte, unbenommen dessen, ob die Leistungserbringung ambulant, stationär bzw. professionell oder durch Laienhelfer oder in einer individuellen Kombination erfolgt.

Eine Fachleistungsstunde beinhaltet alle laufenden, betriebsnotwendigen Aufwendungen (Personal- und Sachkosten) eines Dienstes, die mit ihrer Inanspruchnahme je Leistungsstunde verbunden sind. Im Modellprojekt zum Persönlichen Budget in Niedersachsen wird in Anlehnung an die Empfehlungen der »Kommunalen Gemeinschaftsstelle für Verwaltungsvereinfachung« (KGSt) für eine Fachleistungsstunde eine Vergütung von 35 Euro veranschlagt (zuzüglich 1,50 Euro Fahrtkostenpauschale für Leistungen außerhalb von 15 km; vgl. MSFFG 2004), in Hamburg für eine Stunde »Pädagogische Betreuung im eigenen Wohnraum (PBW)« 35,50 Euro (vgl. Senat der Freien und Hansestadt Hamburg 2002).

Der Landschaftsverband Rheinland (LVR) berechnet im Rahmen seines neuen Finanzierungssystems für ambulant betreutes Wohnen eine Fachleistungsstunde mit 46,10 Euro. Dabei wird – angelehnt an die Vereinbarungen in der Jugendhilfe – von einem Verhältnis von 75% unmittelbaren Betreuungsleistungen (»face to face«) und 25% sonstigen Kosten – inklusive Gemeinkosten – ausgegangen. Für die Personalkosten wird eine Mischkalkulation aus BAT Vb und BAT IV zugrundegelegt.[17]

---

17 Vgl. http://www.lvr.de/FachDez/Soziales/Leistungsanbieter/Fragen/faq_bewo.htm

Mit der Orientierung am Markt, an bestehenden Entgelten und an Fachleistungsstunden sind drei theoretische Möglichkeiten der Bemessung von Budgets
beschrieben. Abschließend lässt sich die Frage der Budgetkalkulation mit diesen
konzeptionellen Überlegungen jedoch nicht klären. Im wissenschaftlichen Sinne
gibt es »keinen ›objektiven‹ Bedarf, der aus sich selbst bereits einen Geldbetrag
nahe legen würde« (KASTL, METZLER 2004). Die finanzielle Ausstattung Persönlicher Budgets ist daher in erster Linie eine Frage politischer Setzungen und Aus-
handlungsprozesse. Die Akzeptanz, Praktikabilität und Angemessenheit verschiedener Kalkulationsmodelle erfordert eine empirische Überprüfung im Rahmen der
unterschiedlichen Modellversuche.

Damit ein Persönliches Budget dazu beitragen kann, Unterstützung nach Maß
zu realisieren, die eine möglichst hohe Passung zur jeweiligen Lebensführung und
zu individuellen Lebenszielen aufweist, ist ein individuelles und flexibles Arrangement erforderlicher Unterstützungsleistungen unverzichtbar.

Prinzipiell gilt es für eine personenbezogene Unterstützung Abschied zu neh-
men von der Tradition professioneller Maßnahmepakete (z. B. Pauschalangebot
›Wohnen‹, ›Freizeit‹), weil diese aufgrund einer hohen Standardisierung und Pauschalierung wenig individuelle Elemente enthalten und kaum Entscheidungsspielräume eröffnen. Hilfreicher ist es vielmehr, im Einzelfall ein individuell passendes
Unterstützungsarrangement zu treffen, das im Sinne einer ressourcenorientierten
Herangehensweise ergänzend zu professionellen (Dienst-)Leistungen immer auch
Potentiale nicht-professioneller Hilfen durch Angehörige, Freunde, Selbsthilfegruppen und ehrenamtliche Helfer berücksichtigt. Hierbei kann es sich auch als
sinnvoll erweisen, Sachleistungen mit Geldleistungen zu kombinieren.

In jedem Fall muss die Entscheidung für ein bestimmtes Angebot beim Budgetnehmer liegen, mit anderen Worten: Der Mensch mit Behinderung in seiner Lebenswelt und seine Zielvorstellungen stehen im Mittelpunkt des Planungsprozes-
ses und nicht Leistungsorganisationen und ihre (pauschalen) Leistungsprogramme.
Im Prozess der Hilfeplanung ist danach zu fragen, »was Menschen brauchen, um in
einer Gemeinde oder Region unter (...) allgemeinen Ziel- und ihren persönlichen
Zukunftsperspektiven leben zu können, und nicht nach dem, was sie brauchen
(dürfen) innerhalb eines (sich nicht verändernden) Angebots« (BECK 2002, 53).

Hierbei kann auf bereits vorliegende personenbezogene Instrumente und Modelle der ›persönlichen Zukunftsplanung‹ zurückgegriffen werden, die ggf. in Hinblick auf ambulante Formen der Leistungserbringung modifiziert werden müssen
(z. B. Evangelische Stiftung Alsterdorf 1999; Verein für Behindertenhilfe 2001;
DOOSE 2003).

Grundlage für die Planung der erforderlichen bzw. gewünschten Leistungen bilden die Assessmentergebnisse (vgl. Kap. 4.2) bzw. die im Bedarfsfeststellungsverfahren getroffenen Zielvereinbarungen sowie der bewilligte Budgetrahmen. Dabei sind die erforderlichen Unterstützungsleistungen so zu organisieren, dass es eine bestmögliche Passung gibt zwischen den ermittelten Unterstützungsbedarfen, -bedürfnissen und Ressourcen einer Person, den in einer Region vorhandenen Leistungsangeboten und dem hierfür zur Verfügung stehenden Persönlichen Budget.

Verträge

Konnte im Rahmen eines individuellen Unterstützungsarrangements eine Passung der notwendigen Hilfen erfolgen, müssen entsprechende Zielvereinbarungen getroffen und Verträge mit den einzelnen Leistungserbringern geschlossen werden, die u. a. folgende Aspekte beinhalten:

• Leistungsbeschreibung des Dienstes, der Einrichtung, des Assistenten,
• detaillierte Beschreibung der Leistungen (Inhalt, Umfang und Qualität), die erbracht werden,
• Arbeitszeiten,
• Vereinbarungen zur Vergütung,
• eingesetztes Personal,
• Bedingungen zur Änderung der Leistungsvereinbarung und zur Kündigung,
• Beratungs- und Beschwerdemöglichkeiten,
• Datenschutz und Schweigepflicht.

Hierbei ist darauf zu achten, dass den Budgetnehmern alle im Vertrag geregelten Angelegenheiten verständlich erläutert werden.

Budgetassistenz

Das gesamte Management eines Persönlichen Budgets (Formulierung von Wünschen und Bedürfnissen, Zielvereinbarungen, Vertragschließungen, Anstellung von Assistenten, Geldverwaltung) ist mit vielfältigen Aufgaben und Anforderungen verbunden, welche die Budgetnehmer nur selten ohne Unterstützung bewältigen können. Deshalb hat es sich im Rahmen der internationalen Erfahrungen mit dem Persönlichen Budget als unverzichtbar erwiesen, ein begleitendes Beratungsnetzwerk (Budgetassistenz) zu schaffen, das eine zielgerichtete und bestärkende Information bietet und die Budgetnehmer im Gesamtprozess der Bedarfsermittlung und Hilfeplanung in vielfältiger Weise unterstützt. Selbstgewählte Vertrauenspersonen (vgl. »Circle Of Friends« – Modell in Großbritannien; Kap. 3.1.2) kommen hierbei ebenso in Frage wie professionelle Beratungsstellen und Formen des Peer

Counseling (z. B. Assistenzgenossenschaften, Zentren für selbstbestimmtes Leben, vgl. LAGH o. J.).

Entscheidend ist, dass die Budgetassistenz unabhängig vom Kostenträger und von der Leistungserbringung ist sowie ausschließlich die Interessen von Menschen mit Behinderungen vertritt (keine Eigeninteressen hat, weil sie z. b. selbst Anbieter entsprechender Dienste ist). Nur durch die Gewährleistung einer solchen unabhängigen Stelle kann ein Persönliches Budget dazu beitragen, die Kundenposition der Menschen mit Behinderung zu stärken, durch Information Transparenz auf dem »Angebotsmarkt« zu schaffen, den Grundsatz »ambulant vor stationär« umzusetzen, Beschwerden zu erfassen sowie Schutz gegen Fremdbestimmung sicherzustellen.

Die Inanspruchnahme einer Budgetassistenz muss freiwillig und für alle Personen mit Unterstützungsbedarf bzw. für alle Budgetnehmer/innen offen sein. Die spezifischen Aufgaben richten sich dabei jeweils nach dem Einzelfall und können folgende Inhalte umfassen:

- Beratung im Vorfeld (Entscheidungshilfen, Vor- und Nachteile eines Persönlichen Budgets, Rechte und Pflichten),
- Rechtliche Beratung,
- Beratung und Unterstützung zum Erhalt eines Persönlichen Budgets (Formulierung von Unterstützungsbedarfen, Beantragung und Aushandlung der Geldleistungen),
- Planung und Gestaltung der individuellen Lebensführung (Entwicklung und Formulierung von Lebenszielen),
- Information und Beratung über Leistungsangebote in einer Region,
- Unterstützung bei der Inanspruchnahme professioneller Dienste (Übernahme der Kundenrolle),
- Unterstützung bei der Eigenorganisation von Assistenz (Nachbarn, Familie oder andere Privatpersonen),
- Beratung und Unterstützung beim Abschließen und Kündigen von Verträgen.

Der gesamte aufgezeigte Prozess von Assessment, Budgetbemessung und Unterstützungsarrangement muss grundsätzlich zirkulär angelegt sein, d. h. es sollte regelmäßig überprüft werden, ob bestimmte Unterstützungsbedarfe noch bestehen, welche Ressourcen aktuell zur Verfügung stehen, ob das Budget angemessen, d. h. bedarfsdeckend ist und wie sich die über das Budget organisierten Maßnahmen und Angebote auf die Aktivitäten und Teilhabe einer Person auswirken.

4.4 Wissenschaftliche Begleitung und Evaluation

Die komplexen Zielsetzungen und Aufgabenstellungen, die mit der Einführung Persönlicher Budgets verbunden sind, machen eine multidimensionale und mehrperspektivische Herangehensweise der wissenschaftlichen Begleitung und Evaluation in enger Abstimmung mit der Praxis erforderlich. Neben Einzelbewertungen der aufgezeigten verschiedenen Aktionsfelder des Budgetprozesses durch die wissenschaftliche Begleitung – in Form einer systematischen Beobachtung, Dokumentation und Beurteilung der Effekte von Regelungen und Verfahrensweisen – ist für die erfolgreiche Implementierung neuer Verfahren im Kontext des Persönlichen Budgets ein kontinuierlicher Informations- und Erfahrungsaustausch zwischen Leistungsträgern, Leistungserbringern, -anbietern, Interessensvertretungen und Selbsthilfeverbänden behinderter Menschen förderlich. Die wissenschaftliche Begleitung kann hier die Funktion der Beratungsinstanz übernehmen und eine Transformationsplattform schaffen.

Im Sinne der Ergebnis- und Wirkungsorientierung müssen über die organisatorische und Steuerungsebene hinaus Aspekte der Lebensqualität der Budgetnehmer/innen im Mittelpunkt des wissenschaftlichen Interesses stehen. Dabei kommt es nicht nur auf die Inanspruchnahme der Geldleistungen bzw. die eigenverantwortliche Organisation von Unterstützungsleistungen seitens der Budgetnehmer an, sondern auch darauf, wie dies von den Budgetnehmern erlebt und bewertet wird. Als Indikatoren sind wesentlich:

- die Zufriedenheit mit dem Zugang zum Persönlichen Budget sowie mit Verfahrensabläufen, Angebotsstrukturen und Beratungsmöglichkeiten und
- die subjektive Bewertung von Möglichkeiten und Grenzen einer selbstbestimmten Lebensführung und der gesellschaftlichen Teilhabe unter den Lebensbedingungen mit einem Persönlichen Budget.

Aus Nutzerperspektive wird bewertet, welche Erfahrungen mit der Beantragung und Bewilligung des Budgets sowie seiner Verwendung und Verwaltung (inklusiver notwendiger Assistenz), mit den erreichten Zielen beim Budgeteinsatz und den damit verbundenen Wirkungen gesammelt werden.

Auf organisatorischer Ebene sind mögliche Erfassungsfelder:

- die Steuerung und Koordination der Ermittlung und Bewilligung von Leistungen in den Verwaltungs- und Entscheidungsabläufen der beteiligten Leistungsträger, einschließlich Fragen der Kontrolle von Leistungen (Qualitätssicherung und Verwendungsnachweis),
- die Entwicklung des Ressourceneinsatzes (insbes. Kostenentwicklung) in den verschiedenen Zuständigkeitsbereichen sowie

- die Entwicklung der regionalen Angebotsstruktur, inklusive der Anforderungen und Aufgaben der Beratung und Unterstützung (Servicestellen und Budgetassistenz).

Hierbei ist der Fokus nicht nur auf die quantitative Angebotsentwicklung des Rehabilitationssystems (z. B. Plätze in stationären Einrichtungen und ambulanten Wohnformen) zu lenken, sondern zentral ist auch die Frage, inwieweit es zu einer (Re-)Aktivierung von Unterstützung aus anderen professionellen Leistungssystemen (z. B. Jugend- und Altenhilfe) und privaten bzw. ehrenamtlichen Netzwerken (Familie, Bürgerschaftliches Engagement) kommt.

Folgende Forschungsfragen sind in diesem Zusammenhang von besonderer Relevanz:

- Was leistet das Persönliche Budget als Steuerungsinstrument? Welche Effekte zeigen sich im Hinblick auf die Koordination von Verfahrensabläufen und die Zugänge zu Leistungen? Welche Verfahren unterstützen und stärken die Kooperation und Koordination bei der Bedarfsermittlung und Budgetfestsetzung zwischen verschiedenen Leistungsträgern bei trägerübergreifenden Budgets?
- Welche Verfahren der Hilfebedarfsermittlung, Budgetbemessung und Zielvereinbarung entstehen? Inwiefern erweisen sie sich als praktikabel und zweckmäßig?
- Wie entwickelt sich das Verhältnis von Ressourceneinsatz und Ergebnisqualität unter Budgetbedingungen? Lässt sich mit dem Persönlichen Budget eine Steigerung der Leistungswirkungen (gesellschaftliche Teilhabe) bei gleichem oder geringerem Ressourceneinsatz erreichen?
- Wie entwickelt sich die regionale Angebotsstruktur (Verhältnis von teil-/ stationären und ambulanten Leistungen) durch die Budgeteinführung? Lassen sich Markt- und Konkurrenzeffekte, einschließlich Dynamiken der Preisbildung, beobachten? Welche Leistungen lassen sich besonders gut als Geldleistungen erbringen (budgetfähige Leistungen)?

Die gewonnenen Erkenntnisse zu den einzelnen Aktionsfeldern im Prozess von der Bedarfsermittlung bis hin zur Leistungserbringung mit einem Persönlichen Budget müssen zueinander in Beziehung gesetzt und schließlich in Empfehlungen zur konzeptionellen Ausgestaltung und Implementierung des Persönlichen Budgets (insbesondere unter dem Blickwinkel des Nutzens für Menschen mit Behinderung) überführt werden.

5   Modellversuch zur Einführung eines Persönlichen Budgets

Im Sommer 2003 startete im Rahmen des PerLe-Projektes in Kooperation mit dem Landschaftsverband Westfalen-Lippe und den von Bodelschwinghschen Anstalten Bethel in Bielefeld ein Modellversuch zur Einführung eines Persönlichen Budgets in einer stationären Wohneinrichtung für erwachsene Menschen mit so genannter geistiger Behinderung. Die Möglichkeiten der praktischen Erprobung wurden zuvor in einer einjährigen Vorbereitungsphase mit Leistungsträgern, -anbietern, Politikern und Juristen umfassend diskutiert und ausgelotet.

Die ersten Erfahrungen zeigen, dass der Wechsel von der Sach- zur Geldleistung für alle Beteiligten mit erheblichen Umstellungen und insbesondere für die Budgetnehmer mit verschiedenen Anforderungen und (Entwicklungs-)Aufgaben verbunden ist. Mit zunehmender Akzeptanz des Persönlichen Budgets und einigen Monaten der praktischen Erfahrung wird jedoch deutlich, dass sich die Anstrengungen zu lohnen scheinen: Die veränderten Rahmenbedingungen weisen darauf hin, dass eine stärkere Beteiligung der Budgetnehmer/innen am Prozess der Leistungserbringung möglich ist, dass mehr Entscheidungschancen bei der Auswahl von Unterstützungsleistungen und -personen entstehen, stationäre Leistungen individueller erbracht werden können und eine Verknüpfung zwischen stationären und ambulanten Hilfen zumindest grundsätzlich umsetzbar erscheint.

Ein selbstbestimmtes Leben nach den eigenen Vorstellungen zu leben und an der Gesellschaft teilhaben zu können, ist ein Bürgerrecht. Das sozialpolitische Ziel, gleiche Chancen für alle Bürger/innen einer Gesellschaft zu schaffen, muss also grundsätzlich für jede Person ungeachtet der Art und des Ausmaßes ihrer Beeinträchtigung realisierbar sein (vgl. Kap. 2). Die Chancen, die sich mit einem Persönlichen Budget für Menschen mit Behinderung eröffnen, müssen deshalb auch für Menschen mit so genannter geistiger und mehrfacher Behinderung, die einen hohen Unterstützungsbedarf haben, zugänglich sein. Die internationalen Erfahrungen zeigen, dass auch Menschen mit komplexen Beeinträchtigungen durchaus in der Lage sind, Einfluss auf die Unterstützungsleistungen zu nehmen, wenn sie dafür die nötigen Hilfestellungen erhalten (vgl. Kap. 3.1.4).

Bislang werden allerdings nicht immer passende Bedingungen geschaffen, damit auch Menschen mit so genannter geistiger Behinderung an den Vorteilen der Geldleistungen partizipieren können. Auch die deutschen bereits eingeführten bzw. in der Diskussion befindlichen Modelle tendieren ungeachtet ihrer grundsätzlich unterschiedlichen Umsetzungswege zu einer Ausgrenzung dieses Personenkreises (vgl. Kap. 3.2). Weil das Budget hier ausschließlich für ambulante Leistungen eingesetzt werden kann, kommen als Zielgruppe einerseits Personen infrage, die bereits relativ selbstständig und selbstbestimmt in einer eigenen Wohnung leben und auch in der Lage sind, alle Angelegenheiten im Zusammenhang mit dem Persönlichen Budget selbst zu regeln, und andererseits Personen, die mit Hilfe des Budgets aus einer stationären Wohneinrichtung in eine eigene Wohnung ziehen wollen. Menschen mit Behinderungen, die besondere Unterstützungsbedarfe aufgrund kognitiver und/oder psychischer Beeinträchtigungen haben und zunächst auch mittel- oder gar langfristig in einer stationären Einrichtung leben (wollen), blieben damit von den Möglichkeiten eines Persönlichen Budgets weitgehend ausgeschlossen.

Derzeit ist davon auszugehen, dass in der Bundesrepublik alternative (ambulante) Unterstützungsangebote (noch) nicht flächendeckend und in ausreichendem Maße zur Verfügung stehen, um alle erforderlichen Leistungen ausschließlich außerhalb von stationären Einrichtungen mit einem Persönlichen Budget organisieren zu können. Menschen mit Behinderung, die nicht bei Angehörigen leben, wohnen immer noch oft in stationären Einrichtungen, während Wohnformen mit ambulanter Betreuung noch zu wenig zur Verfügung stehen. Von 202.000 erwachsenen Empfängern von Wohnhilfen in Form von Eingliederungshilfe für Menschen mit Behinderungen im Jahre 2002 erhielten 162.000 Personen (ca. 80%) stationäre Hilfen in einem Wohnheim für behinderte Menschen und 40.000 (ca. 20%) ambulante Hilfen im Betreuten Wohnen (vgl. Deutscher Verein für öffentliche und private Fürsorge 2003, 5).

Obschon der Grundsatz »ambulant vor stationär« bereits seit 1984 in §3a BSHG verankert ist, haben sich offene Hilfen in der Bundesrepublik regional sehr unterschiedlich entwickelt – nicht zuletzt weil Zuständigkeiten zwischen örtlichen und überörtlichen Sozialhilfeträgern unklar sind. Damit Menschen mit Behinderung echte Wahlmöglichkeiten erhalten und die Leistungen »einkaufen« können, die sie für eine selbstbestimmte Lebensführung im Alltag benötigen und wünschen, bedarf es auch in Deutschland zunächst einer veränderten Praxis der Planung und Organisation von Unterstützungsleistungen. Aus diesen Gründen wurde im Rahmen des Projektes PerLe ein Budgetmodell entwickelt und erprobt, welches als bundesweit einziges Konzept explizit auf eine Beteiligung von Menschen mit so genannter geistiger Behinderung im stationären Wohnbereich ausgerichtet ist.

5.1   Entstehungszusammenhang

Im Zuge der konzeptionellen Modellentwicklung zur konkreten Ausgestaltung eines Persönlichen Budgets entstanden im Projekt PerLe die Idee und der Wunsch, die erarbeiteten Eckpunkte im Rahmen eines Modellversuchs empirisch zu erproben und auf dieser Basis weiterzuentwickeln bzw. zu modifizieren. Im Vorlauf wurden im Zeitraum von März 2002 bis Mai 2003 mit einem Expertengremium intensiv die Möglichkeiten einer praktischen Erprobung geprüft und der Start eines Modellversuchs vorbereitet. Teilnehmer/innen dieses Expertengremiums waren die Projektmitarbeiter/innen der Universität Dortmund, Vertreter der Überörtlichen Sozialhilfeträger in Nordrhein-Westfalen (Landschaftsverbände Westfalen-Lippe und Rheinland), Leistungsanbieter (von Bodelschwinghsche Anstalten Bethel, Heilpädagogische Heime Bedburg-Hau) sowie zeitweise Vertreter/innen des Bundesministeriums für Arbeit (BMA) und ein spezifisch in der Behindertenhilfe versierter Jurist.

Ausgehend vom konzeptionellen Rahmenmodell der Universität Dortmund (vgl. Kap. 1) wurden die verschiedenen Kernpunkte (Assessment, Budgetbemessung, budgetfähige Leistungen, Budgetassistenz usw.) diskutiert und Möglichkeiten der praktischen Umsetzung entwickelt (vgl. Kap. 5.2 bis 5.7).

Zunächst ging es darum zu erkunden, im Rahmen welcher Angebotsstrukturen eine Erprobung erfolgen solle bzw. welche Leistungen in das Persönliche Budget einfließen könnten. Aus sozialrechtlicher/konzeptioneller Sicht schien vor allem eine leistungsträgerübergreifende Erprobung mit entsprechendem Schnittstellenmanagement sinnvoll; ein solcher Zuschnitt wurde auch von den politischen Vertretern forciert. Als pragmatischer Zwischenschritt einigte man sich jedoch dennoch im Expertenkreis auf einen Modellversuch, der zunächst auf Leistungen der Sozialhilfeträger bzw. auf Leistungen der Eingliederungshilfe im Bereich Wohnen begrenzt sein sollte:

1. Bundesweit entstanden erkennbar erhebliche Schwierigkeiten mit der Umsetzung leistungsträgerübergreifender Budgets.
2. Der Modellstart sollte schnell erfolgen.
3. Die PerLe-Zielgruppe (Menschen mit so genannter geistiger Behinderung und der Personenkreis, der derzeit stationär lebt) sollten im Vordergrund stehen.

Mit Hilfe dieses modifizierten Budgetmodells sollten vielfältige Erkenntnisse gewonnen werden; diese werden in einer zweiten Erhebungsphase (PerLe II) vertieft.

Auch wenn die Grundidee eines Persönlichen Budgets sich auf die Unterstützung in einem privaten Haushalt bezieht und auf ein Leben unabhängig von stationären Versorgungsstrukturen abzielt, wurden verschiedene Vorteile eines Persönlichen Budgets im stationären Setting gesehen:

- Durch eine Modularisierung von stationären Leistungen und ihre Öffnung für alternative Dienstleister kann die erforderliche Strukturveränderung und Flexibilisierung des Hilfesystems auch auf diesem Weg angestoßen werden.
- Durch eine passgenaue Zuweisung der Geldleistungen werden mögliche Über- oder Unterversorgungen in Wohneinrichtungen sichtbar und korrigierbar und Quersubventionierungen können aufgehoben werden.
- Durch die Konzentration auf Bewohner/innen stationärer Wohneinrichtungen lassen sich Bedingungen dafür identifizieren, wie auch Menschen mit so genannter geistiger Behinderung und hohen Unterstützungsbedarfen eine größtmögliche Kontrolle über Hilfeleistungen und über ihren Alltag gewinnen können.
- Aus Leistungsträgersicht wird bei insgesamt steigendem Bedarf an stationären Plätzen, der sich aus demografischen Entwicklungen ergibt, die Chance gesehen, mit dem Persönlichen Budget einen effektiveren Mitteleinsatz zu erreichen.
- Aus Sicht der Angebotsnutzer ging es dabei vor allem darum, die Lebensqualität und die Zufriedenheit der Bewohnerinnen und Bewohner zu erhöhen durch steigende Handlungsspielräume und mehr Selbstbestimmung in der Lebensführung.

Als hinderlich für eine stationäre Modellerprobung wurden zum einen das Heimgesetz bzw. die rechtlichen Bedingungen der stationären Eingliederungshilfe identifiziert. Hier galt es, entsprechende Experimentierfreiräume zu schaffen bzw. durch Kooperationsverträge mit dem Leistungsträger sowie über Zusatzverträge mit den Bewohnern abzusichern. Zum anderen lag für die Leistungsanbieter eine große Herausforderung darin, aus ihrem bisherigen ›Gesamt- bzw. Pauschalpaket‹ Wohnen einzelne wählbare Leistungsmodule zu differenzieren und zu kalkulieren und mit der voraussichtlich geringeren Planbarkeit des Ressourcenzuflusses und der Arbeitsorganisation umzugehen trotz fortbestehender Verantwortung für die Versorgungsaufgaben (vgl. Kap. 5.4).

Während die Chancen für eine Modellerprobung in einer Wohneinrichtung in Bielefeld aufgrund der regionalen Angebotsstruktur (vgl. Kap. 5.2) von Beginn an als sehr günstig eingeschätzt wurden, zeichnete sich für die vorgesehene (ländliche) Modellregion Bedburg-Hau im Laufe der Planungsphase ab, dass sich dort derzeit keine sinnvolle Modellerprobung durchführen lassen würde:

- zum einen weil kaum alternative ambulante Angebote vorhanden und folglich keine Leistungen außerhalb der Wohneinrichtungen der Heilpädagogischen Heime Bedburg-Hau über ein Persönliches Budget wählbar sind, so dass Budgetnehmern kaum Alternativen blieben, als die gesamten Geldleistungen an den Wohnheimträger zurückfließen zu lassen,

• zum anderen weil die stark gruppenbezogene Organisation der Leistungen in der ausgewählten Wohneinrichtung eine Leistungsdifferenzierung über Persönliche Budgets nicht erlaubt.

Eine Modellerprobung in der Region des Landschaftsverbands Rheinland konnte auch aus diesen Gründen im Projektzeitraum nicht realisiert werden.

Der tatsächliche Zuschnitt des Modellversuchs in einer Wohneinrichtung in Bielefeld in Konzeption und Umsetzung (vgl. Kap. 5.3 bis 5.8) war insgesamt das Ergebnis der Konsensfindung zwischen allen beteiligten Interessengruppen des Expertenkreises. Dabei waren die Planungen stets geprägt von dem allseitigen Bemühen um Praktikabilität und um einen möglichst schnellen Beginn der Modellerprobung, ohne alle Risiken zu Lasten der Budgetnehmer zu gestalten.

5.2 Strukturelle Rahmenbedingungen in Nordrhein-Westfalen und regionale Angebotsstruktur in Bielefeld

In Nordrhein-Westfalen ist der Landschaftsverband Westfalen-Lippe (LWL) neben dem Landschaftsverband Rheinland (LVR) einer der beiden regionalen Kommunalverbände. Waren die Landschaftsverbände als überörtliche Träger der Sozialhilfe bis zum 1. Juli 2003 lediglich zuständig für (teil-)stationäre Leistungen der Eingliederungshilfe für Menschen mit Behinderungen, wurde ihnen mittlerweile per Landesverordnung auch die Zuständigkeit für das ambulant betreute Wohnen vom örtlichen Sozialhilfeträger übertragen (zunächst befristet für sieben Jahre). Durch diese Zuständigkeitsbündelung (»Hochzonung«) sollen ambulante Angebote schneller als bisher flächendeckend ausgebaut werden, so dass individuell und flexibel jeweilige Bedarfe der Bürgerinnen und Bürger gedeckt werden können. Gleichzeitig wird durch den Auf- und Ausbau ambulanter Angebote erwartet, dass der Kostenzuwachs im Bereich der Eingliederungshilfe gedämpft wird. Das Persönliche Budget wird von den Landschaftsverbänden in diesem Kontext als zielgleiches Steuerungsinstrument betrachtet.

In Nordrhein-Westfalen bestehen über 900 Wohneinrichtungen für Menschen mit Behinderungen mit insgesamt ca. 41.700 Wohnplätzen, davon ca. 70% (29.000 Plätze) für Menschen mit so genannter geistiger bzw. mehrfacher Behinderung (Stand: 01.01.01; vgl. LVR & LWL 2001, 16). Obwohl seit Jahrzehnten der Trend zu kleineren Wohneinrichtungen (mit bis zu 24 Wohnheimplätzen in Wohngruppen mit nicht mehr als acht Personen) geht, dominieren derzeit noch immer größere Einrichtungen mit überregionaler Orientierung die Angebotslage:

Anzahl der Plätze	Anzahl der Einrichtungen
bis 9 Plätze	96
10 bis 49 Plätze	680
50 bis 99 Plätze	99
100 bis 499 Plätze	46
über 500 Plätze	5

Tab. 13: Größe der Wohneinrichtungen in Nordrhein-Westfalen (LVR & LWL 2001, 16)

Den 41.700 stationären Wohnplätzen (2,3 pro 1.000 Einwohner) stehen ca. 9.000 Plätze (0,5 pro 1.000 Einwohner) im ambulant betreuten Wohnen gegenüber, so dass sich eine Verteilung von 82% (stationär) zu 18% (ambulant) ergibt, dies entspricht in etwa dem Bundesdurchschnitt (vgl. LVR & LWL 2001, 17). Für Menschen mit so genannter geistiger Behinderung lässt sich bei ca. 30.000 Plätzen in Wohneinrichtungen und ca. 1.500 Personen im betreuten Wohnen eine Verteilung von 95% (stationär) zu 5% (ambulant) feststellen (vgl. SCHÄDLER 2002, 7). Die ambulante Betreuung stellt somit für den Personenkreis der Menschen mit so genannter geistiger Behinderung quantitativ eine absolute Randerscheinung dar.

In der Region Westfalen-Lippe, bestehend aus den Regierungsbezirken Arnsberg, Detmold und Münster mit insgesamt 8,5 Mio. Einwohnern, leben etwa 15.370 Erwachsene mit so genannter geistiger und mehrfacher Behinderung in Einrichtungen der Eingliederungshilfe. Hinzu kommen noch ca. 1.100 Plätze in Pflegeeinrichtungen für Behinderte mit Versorgungsvertrag nach SGB XI (Einrichtungen, die vor der Einführung der Pflegeversicherung Behinderteneinrichtungen waren) und einige Plätze in Pflegeeinrichtungen der Altenhilfe; präzise Angaben darüber, wie viele Menschen mit so genannter geistiger und mehrfacher Behinderung in diesen Einrichtungen leben, liegen allerdings nicht vor (vgl. SEIFERT, FORNEFELD, KOENIG 2001, 117).

Der Stiftungsbereich Behindertenhilfe der von Bodelschwinghschen Anstalten Bethel (vBA Bethel) ist einer der größten Einrichtungsträger in Westfalen-Lippe mit 1.266 stationären Wohnplätzen (Heime, Wohngruppen und Einzelwohnen) an den Standorten Stadt Bielefeld, Kreis Herford und Kreis Gütersloh. Zusätzlich hält der Träger noch wohnbezogene Angebote im ambulant betreuten Wohnen (zurzeit für 265 Personen mit Behinderungen), stationäre Behandlungs- und Betreuungsangebote in Fachkrankenhäusern (405 Plätze), Familienunterstützende Dienste, Frühförderung, Arbeitsplätze in Werkstätten für behinderte Menschen und in Regiebetrieben, tagesstrukturierende Angebote (außerhalb der Werkstatt für behinderte Menschen), Betreuungsangebote für Senioren (»Tagesförderverbund 60 Plus«), diverse therapeutische Dienste sowie Freizeit- und Kulturangebote vor. Allein in Bielefeld betreibt Bethel 40 Wohneinrichtungen für behinderte Kinder, Jugendliche und Erwachsene (vgl. Steuerungsgruppe Behindertenhilfe der Stadt Bielefeld o. J., 21 ff.; Stiftungsbereich Behindertenhilfe Bethel 2004).

Trotz dieser historisch gewachsenen quantitativen Dominanz der vBA Bethel hat sich in Bielefeld und Umgebung ein relativ heterogenes Angebot an Unterstützungsleistungen für Menschen mit Behinderungen entwickelt. Im stationären Wohnbereich treten neben den vBA Bethel die Evangelischen Heime Ummeln (155 Plätze), fünf Wohnheime der Lebenshilfe Wohnstätten gGmbH in Bielefeld (insgesamt 105 Plätze) und zwei Wohnhäuser der Margarete-Wehling-Stiftung (13 Plätze) als Einrichtungsträger auf (vgl. Steuerungsgruppe Behindertenhilfe der Stadt Bielefeld o. J., 16ff.). Zudem finden sich diverse Anbieter ambulanter Unterstützungsleistungen:

- Alt und Jung e. V.
- Ambulanter Betreuungsdienst Bethel
- Ambulanter Dienst Betreutes Wohnen (ADBW) Brackwede (Träger: vBA Bethel)
- Ambulante Wohnbetreuung der Johanniter-Unfall-Hilfe e. V.
- Familienunterstützender Dienst der Lebenshilfe Bielefeld
- Familienunterstützender Dienst Bielefeld / Gütersloh
- Frida – Familienunterstützender regionaler Integrationsdienst für Menschen mit Autismus
- Gemeinsam Wohnen in Bielefeld e. V.
- Ambulante Behindertenhilfe der Gesellschaft für Sozialarbeit
- Mobile Hilfen für Behinderte, Alte und ihre Familien (mofa e. V.)
- Neue Schmiede (Träger: vBA Bethel)
- Reiseschmiede (Träger: vBA Bethel)
- weitere mobile soziale Dienste und Sozialstationen der Arbeiterwohlfahrt, des Deutschen Roten Kreuzes, des Arbeiter-Samariter-Bundes und des Caritas-Verbandes
- private kommerzielle Pflegedienste

Die meisten dieser Dienstleister bieten Unterstützung und Hilfe in allen Bereichen des alltäglichen Lebens an. Auffällig ist auch, dass einige Anbieter bereits zielgruppenübergreifend arbeiten und sowohl im Bereich der Behindertenhilfe, der Jugend- und Altenhilfe tätig sind. Neben den aufgeführten ambulanten Hilfen existieren noch diverse Beratungsstellen der Stadt, von Vereinen und Selbsthilfegruppen (vgl. Stadt Bielefeld 2004).

Es lässt sich somit feststellen, dass in der Region Bielefeld einige gemeindenahe ambulante Hilfen verfügbar sind, die sich in besonderer Weise eignen, Leistungen im Rahmen eines Persönlichen Budgets zu erbringen. Dies ist allerdings nicht repräsentativ für Gesamt-Nordrhein-Westfalen. Mit ca. 950 Menschen mit Behinderung im ambulant betreuten Wohnen hat Bielefeld im Vergleich zu den anderen Städten und Kreisen in Nordrhein-Westfalen und im Speziellen in Westfalen-Lippe die größte Dichte ambulant betreuten Wohnens (über zwei Plätze pro 1.000 Einwohner; vgl. Abb. 21).

Zusätzlich zur fortgeschrittenen Differenzierung der Angebote in Bielefeld allgemein sind auch im stationären Bereich Dezentralisierungsmaßnahmen der vBA Bethel hin zu kleineren gemeindenahen Wohn- bzw. Außenwohngruppen (wie dem »dezentralen stationären Einzel- und Paarwohnen«) zu beobachten sowie Versuche erkennbar, breit gefächerte Angebote und offene Hilfen zu entwickeln.

Die Zahlen dürfen jedoch nicht darüber hinwegtäuschen, dass das regionale Angebotsspektrum auch in Bielefeld insgesamt immer noch stationär geprägt ist; der größten Dichte ambulanter Betreuung steht auch die größte Dichte stationärer Wohnplätze gegenüber, mit anderen Worten: Die Betreuung in der eigenen Woh-

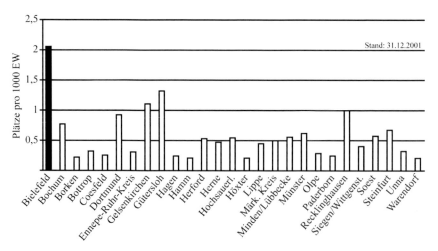

Abb. 21: Ambulant Betreutes Wohnen in Westfalen-Lippe (Plätze pro 1.000 Einwohner; LVR o.J., 19ff.)

nung bildet die Ausnahme. Erforderliche Unterstützungsleistungen in allen Lebensbereichen sind vor allem für Menschen mit hohem Bedarf derzeit aufgrund der spezifischen Angebotsstruktur ohne stationäre Hilfen kaum abzudecken. Deswegen müssen weitere Angebote und Offene Hilfen auf breiter Basis entwickelt werden (vgl. Stadt Bielefeld 1997, 32). Das Persönliche Budget kann hier eines der Instrumente zur notwendigen Strukturveränderung darstellen.

5.3   Teilnehmer/innen, Ausgangslage und Zielsetzungen des Modellversuchs

Teilnehmerinnen und Teilnehmer des Modellversuchs sind Menschen mit so genannter geistiger und mehrfacher Behinderung, die derzeit in einem Wohnheim mit 24 Plätzen der von Bodelschwinghschen Anstalten Bethel, Stiftungsbereich Behindertenhilfe, in Bielefeld leben. Das Wohnheim verfügt über zwölf Einzelappartements (mit Einbauküche und Badezimmer) und weitere zwölf Einzelzimmer, die in drei Wohngruppen mit bis zu sechs Personen eingeteilt sind. Die Einrichtung wurde im Jahre 2000 errichtet und liegt mitten in einem Ortsteil von Bielefeld; die städtische Infrastruktur und der öffentliche Nahverkehr sind in wenigen Gehminuten erreichbar.

Konzeptionell ist die stationäre Einrichtung darauf ausgerichtet, erwachsene und zumeist jüngere Menschen mit so genannten geistigen Behinderungen zu unterstützen. Mit Hilfe der Angebote sollen die Lebensperspektiven weiterentwickelt und individuelle Verantwortung für die Aufgaben der Wohn- und Lebenssituation zunehmend übernommen werden (vgl. Stiftungsbereich Behindertenhilfe Bethel 2004; Steuerungsgruppe Behindertenhilfe der Stadt Bielefeld o.J., 53).

Die Teilnahme am Modellversuch ist freiwillig und eine Rückkehrmöglichkeit zur vorherigen Hilfe- und Finanzierungsform für die Teilnehmenden jederzeit zeitnah möglich. Von den 24 Bewohner/innen des Wohnheims nehmen 18 Personen (6 weiblich, 12 männlich) am Modellversuch teil (17 Personen ab dem 01.08.03; eine Person ab dem 01.01.04). Zwei Bewohnerinnen haben sich gegen die Teilnahme ausgesprochen; drei Bewohner sind vor Anfang des Erprobungszeitraumes aus dem Wohnheim ausgezogen bzw. haben einen Auszug vorbereitet, eine Bewohnerin ist erst unmittelbar vor Beginn des Modellversuchs eingezogen.

Das Alter der 18 Teilnehmer/innen reicht von 21 bis 73 Jahre (Mittelwert: 33 Jahre, Median: 27 Jahre):

	Altersklasse in Jahren									
	21–25	26–30	31–35	36–40	41–45	46–50	51–55	56–60	61–65	66–70	70–
Anzahl der TN	5	7	1	–	2	1	–	–	1	–	1

Tab. 14: Altersstruktur der Teilnehmer/innen am Modellversuch

Für zehn der Bewohner/innen stellt das Wohnheim die erste Wohnform nach Auszug aus der elterlichen Wohnung dar; die Gesamtzeit stationärer Betreuung der
Teilnehmer/innen variiert jedoch sehr stark zwischen 3 und 70 Jahren (Mittelwert:
13 Jahre; Median: 4 Jahre). Alle Teilnehmer/innen – mit Ausnahme des ältesten
Teilnehmers – arbeiten in Werkstätten für behinderte Menschen in der Region.

Unter dem Blick auf die Leistungsvereinbarungen zwischen Leistungsträger
und Leistungserbringer nach den §§ 75ff. SGB XII ergibt sich folgendes Bild: Von
den teilnehmenden Bewohner/innen sind eine Person der Hilfebedarfsgruppe 2, elf
Personen der Hilfebedarfsgruppe 3 und sechs Personen der Hilfebedarfsgruppe 4
zuzuordnen, wenn man fünf Hilfebedarfsgruppen zugrunde legt, wie es das HMB-
Verfahren (vgl. METZLER 2001) vorsieht:

	HBG 1	HBG 2	HBG 3	HBG 4	HBG 5	Gesamt
LT 9	–	1	7	2	–	10
LT 10	–	–	3	–	–	3
LT 12	–	–	1	4	–	5
Gesamt	–	1	11	6	–	18

Tab. 15: Anzahl der Teilnehmer/innen pro Leistungstyp (LT) und Hilfebedarfsgruppe (HBG) bei
        Unterscheidung von fünf Hilfebedarfsgruppen

Nach der in Nordrhein-Westfalen geltenden Leistungsmatrix, die insgesamt drei
Hilfebedarfsgruppen und 32 Leistungstypen differenziert, ergibt sich folgende
Verteilung nach Leistungstypen und Hilfebedarfsgruppen, welche für die Leistungsvereinbarungen zwischen Leistungsträger und Leistungserbringer maßgeblich sind:

	HBG 1	HBG 2	HBG 3	Gesamt
LT 9	1	9	–	10
LT 10	3	–	–	3
LT 12	2	3	–	5
Gesamt	6	12	–	18

Tab. 16: Anzahl der Teilnehmer/innen pro Leistungstyp (LT) und Hilfebedarfsgruppe
        (HBG) bei Unterscheidung von drei Hilfebedarfsgruppen

Die Hälfte der Teilnehmer/innen ist dem LT 9 und der HBG 2 zugeordnet. Die fünf Bewohner/innen, deren Unterstützung nach LT 12 finanziert wird, sind ausnahmslos Rollstuhlfahrer/innen. Der Leistungstyp 9 bezeichnet dabei gemäß Landesrahmenvertrag zu den Leistungs-, Vergütungs- und Prüfungsvereinbarungen nach § 93 Abs. 2 BSHG »Wohnangebote für Erwachsene mit geistiger Behinderung«, der Leistungstyp 10 »Wohnangebote für Erwachsene mit geistiger Behinderung und hohem sozialen Integrationsbedarf« und der Leistungstyp 12 »Wohnangebote für Erwachsene mit komplexen Mehrfachbehinderungen«.

Unabhängig vom Modellversuch veränderte sich die Planungs- und Bemessungsgrundlage der Hilfen von einer Pauschalfinanzierung der Leistungen (vgl. Abb. 22) zu differenzierten Entgelten nach Leistungstyp und Hilfebedarfsgruppe (vgl. Abb. 23).

Für das teilnehmende Wohnheim ging somit die Umstellung auf differenzierte Entgelte gleichzeitig mit der Einführung eines Persönlichen Budgets einher.

Seit Start des Modellversuchs erhalten die teilnehmenden Bewohnerinnen und Bewohner aus den ihnen zugemessenen Entgelten einen Anteil (vgl. Kap. 5.4) als Persönliches Budget, das nach einem differenzierten Verfahren berechnet wird. Mit diesem Budget können sie Leistungen der Eingliederungshilfe auch außerhalb der Wohneinrichtung erwerben. In einem Kooperationsvertrag zwischen dem LWL und den vBA Bethel wurde vereinbart, dass dadurch die Leistung gemäß bestehender Leistungsvereinbarung und Leistungstypik eingeschränkt wird und der Stiftungsbereich gemäß dieser Vereinbarung keine Verantwortung für die durch andere Anbieter erbrachten Leistungen übernimmt.

Durch die Einführung des Persönlichen Budgets im stationären Wohnen werden die Zielsetzungen verfolgt,

- die Eigenverantwortung und Selbstbestimmung der Bewohnerinnen und Bewohner zu stärken und zu fördern,
- Entscheidungsspielräume bei der Auswahl von Unterstützungsleistungen zu schaffen und zu erweitern (wer welche Leistung zu welchem Zeitpunkt erbringen soll),
- Unterstützungsleistungen stärker zu individualisieren,
- Teilhabechancen und -aktivitäten zu erhöhen,
- persönliche, soziale und ökologische Ressourcen der Bewohnerinnen und Bewohner zu entdecken, zu stärken und zu nutzen und
- die stationären Angebote mit ambulanten Leistungen sowie ehrenamtlichen und privaten Hilfen zu vernetzen.

Durch die Erprobung sollen empirische Erkenntnisse darüber gewonnen werden, inwiefern Menschen mit so genannter geistiger Behinderung, die in einer stationä-

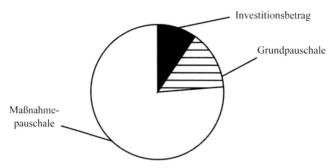

Abb. 22: Verteilung pauschaler Entgelte

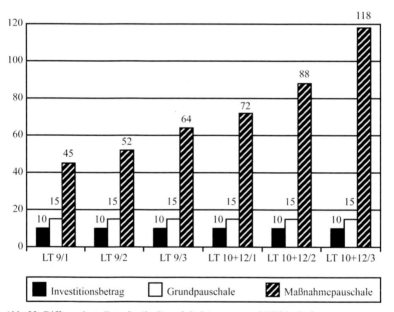

Abb. 23: Differenzierte Entgelte (in €) nach Leistungstyp und Hilfebedarfsgruppe

ren Wohneinrichtung leben, in die Lage versetzt werden können, mit Hilfe eines Persönlichen Budgets Leistungen selbstbestimmt zu organisieren. Dabei sollen Bedingungen identifiziert werden, die sich bei der Umsetzung des Persönlichen Budgets als förderlich bzw. hemmend erweisen.

5.4 Budgetrahmen

Grundsätzlich können durch den überörtlichen Sozialhilfeträger mit dem Persönlichen Budget alle Leistungen erbracht werden, die nach § 55 SGB IX zur Teilhabe am Leben in der Gemeinschaft erforderlich sind.

Im Zentrum stehen Unterstützungsbedarfe, die regelmäßig wiederkehren (z. B. täglich, wöchentlich) und für den Budgetnehmer regiefähig (=steuerbar) sind. Als regiefähig gilt eine Leistung dann, wenn der Nutzer alleine oder mit Unterstützung entscheiden kann, wer die Leistung wann, in welcher Form und an welchem Ort erbringen soll. Als nicht regiefähig sind solche Maßnahmen zu bezeichnen, die aus fachlicher Sicht als unverzichtbar eingeschätzt werden, wie z. B. Förderung des Sozialverhaltens bei selbstverletzenden bzw. fremdaggressiven Verhaltensweisen oder Maßnahmen bei Suchtverhalten oder die nicht vorhersehbar sind (wie z. B. Behandlung bei Erkrankung).

Wesentlich dafür, welche konkreten Leistungen in der Modellerprobung über ein Persönliches Budget organisiert und finanziert werden können, ist zusätzlich, ob und wie der Wohnheimträger die Qualität der Leistungen, die durch andere Anbieter und Dienstleister erbracht werden, gewährleisten kann, ohne Einfluss auf oder Kontrolle über diese Leistungserbringung zu haben. Im Extremfall würden Budgetnehmer/innen zwar im Wohnheim wohnen, sich aber alle weiteren Eingliederungshilfeleistungen bei anderen Anbietern einkaufen. Im Interesse der stationären Leistungsanbieter, die Versorgungsqualität bieten und verantworten wollen und müssen, ist daher vor allem die Unterstützung in grundlegenden Bereichen des täglichen Lebens (z. B. Leistungen der Pflege und Gesundheitsförderung) von großer Bedeutung, um verlässliche Qualität selbst zu sichern. Für eine Übergangsphase kann dies durchaus zugleich den Interessen der Nutzer entsprechen, die dann unter variablen Steuerungschancen stabile, vertraute und verlässliche Leistungen vorfinden. Hinzu kommen mögliche Schwierigkeiten, die jeweilige Zuständigkeit zu klären, wenn beispielsweise Leistungen der Pflege nach § 43 SGB XI in ein Persönliches Budget fließen und nicht in stationärer Form erbracht werden.

Im Modellversuch sollte daher zum Einstieg für die Budgetnehmer/innen eine sichere Basis beibehalten werden, um die neue Form der Leistungsorganisation und -finanzierung zu erproben, Erfahrungen zu sammeln und erforderliche Kompetenzen für die Entscheidungs- und Steuerungsaufgaben entwickeln zu können.

Neben diesen Überlegungen führten wirtschaftliche und der Rechtslage geschuldete Aspekte der Planungs- und Finanzierungssicherheit zu der Entscheidung der Einrichtung, im Rahmen des Modellversuchs zunächst »Basisleistungen« weiterhin als Sachleistung im Wohnheim zu erbringen. Dies sind vor allem alltägliche Hilfen im Bereich der individuellen Pflege, der Haushaltsführung und Gesundheitsförderung. Darüber hinaus erforderliche Leistungen können über ein Persönliches Budget organisiert werden. Dies sind vor allem Hilfen, die den weiteren Lebens- und Handlungsraum – außerhalb des unmittelbaren Wohnbereiches – betreffen, wie soziale Kontakte zu finden und aufrecht zu erhalten, an kulturellen Angeboten teilzunehmen oder Hilfen zur Mobilität zu nutzen. Auf Wunsch können – wie bereits vor dem Modellversuch gebräuchlich – außerdem Gelder für Verpflegung und Kleidung ausgezahlt werden (vgl. Tab. 17).

Sachleistung im Wohnheim (Basisleistungen)	Geldleistung (Persönliches Budget)
Überlassung und Nutzung von Wohnraum	Aufrechterhaltung und Förderung sozialer Kontakte
Individuelle Basisversorgung	Teilnahme an Bildungsangeboten
Gesundheitsförderung	Teilnahme an kulturellen Angeboten
Unterstützung bei der Haushaltsführung	Mobilität
Förderung lebenspraktischer und sozialer Kompetenzen	Freizeit/Erholung
Tagesstrukturierung im Wohnbereich	Psychosoziale Unterstützung

Geld für Sachkosten
Verpflegungsgeld
Kleidungsgeld

Tab. 17: Sachleistungen und Geldleistungen

Bedingung seitens des Leistungsträgers (überörtlicher Sozialhilfeträger/Landschaftsverband Westfalen-Lippe) zur Beteiligung am Modellvorhaben war die grundsätzliche Kostenneutralität: Die Kosten der Leistungen über das Persönliche Budget dürfen die aktuellen Kosten der stationären Unterbringung nicht übersteigen. Durch diese Festlegung setzt sich das Gesamtbudget, das für den Modellversuch insgesamt zur Verfügung steht, aus den nach §93 BSHG bzw. §75 SGB XII vereinbarten Entgelten bzw. Maßnahmepauschalen aller am Modellversuch teilnehmenden Bewohner/innen zusammen (Gesamtpool für die Budgetvergabe).

Nach einem Berechnungsschlüssel des Einrichtungsträgers, der auf Näherungswerten beruht, verbleiben 35% der Maßnahmepauschale grundsätzlich im Wohnheim, um alle allgemeinen personenübergreifenden Kosten (so genannte »Overheadkosten«) zu decken. Dementsprechend können 65% der Maßnahmepauschale in die personenbezogene Unterstützung fließen.

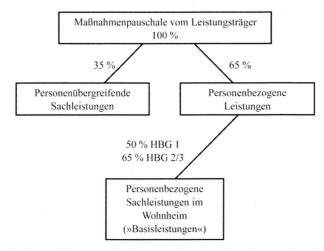

Abb. 24: Anteile der Maßnahmepauschale für personenbezogene Sachleistungen im Wohnheim

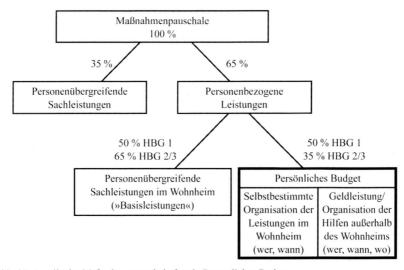

Abb. 25: Anteile der Maßnahmepauschale für ein Persönliches Budget

Die weitere Kalkulation des Gesamtbudgets (Budgetpool für die Budgetnehmer) ergibt sich differenziert nach Hilfebedarfsgruppen (HBG): Von den 65 % der Maßnahmepauschale für die personenbezogenen Leistungen verbleiben 50% bei HBG 1 bzw. 65% bei HBG 2/3 in der Wohneinrichtung (vgl. Abb. 24) als Sockelbetrag zur Finanzierung der »Basisleistungen« (vgl. Tab. 17), die weiterhin im Wohnheim erbracht werden. Diese Unterscheidung wird vom Wohnheimträger deshalb vorgenommen, weil bei Personen in den Hilfebedarfsgruppen 2 und 3 angenommen wird, dass sie höhere Anteile an erforderlichen Leistungen in dem Bereich »Basisleistungen« benötigen als Personen, die der Hilfebedarfsgruppe 1 zugerechnet sind.Die verbleibenden 50% (HBG 1) bzw. 35% (HBG 2/3) der personenbezogenen Leistungen werden als Persönliches Budget zur Verfügung gestellt (vgl. Abb. 25), mit dem Unterstützungsleistungen selbstbestimmt und individuell organisiert werden können. Dies entspricht 32,5% der gesamten Maßnahmepauschalen für die Hilfebedarfsgruppe 1 (vgl. Abb. 26) sowie 22,75% der gesamten Maßnahmepauschalen für die Hilfebedarfsgruppen 2/3 (vgl. Abb. 27).

Mit den verfügbaren Geldbeträgen entsteht die Möglichkeit, andere professionelle Dienstleister in Bielefeld »einzukaufen« bzw. die Hilfen privat zu organisieren und zu bezahlen. Ebenso ist es aber auch möglich, diesen Anteil selbstbestimmt im Wohnheim zu investieren, um individuell zu steuern, welcher Mitarbeiter wann welche Leistung in welchem Umfang erbringen soll.

Die skizzierte Anteilsberechnung bezieht sich zunächst auf das zur Verfügung stehende Gesamtbudget (=summierte Persönliche Budgets der Budgetnehmer). Der konzeptionell vorgesehene nächste Schritt, nämlich einzelne Persönliche Budgets der Teilnehmer/innen am Modellversuch auf der Grundlage der im Assessment festgestellten Unterstützungsbedarfe und Ressourcen (vgl. Kap. 4.2) zu bilden, erwies sich in der praktischen Umsetzung als schwierig. Im theoretischen Modell war vorgesehen, dass das festgelegte Gesamtbudget, das auf bereits ausgehandelten Entgelten für die stationäre Leistungserbringung basiert, von den teilnehmenden Bewohner/innen zunächst je nach Leistungstyp/Hilfebedarfsgruppe in ein Gesamtbudget eingespeist wird. Im Assessment würden die individuell festgestellten erforderlichen Leistungen nach Art und Umfang (z.B. gemessen in Zeitkorridoren oder Punktwerten) im Vergleich zwischen den einzelnen Bewohner/innen das Verhältnis angeben, nach dem das Gesamtbudget neu zu verteilen ist (Anteil am Gesamtbudget = einzelnes Persönliches Budget). Dieses Vorgehen hätte zwar den Vorteil, sicherlich ressourcenorientiert zu sein, also eher eine Äquivalenz zwischen den festgestellten Unterstützungsbedarfen der Teilnehmer/innen und der Höhe der individuellen Persönlichen Budgets zu schaffen; gleichzeitig sind damit aber konzeptionelle Probleme und praktische Umsetzungsschwierigkeiten

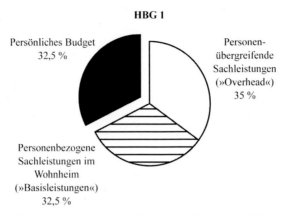

Abb. 26: Anteile der Maßnahmepauschale für ein Persönliches Budget bei HBG 1

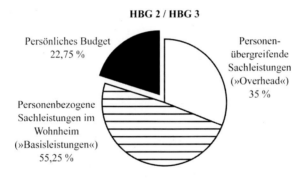

Abb. 27:Anteile der Maßnahmepauschale für ein Persönliches Budget bei HBG 2 und HBG 3

verbunden. Mit dem gewollten Zuschnitt des Modellversuchs sind Leistungen verbunden bzw. Effekte ausgeschlossen, die sich auf folgende Aspekte beziehen:

- Im Grundsatz sollte sich ein Verfahren auf individuelle Bedürfnisse beziehen; durch die Bindung an die Maßnahmepauschale hingegen ist die Budgetbildung zwar personenbezogen, folgt aber immer noch einer immanenten Angebotslogik, da die Anteile der Maßnahmepauschale nach standardisierten Leistungstypen und Hilfebedarfsgruppen den Budgetrahmen bilden. Ein im Assessment festgestellter Mehrbedarf einer Bewohnerin würde zwar zu einem individuell höheren Anteil am Gesamtbudget führen, aber zugleich zu einem niedrigeren

Anteil für die übrigen Bewohner/innen. Das aus rechtlichen und pragmatischen Gründen gewählte Verfahren bezieht sich also nur auf die Verteilung des Geldes (nämlich zwischen dem Leistungsträger und Leistungserbringer verhandelte Maßnahmepauschalen), nicht aber auf die absolute Geldhöhe. Eine von der Institution losgelöste, konsequent personenbezogene Budgetkalkulation ist auf diesem Weg nicht möglich, da stets von systemimmanenten Voraussetzungen ausgegangen werden muss.

• Potentielle Budgetnehmer/innen können sich erst für oder gegen die Teilnahme am Modellversuch entscheiden, wenn sie wissen, wie viel Geld ihnen als Persönliches Budget zur Verfügung gestellt wird. Weil die Anteile der Maßnahmepauschale für personenbezogene Leistungen seitens der Wohneinrichtung abgeschätzt werden, wird zum ersten Mal die bisherige Finanzierungspraxis transparent und damit deutlich beziffert, welche konkreten Ansprüche die Bewohner/innen gegenwärtig gegenüber der Einrichtung haben. Diese müssten sie nach dem vorgesehenen Budgetbildungsverfahren allerdings jetzt wieder in ein Gesamtbudget fließen lassen und somit in einer Art Generalvollmacht einer Neuverteilung auf der Basis des Assessments zustimmen. Im Vorfeld können sie nicht erkennen, ob ihnen bei einer Neuverteilung der zunächst zugemessene Anteil zufällt. Ein Bewohner, dessen Budget dann deutlich unterhalb des Anteils der ihm zustehenden Maßnahmepauschale für personenbezogene Leistungen fiele, müsste eine schwere Entscheidung zugunsten der Solidarleistung treffen, die ihm das Gesamtbudgetverfahren abverlangt, wenn er weiterhin am Modellversuch teilnehmen möchte.

• Falls einzelne Bewohner/innen wieder zum bisherigen Sachleistungssystem zurückkehren wollen, wirkt sich dies automatisch auf das zur Verfügung stehende Gesamtbudget und damit auch auf die einzelnen Teilbudgets (Persönliche Budgets) aus. Bei jeder Veränderung der eingespeisten Anteile der Maßnahmepauschale müssen die Persönlichen Budgets der aktuellen Budgetnehmer/innen neu berechnet werden. Da sich das Gesamtbudget und die nach den Assessments gebildeten Anteile vermutlich nicht stets in gleichen Proportionen verhalten, ist jeweils mit Veränderungen zu rechnen. Dann müssten die Budgetnehmer/innen sich im Prinzip auch immer wieder neu entscheiden, ob sie unter den veränderten Bedingungen weiterhin am Modellversuch teilnehmen möchten.

Hier ist also ein Kreislauf vorgeformt, der dazu führt, dass sich einerseits potentielle Budgetnehmer/innen erst für oder gegen das Persönliche Budget entscheiden können, wenn sie wissen, wie hoch ihr Budget sein wird. Gleichzeitig steht dies andererseits erst fest, wenn klar ist, wie viele Bewohner/innen mit welchem Ressourceneinsatz das Persönliche Budget in Anspruch nehmen wollen.

Aus diesen Gründen wurde zunächst auf eine differenzierte Budgetbemessung nach den im Assessment eingeschätzten Bedarfen und Ressourcen verzichtet, zugunsten der Fiktion, dass das Maßnahmepauschaleverfahren zu gleichen Ergebnissen führen würde wie eine individuelle Hilfeplanung. Der Anteil der Maßnahmepauschale (nach Leistungstyp/Hilfebedarfsgruppe) ergab so gleichzeitig das Persönliche Budget einer Bewohnerin/eines Bewohners.

Die folgende Tabelle (Tab. 18) gibt die jeweiligen Anteile der Maßnahmepauschale bzw. das Persönliche Budget nach Leistungstyp und Hilfebedarfsgruppe wieder, wie sie sich bezogen auf die freiwilligen Teilnehmer/innen ergab:

		Leistungstyp/Hilfebedarfsgruppe					
		LT 9/1	LT 9/2	LT 9/3	LT 10/1 u. 12/1	LT 10/2 u. 12/2	LT 10/3 u. 12/3
Maßnahmepauschale pro Tag in €	Maßnahmepauschale gesamt	47,27	53,56	66,61	74,99	90,85	122,55
	65% (personenbezogene Leistungen)	30,37	34,81	43,30	48,74	59,05	79,66
	50% (HBG 1) (persönliches Budget)	15,36			24,37		
	35% (HBG 2/3) (persönliches Budget)		12,18	15,15		20,67	27,88
Persönliches Budget pro Woche in €		107,54	85,29	106,08	170,60	144,68	195,16
Persönliches Budget pro Monat in €		462,42	366,77	456,13	733,59	622,12	839,19

Tab. 18: Höhe der Sach- und Geldleistungen nach Hilfebedarfsgruppe (HBG) und Leistungstyp (LT)

Auf der Grundlage der zwischen Leistungsträger und Leistungsanbieter vereinbarten Pauschalen ergibt sich nach der beschriebenen Übereinkunft für Personen der Hilfebedarfsgruppe 1 ein monatliches Persönliches Budget in Höhe von 462 Euro (LT 9) bzw. 734 Euro (LT 10 u. 12), für Personen der Hilfebedarfsgruppe 2 in Höhe von 367 Euro (LT 9) bzw. 622 Euro (LT 10 u. 12) und für Personen der Hilfebedarfsgruppe 3 in Höhe von 456 Euro bzw. 839 Euro.

Leistungstyp/Hilfebedarfsgruppe					
	LT 9/1	LT 9/2	LT 9/3	LT 10/1 u. 12/1	LT 10/2 u. 12/2	LT 10/3 u. 12/3
Stundensatz interne Fachleistung in €	25	25	25	25	25	25
tägliches Budget in Stunden	0,61	0,49	0,61	0,97	0,83	1,12
tägliches Budget in Minuten	37	29	36	58	50	67
wöchentliches Budget in Stunden	4,30	3,41	4,24	6,82	5,79	7,81
Stundensatz Laienhelfer/innen in €	10	10	10	10	10	10
tägliches Budget in Stunden	1,54	1,22	1,52	2,44	2,01	2,79
tägliches Budget in Minuten	92	73	91	146	121	167
wöchentliches Budget in Stunden	10,75	8,53	10,61	17,06	14,47	19,52
Stundensatz externe Fachleistung in €	48,30	48,30	48,30	48,30	48,30	48,30
tägliches Budget in Stunden	0,32	0,25	0,31	0,5	0,43	0,58
tägliches Budget in Minuten	19	15	19	30	26	35
wöchentliches Budget in Stunden	2,23	1,77	2,2	3,53	3	4,04

Tab. 19: Persönliches Budget in Zeit- und Geldwerten für Mitarbeiter/innen im Wohnheim, Laienhelfer/innen und externe Fachkräfte

Zur Veranschaulichung, welche Unterstützungspotentiale sich eröffnen, kann man die unterschiedlichen Budgethöhen in Zeitwerte überführen. Dabei wird ein reduzierter Stundensatz von 25 Euro kalkuliert, da von den vBA Bethel bei der Veranschlagung eines Stundensatzes zur individuellen Unterstützung der Budgetnehmer/innen durch Mitarbeiter/innen des teilnehmenden Bielefelder Wohnheims personenübergreifende und nicht personenbezogene Kosten bereits durch Grundpauschale und Anteile der Maßnahmepauschale abgedeckt sind. Im Vergleich zu einem angenommenen Stundensatz von 10 Euro für Laienhelfer/innen und 48,30 Euro für eine Fachleistungsstunde im ambulant betreuten Wohnen (derzeitige Vergütungsvereinbarung in Westfalen-Lippe; zur Kalkulation der Fachleistungsstunde vgl. Kap. 4.3) ergeben sich damit verschiedene in Zeitwerten ausgedrückte mögliche Budgets nach Leistungstyp und Hilfebedarfsgruppe.

Budgetnehmer/innen könnten sich also pro Woche mit ihrem Budget ca. 9 bis 20 Stunden individuelle Assistenz durch Laienhelfer/innen, ca. 3 bis 8 Fachstunden Unterstützung durch Mitarbeiter/innen des Wohnheims bzw. ca. 2 bis 4 Stunden Assistenz bei Diensten mit angenommener Fachleistungsstunde von 46,10 Euro»einkaufen«. Diese Werte sind allerdings hypothetisch und dienen lediglich dazu, Steuerungsmöglichkeiten zu veranschaulichen. Letztendlich sind die Stundensätze für die Unterstützung durch externe Anbieter ebenso Verhandlungssache wie die Sätze für Laienhelfer/innen. Real muss vor allem von Mischformen des Budgeteinsatzes ausgegangen werden, die einem Zusammenspiel vieler verschiedener (Fach-)Dienste entsprechen.

5.5   Budgetassistenz

Individuelle Beratungs- und Unterstützungsbedarfe der teilnehmenden Bewohner/innen entstehen im Vorfeld der Inanspruchnahme des Persönlichen Budgets und bei der Verwendung der Gelder. Deswegen ist es bei der Implementation des Persönlichen Budgets notwendig, eine Budgetassistenz anzubieten. Für den Modellversuch wäre es konzeptionell wünschenswert gewesen, hierzu eine von Kosteninteressen und Anbieterseite unabhängige Stelle einzurichten (möglichst angegliedert an die regionale Angebotsstruktur) und zu finanzieren. Der Landschaftsverband Westfalen-Lippe sah sich jedoch nicht in der Lage, zusätzliche – über die bereits mit dem Einrichtungsträger vereinbarten Entgelte hinausgehende – Gelder zu diesem Zwecke frei zu stellen.

Glücklicherweise konnte für die Dauer der Modellerprobung jedoch eine örtliche Beratungsstelle der Offenen Behindertenhilfe, das »Café 3b« in Bielefeld, gewonnen werden, die Budgetassistenz kostenlos zu übernehmen. Das Café 3b wurde 1996 vom Verein »Integrative Beratungs- und Begegnungsstätte für Behinderte c. V.« vor allem von Betroffenen aufgebaut und bietet sowohl Freizeitangebote (z.B. kulturelle Angebote, Offene Treffs, Tagesausflüge, Ferienfreizeiten) als auch Beratung unter einem Dach. Das Beratungsangebot richtet sich an Menschen mit

Behinderung, ihre Angehörigen und andere Kontaktpersonen. Inhaltliche Schwerpunkte der Beratung sind u. a. psychosoziale Beratung, Beratung in sozialrechtlichen Fragen, Wohnen, Pflege, Informationen über andere Hilfeangebote und Freizeitmöglichkeiten (vgl. AKBM 2004).

Nach Schwierigkeiten bei der Finanzierung der Beratungsstelle wurden allerdings im Jahre 2002 eine Kooperation mit den vBA Bethel eingegangen und ein neuer Trägerverein gegründet. Trotz der finanziellen Beteiligung Bethels ist nach Wahrnehmung im Modellversuch die fachliche Beratung weiterhin inhaltlich unabhängig.

Die Budgetnehmer/innen können die Beratungsstelle anrufen oder während der Sprechzeiten aufsuchen. Die beiden Mitarbeiter/innen der Beratungsstelle bieten aber auch an, nach Absprache die Beratung im Wohnheim durchzuführen.

5.6   Informationspolitik

Im Vorfeld der Modellerprobung war eine breite Informationspolitik notwendig, die alle am Modellversuch beteiligten Personenkreise in den Blick nahm: potentielle Budgetnehmer/innen, Angehörige und gesetzliche Betreuer, Mitarbeiter/innen des Wohnheims und weitere Anbieter ambulanter und stationärer Leistungen in Bielefeld.

Information potentieller Budgetnehmer/innen

Um die Bewohner/innen des Wohnheims über das Persönliche Budget und den Modellversuch zu informieren, wurde von der Fachbereichsleitung der vBA Bethel und der Universität Dortmund ein Informationsabend im Wohnheim ausgerichtet, bei dem auch Mitarbeiterinnen des Wohnheims und Vertreterinnen der Heimaufsicht anwesend waren. Ziel des Informationsabends war es, den interessierten Bewohner/innen eine erste Vorstellung vom Persönlichen Budget zu vermitteln. Hierzu wurde zunächst die bisherige Finanzierungspraxis des Wohnheims an einfachen Beispielen erläutert, um dann die Veränderungen durch das Persönliche Budget zu veranschaulichen und die Kernpunkte des Budgetgedankens herauszustellen (vgl. Kap. 4.1). Dabei wurde besonders hervorgehoben, dass die Teilnahme am Modellversuch freiwillig sein solle und rückführbar in die bekannte Lebensgestaltung und -steuerung.

Von den 24 Bewohner/innen des Wohnheims waren 18 Personen zu der Informationsveranstaltung erschienen, was schon ein grundsätzliches Interesse am Thema deutlich macht. Die Reaktionen auf die Idee des Persönlichen Budgets und auf das Vorhaben, diese Form der Leistungserbringung mit den Bewohner/innen auszuprobieren, waren sehr unterschiedlich. Sie reichten von Verunsicherung und absoluter Ablehnung bis hin zu positiver Bewertung und Interesse an einer Teilnahme am Modellversuch. Im Anschluss an die Veranstaltung erhielten die Bewohner/innen eine Broschüre über das Persönliche Budget in einfacher Sprache (vgl. Anhang). Auf dieser Grundlage sollten sich Interessierte mit Unterstützung von Mitarbeiter/innen des Wohnheims oder anderen Vertrauenspersonen weiter mit dem Thema auseinandersetzen können.

Nach einer weiteren Informationsphase mit individuellen Beratungsgesprächen mit einzelnen Bewohner/innen über die Budgetassistenz, in denen die konkreten Bedingungen des Modellversuchs im Mittelpunkt standen, konnten sich die Bewohner/innen schließlich für oder gegen die Teilnahme am Modellversuch aussprechen.

Information der Angehörigen und gesetzlichen Betreuer/innen

Im Rahmen der Informationspolitik vor Beginn der Modellerprobung wurden auch die Eltern/Angehörigen bzw. gesetzlichen Betreuer der Bewohnerinnen und Bewohner des Wohnheims über das Persönliche Budget und den geplanten Modellversuch informiert. Hierfür wurde eine Informationsveranstaltung gemeinsam von einer Projektmitarbeiterin der Universität Dortmund und jeweils einem Vertreter der Geschäftsführung und der Fachbereichsleitung der vBA Bethel durchgeführt. Sie stieß insgesamt auf großes Interesse. Es wurden allgemeine Hintergründe und fachlich-rechtliche Grundlagen des Persönlichen Budgets sowie erste Erfahrungen im europäischen Kontext erläutert und konzeptionelle Eckpunkte des geplanten Modellversuchs dargelegt.

Auch die Reaktionen der Angehörigen waren sehr unterschiedlich: Viele Eltern äußerten zunächst große Skepsis gegenüber dem Persönlichen Budget, die sich insbesondere auf die persönlichen Voraussetzungen ihrer Töchter und Söhne bezog – besonders im Hinblick auf den Umgang mit Geld:

»Wenn mein Sohn das alles könnte, dann müsste er nicht hier im Wohnheim wohnen«,

war eine in diesem Zusammenhang ›typische‹ Aussage eines Vaters. Zum Teil wurde auch vermutet, dass die Bewohnerinnen und Bewohner sich überhaupt nicht für das Projekt interessieren würden, auch weil ihnen das Verständnis hierfür fehle. Mehrfach wurde die Sorge geäußert, dass eine qualifizierte und verlässliche Versorgung über das Persönliche Budget nicht mehr gewährleistet werden könne. Die gesetzlichen Betreuer befürchteten darüber hinaus, dass mit dem Persönlichen

Budget weitere Aufgaben in großem Umfang von ihnen übernommen werden müssten.

Im weiteren Verlauf der Veranstaltung konnten jedoch durch detailliertere Informationen über die geplante Durchführung des Projektes viele Unsicherheiten geklärt und Ängste abgebaut werden. Insbesondere die Zusicherung der weiterhin grundlegend bedarfsdeckenden Unterstützung der Bewohnerinnen und Bewohner und das Versprechen, dass eine Rückkehr zur bisherigen Leistungsform jederzeit möglich sei, trugen zur Zustimmung zum Modellvorhaben bei. In einer abschließenden kurzen Stellungnahme stimmten schließlich alle Anwesenden der Modellerprobung des Persönlichen Budgets im Wohnheim zu.

Information regionaler Anbieter

Damit für die Budgetnehmer/innen ein möglichst breit gefächertes Angebot an Unterstützungsleistungen zur Verfügung steht, wurden in Absprache mit dem Koordinator für Behindertenhilfe der Stadt Bielefeld Anbieter stationärer und ambulanter Leistungen in der Region (vgl. Kap. 5.2) mit einem Rundbrief über die Hintergründe und Zielsetzungen des Modellversuchs informiert. Des Weiteren wurden sie aufgefordert, sich am Modellversuch zu beteiligen, indem sie Leistungen und Angebote bereitstellen und die Budgetassistenz (das Café 3b) über ihr Dienstleistungsspektrum informieren.

5.7   Implementationsverlauf und wissenschaftliche Begleitung

Da bislang keinerlei Erfahrungen mit der Einführung eines Persönlichen Budgets für Menschen mit so genannter geistiger Behinderung in stationären Wohneinrichtungen vorliegen, konnten im Vorfeld des Modellversuchs nicht alle umsetzungsrelevanten Bedingungen und Faktoren dezidiert festgelegt und mögliche Schwierigkeiten vorausgesehen werden. Man wählte vielmehr ein pragmatisches Vorgehen: Auf der Grundlage theoretisch-konzeptioneller Überlegungen und empirischer Erkenntnisse wurden wesentliche Eckpunkte der Ausgestaltung eines Persönlichen Budgets herausgearbeitet (vgl. Kap. 1). Diese sollten in der Erprobung den Bedingungen vor Ort angepasst werden, sobald sich in der Umsetzung sinnvolle Variationen zeigen. Der Modellversuch war somit vor allen Dingen in der Anfangsphase durch eine gewisse Offenheit und Variabilität gekennzeichnet.

Diese tendenzielle Offenheit durfte sich aber keinesfalls zum Nachteil der Budgetnehmer/innen auswirken; insbesondere dem Bedürfnis nach Sicherheit und Verlässlichkeit wollte man so entgegenkommen, dass keine grundlegenden Verwirrungen oder Überforderungen zu erwarten waren. Deswegen sollte mit der Umstellung von der Sachleistung zur Geldleistung zunächst in einem oder wenigen für die Bewohner/innen überschaubaren Lebensbereichen begonnen werden, um dann sukzessive weitere Bereiche einzubeziehen. Diesem moderaten Veränderungsprogramm war es auch angemessen, dass am Beginn des Modellversuchs das Persönliche Budget nicht direkt als Geldbetrag auf die Konten der Budgetnehmer/innen überwiesen wurde, sondern zunächst auf »virtuellen« Konten vom Wohnheimleiter verwaltet. Leistungen werden entweder über diese Budgetkonten verrechnet oder Teile des Geldes auf Wunsch ausgezahlt. Die vollständige »Eigenregie« der Gelder wurde seitens der Wohneinrichtung bis zum vorläufigen Abschluss der wissenschaftlichen Begleitung in PerLe (Mitte 2004) noch keiner am Modellversuch teilnehmenden Person zugetraut.

Die wissenschaftliche Begleitung des Modellversuchs erfolgte in Form einer multiperspektivischen Herangehensweise: Die Lebenssituation der Budgetnehmerinnen und -nehmer, die regionale Angebotsstruktur (im Wohnheim und von externen Anbietern), die Arbeitssituation der Mitarbeiter/innen des Wohnheims sowie die Anforderungen und Aufgaben der Budgetassistenz wurden in den Blick genommen. Der Verlauf der praktischen Umsetzung wurde dabei kontinuierlich beobachtet, dokumentiert und reflektiert, so dass im Sinne formativer Evaluation in enger Kooperation mit den am Modellversuch Beteiligten die Ausgestaltung des Budgetmodells weiterentwickelt, mögliche neuralgische Punkte in der Umsetzung erkannt und notwendige Veränderungen und Anpassungen eingeleitet werden können. Da bei dem Modellversuch in weiten Teilen politisches, rechtliches und auch umsetzungspraktisches Neuland betreten wurde, konnten Erfahrungen mit dem Persönlichen Budget aus anderen Modellversuchen nur bedingt auf die Situation im stationären Setting übertragen werden,

Den Verlauf der Vorbereitung, Implementation, Durchführung und wissenschaftlichen Begleitung sowie die geplante Weiterführung des Modellversuchs veranschaulicht Abb. 28.

Konzeptionelle Grundlegung und Modellentwicklung

Vorbereitung des Modellversuchs
- Kooperationsgespräche mit Einrichtungsträgern und überörtlichen Sozialhilfeträgern
- Information potentieller Budgetnehmer/innen, Angehöriger/gesetzlicher Betreuer, Mitarbeiter/innen, regionaler Anbieter

Wissenschaftliche Evaluation (Erhebung I)
- Interviews mit Bewohnerinnen und Bewohnern
- Interviews mit Mitarbeiterinnen und Mitarbeitern
- Dokumentation von Einrichtungsstrukturen und der regionalen Angebotsstruktur

Implementation
- Anpassung des theoretisch entwickelten Budgetmodells an die konkreten Rahmenbedingungen
- Festlegung des Modellzuschnitts für die erste Umsetzungsphase

Umsetzung und wissenschaftliche Begleitung
- Erste Phase des Modellversuchs im Wohnheim (sechs Monate)
- Begleitende Auswertungsgespräche und Dokumentation des Verlaufs der praktischen Umsetzung

Zwischenauswertung
- Reflexion der bisherigen Erfahrungen
- Feststellung förderlicher und hinderlicher Bedingungen
- Modifikation des Modellzuschnitts für die zweite Umsetzungsphase

Projektzeitraum

Durchführung und wissenschaftliche Begleitung
- Zweite Phase des Modellversuchs im Wohnheim (zunächst bis Ende 2006)
- Begleitende Auswertungsgespräche und Dokumentation des Verlaufs der praktischen Umsetzung

Wissenschaftliche Evaluation (Erhebung II)
- Interviews mit Bewohnerinnen und Bewohnern
- Interviews mit Mitarbeiterinnen und Mitarbeitern
- Dokumentation von Einrichtungsstrukturen und der regionalen Angebotsstruktur

Ergebnissicherung und Praxistransfer
- Wirkung des Budgets bei Modellteilnehmern und im sozialen Kontext
- Veränderungen der internen und externen Angebotsstruktur
- Teilhaberelevanz des Modellversuchs

Planung

Abb. 28: Verlauf des Modellversuchs und geplante Weiterführung

5.8 Erste Erfahrungen im Modellversuch

Viele Veränderungen, die ein Leben mit dem Persönlichen Budget mit sich bringt, sind so gravierend, dass eine Analyse der beabsichtigten Effekte und eventuellen Nebeneffekte nicht ohne eine Längsschnittperspektive möglich ist. Das gilt im Prinzip auch für das Modell PerLe, das eine modifizierte niedrigschwellige Lebensveränderung auf der Basis stationärer Versorgungsformen erprobt. Gesicherte Erkenntnisse über spezifische Wirkungen des Persönlichen Budgets auf die Lebenssituation der einzelnen Budgetnehmer/innen sowie auf die Entwicklung der örtlichen Angebotsstruktur sind also nach kurzer Erprobungsphase nicht möglich (vgl. Abb. 28). Im Folgenden sollen dennoch einige Eindrücke nach ca. sechs Monaten Laufzeit des Modellversuchs (August 2003 bis Januar 2004) dargestellt werden, um erste Tendenzen festzustellen. Die Einschätzungen stützen sich dabei auf Interviews mit den Bewohner/innen und Mitarbeiter/innen, auf begleitende Auswertungsgespräche mit dem Einrichtungs- und Leistungsträger sowie auf schriftliche Dokumentationen und Befragungen der Budgetassistenz und externer Anbieter. Eine umfassende wissenschaftliche Evaluation ist nach einer weiteren Ausgestaltungsphase geplant (PerLe II).

Bezugspunkt: Budgetnehmer/innen

Von den teilnehmenden Bewohner/innen ist bis Ende 2004 niemand zum Sachleistungsprinzip zurückgekehrt. Ein Bewohner, der sich zunächst gegen die Teilnahme am Modellversuch ausgesprochen hatte, ist nach Beratungsgesprächen mit der Budgetassistenz und den Bezugsmitarbeiter/innen am 01.01.2004 zum Teilnehmerkreis hinzugestoßen. Die Konstanz der Teilnehmerzahl kann als grober Indikator dafür gedeutet werden, dass die allmähliche Einführung des Persönlichen Budgets und die spezifische Konstruktion des Budgetmodells eine sichere Basis und verlässliche Unterstützung bieten, um diese neue Form der Leistungserbringung auszuprobieren und behutsam zu verstetigen.

Die augenscheinlichste Tendenz in der ersten Phase des Modellversuchs ist, dass die Budgets zunächst zögerlich in Anspruch genommen werden und dass die Nutzerinnen und Nutzer eine individuell sehr unterschiedliche Ausgestaltung der eröffneten Spielräume wählten. Die Gelder flossen bei den einzelnen Bewohner/innen daher sehr verschieden ab; insgesamt wurden die monatlichen Budgets (noch) nicht komplett eingesetzt.

Nach fünf Monaten Laufzeit differieren die aufgelaufenen Budgets der Bewohner/innen aufgrund der unterschiedlichen monatlichen Budgethöhen zwi-

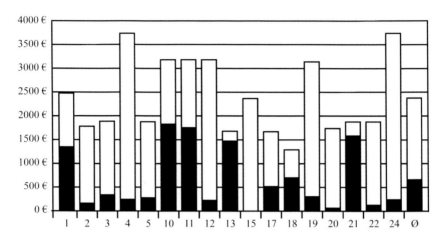

Abb. 29: Kumulierte Budgets und Ausgaben der einzelnen Budgetnehmer/innen[18]
(Stand: Ende Dez. 2003)

schen ca. 1.200 Euro und 3.800 Euro (vgl. die Höhe der Balken in Abb. 29). Dem
stehen über den Beobachtungszeitraum von fünf Monaten Ausgaben von 0 Euro bis
1.800 Euro gegenüber (vgl. die schwarzen Flächen der Balken in Abb. 29). Einige
Bewohner/innen haben einen Großteil ihres Budgets ausgegeben (vgl. die
Budgetnehmer/innen mit den Identifikationsnummern (ID) 13 und 21 in Abb. 29),
andere haben ihr Budget in diesem Zeitraum bisher kaum bzw. gar nicht in Anspruch genommen (vgl. z.B. ID 20 und ID 15). Dabei besteht keine Korrelation
zwischen der Budgetinanspruchnahme und dem Ausmaß des Unterstützungsbedarfs (nach LT und HBG) der teilnehmenden Personen.

Die insgesamt zurückhaltende Inanspruchnahme deutet darauf hin, dass die
Form der Leistungserbringung über ein Persönliches Budget für alle Beteiligten
und insbesondere für die Budgetnehmer/innen noch ungewohnt ist und eine erhebliche Neuorientierung abverlangt. Die Bewohner/innen, die alle bereits einige Jahre in stationären Wohneinrichtungen leben und bisher keine Erfahrungen mit der
Eigenorganisation von Unterstützungsleistungen sammeln konnten, haben erwartungsgemäß Schwierigkeiten, sofort mit Start des Modellversuchs ihre kompletten
Budgets zu verplanen und zu verwenden. Andererseits ging auch keiner dazu über,

---

[18] Den insgesamt 24 Bewohnerinnen und Bewohnern der »PerLe-Modellregion« (Wohneinrichtung)
wurden zu Beginn des Modellversuchs Identifizierungsnummern zugeordnet (ID 1 bis ID 24). In der
Tabelle sind nur die ID der Bewohner/innen genannt, die bis Ende 2003 am Modellversuch teilnah-
men.

das Geld planlos auszugeben. Trotz der vielfältigen flankierenden Informationen und Beratungsangebote muss der Budgetgedanke im Alltag zunächst für den Einzelnen begreifbar werden. Darauf weisen auch die Erfahrungen in den Interviews vor Beginn des Modellversuchs hin: Auf die Frage *»Was erwarten Sie vom Persönlichen Budget, was wollen Sie mit dem Persönlichen Budget machen?«* konnten die Interviewpartner/innen vielfach keine Antwort geben.

Zudem fehlt es bislang an einer regelmäßig stattfindenden, systematischen und differenzierten Budgetplanung, in der zusammen mit den Budgetnehmer/innen für einen überschaubaren Zeitraum überlegt wird, wie das zur Verfügung stehende Budget zweckgerichtet verwendet werden kann, welche Unterstützungsleistungen mit dem Budget abgedeckt werden sollen und welche Unterstützungspersonen bzw. Dienstleister dafür in Frage kommen (vgl. Kap. 5.2). Da es den Budgetnehmer/innen gerade in der Anfangsphase offenkundig schwer fiel, von sich aus – ohne regelmäßige unterstützende und aktivierende Plangespräche – ihre bereitstehenden Gelder für Unterstützungsleistungen einzusetzen und damit in angemessener Weise ihre Teilhabe am Leben außerhalb der Einrichtung zu gestalten, waren entsprechende Unterstützungen durch Personen ihres Vertrauens umso wichtiger.

Sicher trägt auch der Umstand, dass bislang die Bewohner/innen die Budgets nur in geringem Umfang als Bargeld ausgezahlt bekommen, dazu bei, dass den Budgetnehmern nur unzureichend bewusst und begreiflich werden kann, wie viel Geld (bzw. Unterstützungsleistungen übersetzt in Zeitwerten oder konkreten Aktivitäten) sie insgesamt monatlich zur Verfügung und bereits in Anspruch genommen haben. Dadurch besteht die Gefahr, dass das Persönliche Budget für die Bewohner/innen eine abstrakte Größe bleibt. Missbrauch bzw. zweckfremde Verwendung der Budgets werden so zwar nahezu ausgeschlossen; allerdings ist es dadurch auch kaum möglich, Fehler zu machen (z. B. verschwenderische oder sinnlose Verwendung der Gelder), aber auch aus solchen Erfahrungen zu lernen.

Allerdings wäre es falsch, die Nichtinanspruchnahme des Budgets automatisch als Unter- oder Überversorgung einzelner Bewohner/innen zu interpretieren, in dem Sinne, dass Unterstützungsbedarfe nicht vorliegen, die Budgets zu hoch angesetzt sind bzw. vorliegende Bedarfe nicht abgedeckt werden. In der konkreten Praxis werden individuelle Leistungen, die nach dem Modellzuschnitt eigentlich als Geldleistung zu erbringen und abzurechnen sind, von den Mitarbeiter/innen vielfach doch als Sachleistung erbracht, da die Trennung zwischen Sach- und Geldleistungen im Alltag nicht immer konsequent aufrechtzuerhalten ist. Im Einzelfall fällt es den Mitarbeiter/innen beispielsweise schwer, bei Personen, deren Budgets sich anhäufen, die als Sachleistung eingeforderte Unterstützung zu verweigern.

Deswegen lassen sich Aussagen über die Passung zwischen der Höhe des Persönlichen Budgets und den Unterstützungsbedarfen der Budgetnehmer/innen bislang nur verzerrt treffen.

Zu diesen personenübergreifenden Strukturen kommen individuelle Gründe für eine niedrigere bzw. höhere Inanspruchnahme: So ist z.B. der relativ hohe Geldeinsatz bei den Budgetnehmer/innen mit den ID 13 und 21 vermutlich darauf zurückzuführen, dass hier ein hoher Bedarf an intensiver Unterstützung im psychosozialen Bereich sowie Motivation und Begleitung bei der Planung und Ausführung von Freizeitaktivitäten vorliegt. Hierfür scheint die Leistungserbringung über ein Persönliches Budget mit individuellen Absprachen besonders geeignet zu sein. Hinzu kommt bei der Bewohnerin mit der ID 13, dass ihre Eltern stark motivierend und aktivierend wirken bzw. die Steuerung des Budgets im Wesentlichen die Mutter (die auch gesetzliche Betreuerin in allen Aufgabenbereichen ist) übernommen hat, welches u.U. auch die Gefahr neuer Fremdbestimmung birgt.

Die Bewohnerin mit der ID 1 beispielsweise hat andere Gründe für einen zögerlichen Mitteleinsatz: Sie ist im Bereich der politischen Mitwirkung und Selbstvertretung aktiv und war daher im Jahre 2003 aufgrund der vielfältigen Aktionen und Veranstaltungen im Rahmen des Europäischen Jahres der Menschen mit Behinderungen stark eingebunden. Die Umstellung auf das Persönliche Budget führte nach ihren Aussagen deshalb zunächst zu einer Überforderung; zum Ende des Jahres mit sinkender zeitlicher Belastung zeichnet sich dementsprechend auch eine steigende Beschäftigung mit dem Thema Persönliches Budget ab, welches sich auch in einer stark ansteigenden Budgetinanspruchnahme niederschlägt (vgl. Abb. 32).

Der Bewohner mit der ID 15, der nach fünf Monaten Laufzeit keine Budgetgelder verwendet hat, wohnt relativ selbstständig in einem Appartement des Wohnheims und hat insgesamt einen geringen Unterstützungsbedarf; mittelfristig wird für ihn auch auf eine selbstständigere Wohnform hingewirkt. Der Schwerpunkt der von ihm benötigten Unterstützung liegt nach den Ergebnissen des Assessments und Aussagen der Bezugsbetreuerin im Wesentlichen in Bereichen der psychosozialen Unterstützung, der Krisenintervention und der Motivation. Da die daraus resultierenden Unterstützungsleistungen eigentlich kaum regelmäßig wiederkehrend, planbar und somit nur bedingt budgetfähig sind, ist auch nahe liegend und erklärbar, dass das Budget bislang nicht für Hilfe- und Unterstützungsleistungen eingesetzt wurde.

Neben dieser Betrachtung der Budgetinanspruchnahme im Querschnitt – nach fünf Monaten Laufzeit der Modellerprobung – ist besonders der (kleine) Längsschnittvergleich aufschlussreich: Im Verlauf des Modellversuchs zeigt sich, dass die prozentuale Inanspruchnahme des Persönlichen Budgets insgesamt ansteigt. Nach zwei Monaten Laufzeit (Ende September) lag die prozentuale Budgetinanspruchnahme (Verhältnis zwischen kumulierten Budgets und kumulierten Ausgaben) zwischen 0% und 49% bei einem Mittelwert von 14%. Drei Personen hatten zu diesem Zeitpunkt noch keine Budgetausgaben getätigt (vgl. Abb. 30).

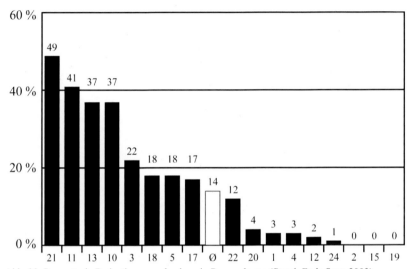

Abb. 30: Prozentuale Budgetinanspruchnahme in Rangordnung (Stand: Ende Sept. 2003)

Nach fünf Monaten Laufzeit (Ende Dezember) ergibt sich ein verändertes Bild: Die prozentuale Inanspruchnahme reichte nun von 0% bis 86% bei einem Mittelwert von 27% (vgl. Abb. 31). Das entspricht einer mittleren Steigerung um 13 Prozentpunkte im Vergleich zu den Werten Ende September.

Die Person mit der ID 15 hat – wie bereits erwähnt – ihr Budget auch nach fünf Monaten Laufzeit noch nicht in Anspruch genommen; acht Personen liegen mit ihrer Verwendungsquote unter 10% und sechs Personen über 50%.

Diese Tendenz wird auch deutlich, wenn man die Veränderungen nicht ordinal, sondern personenbezogen im intraindividuellen Vergleich betrachtet (vgl. Abb. 32). Hier lässt sich bei zwölf Personen eine Steigerung der Inanspruchnahme (von Ende September 2003 bis Ende Dezember 2003) in Höhe von 3 bis 51 Prozentpunkten feststellen; bei vier Personen ist ein leichter Abfall von 1 bis 6 Prozentpunkten auszumachen.

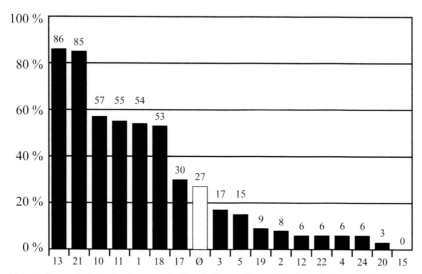

Abb. 31: Prozentuale Budgetinanspruchnahme in Rangordnung (Stand: Ende Dez. 2003)

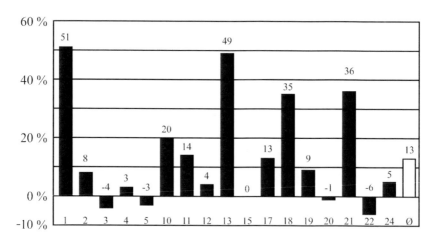

Abb. 32: Veränderung der prozentualen Budgetinanspruchnahme in Prozentpunkten
(Vergleich: Ende Sept. 2003 – Ende Dez. 2003)

Diese zahlenmäßige Entwicklung bestätigt die Erwartung, dass bei der Umlenkung
der Geldmittel von der Wohneinrichtung zu den Nutzern eine längere Umstellungs-
und Adaptationszeit nötig ist, bis diese Gelder von den Budgetnehmer/innen für
den »Einkauf« von Unterstützungsleistungen eingesetzt werden. Die deutliche bis

moderate Steigerung der Ausgabenquote bei der Mehrzahl der Budgetnehmer/ innen verweist aber darauf, dass die Budgetnehmer/innen mit beratender Unterstützung zunehmend die Steuerung der gewünschten Dienstleistung übernehmen und Ideen entwickeln, wofür sie ihr Geld einsetzen wollen, z.B.: Information und Begleitung beim Einkaufsbummel, Begleitung ins Fußballstadion, Assistenz beim Kinobesuch und zur Teilnahme an kulturellen Veranstaltungen.

Bezugspunkt: Mitarbeiter/innen

Die Mitarbeiter/innen des Wohnheims stehen dem Persönlichen Budget prinzipiell aufgeschlossen gegenüber – auch weil die fachlich-konzeptionellen Zielsetzungen als übereinstimmend mit der bisherigen Ausrichtung der Arbeit in der Wohneinrichtung empfunden werden.

Durch die Teilnahme am Modellprojekt wurden in der Wohneinrichtung zahlreiche Diskussionen angeregt, welche über die konkrete Umsetzung des Persönlichen Budgets hinaus auch die grundsätzliche Reflexion der Leistungserbringung und Angebotsentwicklung insgesamt sowie Arbeitsabläufe und -inhalte im Wohnheim betreffen. Dies wird unter anderem dadurch gefördert, dass vermehrt individuelle Absprachen getroffen werden und die Leistungserbringung durch Rechnungsnachweis dokumentiert wird, was insgesamt zu einer höheren Transparenz der Arbeitprozesse beiträgt.

Die erforderliche Individualisierung und Flexibilisierung der Unterstützungsleistungen im Kontext des Persönlichen Budgets hat bis dato zwar noch zu keiner gravierenden Veränderung der Personalplanung und der Dienstplangestaltung in der Wohneinrichtung geführt. Eine konsequente Weiterentwicklung des Modells, inklusive der Ausweitung budgetfähiger Leistungen und der Auflösung der Grenzziehung zwischen stationären und ambulanten Hilfen, würde jedoch aus der Perspektive des Einrichtungsträgers und der Mitarbeiter/innen eine deutliche Flexibilisierung der Arbeitsverträge und -zeiten nach sich ziehen. Damit verbinden die Mitarbeiter/innen einerseits die Sorge, dass das Betätigungsfeld unattraktiver werden könnte; andererseits sehen einzelne Mitarbeiter/innen durchaus auch Vorteile eines breiteren und interessanteren Berufsspektrums. Vereinzelt äußerten Mitarbeiter/innen die Vorstellung, sich bei bundesweiter Einführung des Persönlichen Budgets als Anbieter von Unterstützungsleistungen selbstständig zu machen.

Die bisherigen Erfahrungen lassen aus Sicht der Mitarbeiter/innen erkennen, dass das Persönliche Budget Chancen bietet, Bewohner/innen individueller zu unterstützen und dadurch mehr (alters- und interessenangemessene) Aktivitäten außerhalb der (gruppenbezogenen) Wohnheimleistungen – unabhängiger von den Dienstzeiten – zu ermöglichen:

»Da waren wir früher selbst auch nicht so, dass wir überhaupt den Mut – was heißt Mut – aber dass wir über Stunden mit einer Person so was machen. Weil dann hat man schon den Kollegen gegenüber ein schlechtes Gewissen. Und das, find' ich, ist jetzt nicht mehr so. War auch schon mal mit jemandem im Kino, das hat auch vier oder fünf Stunden gedauert, die ganze Aktion, alleine eins-zu-eins. Und da habe ich das Gefühl jetzt so aus Mitarbeitersicht, dass da nicht mehr so das schlechte Gewissen anhaftet«,

äußerte ein Bezugsbetreuer. Die Individualisierung der Leistungen wird insbesondere als Chance gesehen, soziale Kontakte außerhalb des unmittelbaren Wohnbereiches zu erweitern.

»Was ich sehr schön daran fände, – Herr X ist ein Individualist, ein Einzelgänger – er hätte noch mal die Möglichkeit, anders zu Sozialkontakten zu kommen, außer über die Sachen, die er schon länger macht«,

meinte ein Bezugsbetreuer. Die grobe Differenzierung in Sachleistungen, die überwiegend im Wohnheim erbracht werden, und Budgetleistungen, die überwiegend außerhalb der Einrichtung erbracht werden (vgl. Tab. 17), hat sich im bisherigen Projektverlauf aus Sicht der Mitarbeiter/innen insgesamt als eher ungünstig erwiesen. Einige Bewohner/innen führen Aktivitäten außerhalb der Wohneinrichtung (z.B. im Freizeitbereich) bereits relativ eigenverantwortlich und selbstständig aus, haben jedoch beispielsweise Unterstützungsbedarfe bei der Entwicklung von Kompetenzen und Selbstständigkeit im Bereich der Haushaltsführung (z.B. Kochen lernen im eigenen Appartement). Hier sehen die Mitarbeiter/innen bei vielen Bewohner/innen ungenutzte Ressourcen und Potentiale, die über individuelle Budgetleistungen mobilisierbar wären, über die (gruppenbezogene) Sachleistung jedoch nicht ausreichend unterstützt werden können.

Große Skepsis seitens der Mitarbeiter/innen besteht vor allem im Hinblick auf den Umgang der Bewohner/innen mit Geld und den zweckmäßigen Einsatz der Direktzahlungen:

»(...) – weil wenn er sich bei uns nicht an Verabredungen hält, dann machen wir halt neue, das kostet ihn dann kein Geld. Wenn er über PerLe Sachen verreißt, dann ist die Kohle weg«,

kommentiert eine Bezugsbetreuerin. In diesem Zusammenhang offenbart sich deutlich der Konflikt zwischen dem »Fürsorge«- Auftrag der Einrichtung und den Bemühungen, Selbstbestimmung und Eigenverantwortlichkeit der Bewohner/innen zu stützen.

Schwierigkeiten entstehen in der praktischen Umsetzung des Persönlichen Budgets für die Mitarbeiter/innen auch dadurch, dass die Bewohner/innen ihre Bezugsbetreuer/innen als Vertrauenspersonen und Ansprechpartner wahrnehmen und daher eine (objektive) Beratung im Bezug auf das Persönliche Budget von ihnen einfordern. Dadurch manifestiert sich ein Rollenkonflikt: Einerseits sind die

Mitarbeiter/innen als Dienstleister und Vertreter einer Einrichtung von der Qualität der eigenen pädagogischen Arbeit überzeugt, andererseits impliziert eine objektive Beratung auch Informationen über andere Anbieter bzw. Unterstützungspersonen und damit über mögliche Konkurrenz. Zudem erleben die Mitarbeiter/innen
vor allem in der Anfangsphase die Beratungstätigkeiten als enorm aufwändig. Es
ist zum Teil eine intensive Information, Aktivierung und Vorbereitung notwendig,
damit die Bewohner/innen ihren Aktionsradius erweitern und Aktivitäten außerhalb des nahen Wohn- und Lebensraums ausführen können. Dies hängt auch damit
zusammen, dass einige der Bewohner/innen (noch) Schwierigkeiten haben, Dinge
in Eigeninitiative und -regie »ans Laufen« zu bringen. Auch eigene Interessen zu
entdecken und zu entwickeln –

> »(...) wirklich mal herausfinden, was würde er denn anleiern, und was tut er denn gerne?« (Bezugs-
> betreuerin)

– ist für viele von ihnen eine wichtige Entwicklungsaufgabe. Bei einigen der
Bewohner/innen konnte sich aus Sicht der Mitarbeiter/innen darüber hinaus eine
Kultur des Auswählens und der Selbstbestimmung lebensgeschichtlich (noch)
nicht entwickeln, auch weil sie durch einen längeren Heimaufenthalt und/oder
Fremdbestimmung durch Angehörige geprägt sind.

Bezugspunkt: Externe Anbieter und Budgetassistenz

Insgesamt signalisieren externe Anbieter von Hilfe- und Unterstützungsleistungen
in Bielefeld Interesse am Persönlichen Budget und daran, sich mit Leistungsangeboten für die Budgetnehmer/innen an der Modellerprobung zu beteiligen. Die
Grundidee des Persönlichen Budgets wird von den Anbietern durchweg als positiv
beurteilt; z.T. werden mit der Einführung des Persönlichen Budgets langfristig
auch mehr Chancen zum Ausbau Offener Hilfen und mehr Dynamik des Dienstleis-
tungsmarkts verknüpft. Die Umsetzbarkeit – vor allem im Hinblick auf die Vernet-
zung ambulanter und stationärer Hilfeformen – wird jedoch tendenziell skeptisch
betrachtet. Diese Einschätzung ist vor allem darauf zurückzuführen, dass es in der
konkreten Umsetzung schwierig zu sein scheint, Leistungen nachfrage- und be-
dürfnisorientiert zu formulieren und den Budgetnehmer/innen nahe zu bringen.
Konkrete Leistungsangebote gibt es bislang

- vom »Familienunterstützenden Dienst Bethel« (Begleitung in der Freizeit),
- vom »Familienunterstützenden Dienst der Lebenshilfe« (Freizeit- und Kursan-
  gebote),
- vom Verein »Gemeinsam Wohnen« in Bielefeld (Förderung sozialer Kontakte
  und psychosoziale Unterstützung) sowie

- von der »Gesellschaft für Sozialarbeit« (individuelle Begleitung und Unterstützung bei Freizeit- und anderen Aktivitäten mit und ohne Pkw bzw. Kleinbus).

Die Angebote zeichnen sich durch eine hohe Offenheit und Flexibilität aus, so dass individuell auf die Bedürfnisse der Nutzer/innen eingegangen werden kann. Dies erscheint zunächst besonders für die Leistungserbringung über ein Persönliches Budget als förderlich und wünschenswert, erweist sich aber in der Praxis eher als Hemmnis. Die Offenheit der Angebote bedeutet nämlich gleichzeitig, dass mögliche Unterstützungsleistungen für die Budgetnehmer/innen unkonkret und wenig fassbar bleiben. Bis Ende 2003 wurden ausschließlich Angebote (der Familienunterstützenden Dienste Bethel bzw. der Lebenshilfe) angenommen, die sehr detailliert und anschaulich formuliert sind und sich auf konkrete Aktivitäten beziehen. Zudem kennen viele Bewohner/innen des Wohnheims diese Dienste und gruppenbezogenen Angebote bereits.

Bei den Bewohner/innen offenbarte sich auch vielfach Unsicherheit, fremde Unterstützer/innen in Anspruch zu nehmen. Das liegt zum einen grundsätzlich im Charakter sozialer Dienstleistungen, die man immer erst nach der Inanspruchnahme beurteilen kann (vgl. METZLER, WACKER 1998), zum anderen ergaben sich aber auch Nutzungsschwellen, die sich auf mangelnde Erfahrung im Planen und Entscheiden zurückführen lassen. Damit tatsächlich ein Leistungsmix aus ambulanten, stationären und privaten Anbietern entstehen kann, ist es folglich unbedingt erforderlich, dass potentielle Anbieter sich und ihre Arbeit persönlich vorstellen und Kennenlernangebote machen. So können die Budgetnehmer/innen Vertrauen zu neuen Unterstützern aufbauen. Im stationären Setting wird der Einkauf externer Leistungen auch dadurch erschwert, dass die auf Verlässlichkeit bauende Beziehung zwischen Bewohner/innen und Bezugsbetreuer/innen gleichzeitig auch eine gewisse Abhängigkeit begründet: Aus Sicht der Bewohner/innen könnte eine Inanspruchnahme externer Unterstützungspersonen von den Mitarbeiter/innen als Vertrauensbruch gedeutet werden, so dass hier eine zusätzliche psychologische Hemmschwelle entsteht.

In ähnlicher Form gilt dies auch für die Arbeit der Budgetassistenz (Café 3b): Das Angebot wird bislang nur wenig in Anspruch genommen. Es haben zwar mehrere Vorstellungs- und allgemeine Informationsveranstaltungen im Vorfeld und während des Modellversuchs stattgefunden, zudem wurden feste Beratungszeiten im Café 3b installiert. Dennoch beschränkte sich die Tätigkeit der Budgetassistenz auf Entscheidungshilfen die grundsätzliche Teilnahme am Modellversuch betreffend. Information und Beratung über Angebote werden häufig über die Bezugsmitarbeiter/innen eingefordert; die Budgetassistenz erweist sich als nicht niedrigschwellig genug. Hinzu kommt, dass es vermutlich bequemer ist, die Mitarbeiter/innen vor Ort zu fragen, als sich auf den Weg zur Beratungsstelle zu machen bzw. telefonisch einen Termin zu vereinbaren. Den Mitarbeiter/innen wiederum fällt es trotz des wahrgenommenen Rollenkonflikts schwer, ihre Beratungstätigkeiten in Bezug auf die Budgetverwendung einzuschränken und auf das Angebot der Budgetassistenz zu verweisen.

Das Persönliche Budget wird aus den genannten Gründen überwiegend für die interne Leistungserbringung durch die Mitarbeiter/innen eingesetzt (in Höhe von 71 % der gesamten kumulierten Budgetausgaben nach fünf Monaten Laufzeit), so dass die finanziellen Ressourcen zu einem Großteil wieder zurück in die Einrichtung fließen – allerdings über den »Umweg« der Nutzer/innen. Dadurch trägt die Leistungserbringung über das Persönliche Budget nach Aussagen der Mitarbeiter/innen bereits zu einer erheblichen Stärkung der Individualisierung der Unterstützung bei. Vor allem die individuelle Unterstützung bei der Ausübung von Freizeitaktivitäten (z. B. Eins-zu-eins-Begleitung beim Kinobesuch) wird durch die Form der Geldleistung wesentlich erleichtert. Der Anteil der Budgetmittel, die von den Budgetnehmer/innen für externe Dienstleistungen eingesetzt werden, ist im Projektverlauf stark ansteigend (von 29 % Ende 2003 auf ca. 45 % Ende 2004).

Insgesamt verdeutlichen die skizzierten Erfahrungen, dass die Implementation des Persönlichen Budgets einerseits für alle Beteiligten mit einer erheblichen Umstellung verbunden ist: sowohl für die Budgetnehmer/innen, Mitarbeiter/innen, den Einrichtungsträger als auch die externen Anbieter. Andererseits weisen bereits nach wenigen Monaten die veränderten Rahmenbedingungen zumindest im Ansatz darauf hin, dass eine stärkere Beteiligung der Budgetnehmer/innen am Prozess der Leistungserbringung möglich ist, dass mehr Entscheidungsmöglichkeiten bei der Auswahl von Unterstützungsleistungen und -personen entstehen und eine Verknüpfung zwischen stationären und ambulanten Hilfen zumindest grundsätzlich umsetzbar erscheint, auch wenn hier noch erhebliche Anstrengungen unternommen werden müssen. Nähere Aussagen über Wirkungen des Persönlichen Budgets auf die Lebensführung der Budgetnehmer/innen und Bedingungszusammenhänge können erst nach einer längeren Erprobungsphase mit wissenschaftlicher Begleitung und Evaluation getroffen werden, die für eine weitere Projektphase vorgesehen ist (PerLe II).

5.9   Entwicklungsbedarfe und Perspektiven

Zusammenfassend lassen die bisherigen Erfahrungen im Modellversuch förderliche und hinderliche Bedingungen erkennen, die gleichzeitig auf Entwicklungsbedarfe hinweisen, welche für die Fortführung des Modellversuchs von besonderer Relevanz sind:

- *Ansprache und Integration von externen Anbietern:* Um eine größere Auswahl an Unterstützungsangeboten und eine stärkere Einbindung externer Anbieter zu erreichen, sind eine gezielte Ansprache und nochmalige Information von regionalen Dienstleistern bezüglich des Bielefelder Modellversuchs sowie eine gemeinsame Auswertung der bisherigen Erfahrungen sinnvoll. Zu denken ist auch daran, andere Leistungserbringer aus dem Bereich der Jugend- und Altenhilfe zu aktivieren.

- *Erschließen informeller Unterstützungspotentiale:* Unterstützungsleistungen wurden im Modellversuch fast ausschließlich durch professionelle Dienste bzw. Assistenten und nur in geringem Umfange durch Privatpersonen (Nachbarn, Bekannte, Freunde) geleistet; ehrenamtliche Unterstützung stand nicht zur Verfügung. Hier gilt es Wege zu finden, derartige Unterstützungspotentiale und -netzwerke zu mobilisieren.

- *Ausweiten der budgetfähigen Leistungen:* In einer Weiterentwicklung des Modells steht im Mittelpunkt, den Budgetzuschnitt so zu verändern, dass auch bisherige »Basisleistungen« als Geldleistung erbracht werden könnten (vgl. Kap. 5.8). Dadurch würden budgetfähige Leistungen sukzessive ausgeweitet bzw. ein weiteres »Aufweichen« der Grenzen zwischen Sach- und Geldleistungen erreicht.

- *Zurücknahme von Kontrolle:* In der Anfangsphase des Modellversuchs wurde das Persönliche Budget kontrolliert eingeführt, um die neue Form der Leistungserbringung unter kontrolliertem Risiko kennen lernen zu können. Verunsicherungen sollten vermieden, Zutrauen aufgebaut und bei Bedarf evtl. Modifikationen eingeleitet werden. Ein Übermaß an Kontrolle widerspricht jedoch dem Budgetgedanken, so dass zu überlegen ist, inwiefern einzelnen Budgetnehmer/innen im überschaubaren Rahmen die Selbstverwaltung der Gelder (oder Anteile der Gelder) übertragen werden kann.

- *Bildung der Budgetnehmer/innen:* Mit einer selbstbestimmten Steuerung der Unterstützung über ein Persönliches Budget sind Kompetenzen verbunden, die es im Bildungsprozess zu unterstützen gilt: Die Budgetnehmer/innen müssen lernen zu erkennen, welche Bedürfnisse und Wünsche sie haben, passende Angebote auszuwählen und Leistungen »einzukaufen«. Bildung der Budgetnehmer/innen unter der Zielbestimmung wachsender Emanzipation stellt somit das Fundament dar, um ein Mehr an Selbstbestimmung und gesellschaftlicher Teilhabe zu erreichen (vgl. Kap. 4.1)[19]

- *Systematische Budgetplanung:* Durch regelmäßige Gespräche/Konferenzen sollen eine konkretere Planung der Budgets über einen überschaubaren Zeitraum erreicht, zusätzliche Unterstützung beim Budgetmanagement gewährleistet und die Zielorientierung der Budgetverwendung betont werden (evtl. verbunden mit dem Abschluss von Zielvereinbarungen oder Verträgen). In diesem Zusammenhang ist auf eine stärkere Bezugnahme zwischen dem Assessment, der Hilfeplanung und der Budgetplanung hinzuwirken.

---

[19] Die Bildungseinrichtung ›Bildung und Beratung Bethel‹ erprobt derzeit mit Unterstützung der Universität Dortmund ein entsprechendes Fortbildungskonzept in einem Pilotprojekt.

6 Ausblick und Rückblick

Vier Jahre wurde nun geforscht und ein neuer Weg zur Unterstützung von Menschen mit Behinderungserfahrung erprobt. Ziel war und ist es, den Personenbezug in den Vordergrund zu stellen und die Lebensqualität zu steigern. Nun kann eine Zwischenbilanz erfolgen.

Der vorliegende Band will die Ideen des Projekts PerLe offen legen. Er soll auch einen Eindruck vom Weg vermitteln, der im Projekt und mit vielen Wegbegleitern zurückgelegt wurde. Und er soll den Standort bestimmen, der als Basis für ein weiteres Fortschreiten erreicht wurde. Hinweise, Meinungen, Einwände zur PerLe-Expedition werden möglichst klar ausgesprochen, um Transparenz zu schaffen. Es wird deutlich, dass viele Fragen offen sind, denn die Wirkung neuer Steuerungselemente auf die Chancen der Menschen, die mit Behinderungserfahrung leben, kann in einer Momentaufnahme nicht redlich beurteilt werden. Weitere Forschungen, Debatten und Bewertungen werden daher notwendig sein, bis sich eine Bilanz von Chancen und Risiken unter den veränderten Lebensbedingungen abzeichnen kann. Viele derzeit noch begrenzte Aussagen werden sich erst zu Trends oder stabilen Erkenntnissen verdichten müssen.

Wesentlich für Bewertungen wird sein, wie die neue Alltagsgestaltung, sich wandelnde Lebensstile, gesteckte Lebensziele, wachsende Kompetenzen und Teilhabeaktivitäten von den Budgetnehmer/innen selbst erfahren und beurteilt werden. Zusätzlich wird aber auch die Auskunft ihrer umgebenden Sozialpartner/innen, der Angehörigen, Assistenten, Betreuer und Begleiter, relevant sein. Erst nach einem längeren Umstellungs- und Anpassungszeitraum wird man klarer sehen, wie sich Umgebungsparameter verändern: die Inhalte und Strukturen der Angebote in den Einrichtungen, aber auch externer Unterstützer/innen und nicht zuletzt die Erwartungen an Kompetenzen und Erfahrungen mit Teilhabe, die möglich werden. Insofern betrachten wir die PerLe-Studie als Auftakt, als Startphase auf einem Weg, der noch (weiter) zu beschreiten ist.

Wir wollten kein Projekt für die Bücherregale, sondern eines, das im Leben wirkt, im Alltag ankommt und diejenigen erreicht, für die debattiert, gedacht, gestritten, experimentiert und modelliert wurde. Ein Aspekt dieses »Ankommens im Alltag« ist, dass die Hinweise und Einwände der Experten für Behinderung nicht nur für Ergebnisse, sondern ebenso für die Wege und Ziele wissenschaftlicher

Überlegungen relevant sind: Denn Verhandlungsgegenstand der Leistungserbringer und -anbieter ist ihr Leben!

Wichtig ist aber auch, die Motive und Erfahrungen der so genannten traditionellen Hilfeanbieter gut im Blick zu behalten. Auch sie machen sich auf, Neuland zu begehen:

- Ressourcenmanagement und Lebensqualität,
- Bemessung und Organisation personenbezogener Leistungen sowie
- Qualität und Gestaltung individueller Unterstützung

müssen von ihnen aus einer neuen Perspektive bewältigt werden.

Es geht schließlich um den ehrgeizigen Plan, bestehende Versorgungssysteme bezüglich Intentionen und Wirkungen prinzipiell in Frage zu stellen, ohne die notwendige Basis möglicher und nötiger Unterstützung für Personen mit Behinderung zu unterhöhlen.

Wo stehen wir heute? Nicht am Reiseziel, sondern an einer Zwischenstation, die einen guten (Zeit-)Punkt darstellt, um inne zu halten und den Blick zurück zu wenden. Aber ebenso ist es der rechte Augenblick, um nach vorne zu sehen, auf zukünftige zielführende Schritte hin.

6.1   Der Geist von Expeditionen

Am 15. Oktober 1492 erreichte Christoph Columbus die Bahamas. Aus seinem Logbuch wissen wir von seinen schlaflosen Nächten, den Zweifeln, die ihn quälten, bevor er schließlich den Fuß auf Neuland setzte. Würde er mit Untiefen oder in einer feindlichen Umwelt sich, das Schiff und die Besatzung gefährden?[20]

Wie wäre die Geschichte wohl weitergegangen, wäre der Genueser Seefahrer vor unbekannten Ufern umgekehrt? Lohnte sich sein Abenteuer? In der Tat hat er ja nicht das gesuchte Indien gefunden, sondern »nur« einen neuen Kontinent entdeckt, obschon dieser die neue Welt werden sollte.

Zahlreiche Problemvorhersagen und Zweifel haben auch das PerLe-Projekt begleitet. Aber das schien uns nie ein Grund aufzugeben. Expeditionen verlaufen nicht immer nach Plan. Bisweilen schlägt man Wege ein, die zuvor nicht im Blick waren, und (Teil-)Ziele stellen sich anders dar, als die Phantasie der Planer oder die Vorgabe der Auftraggeber dies vorzeichnete. Ist damit die Expedition gescheitert? Oder genügt es nicht bereits, wenn sich neue Welten erschließen, ohne dass man

---

[20] Christoph Columbus (1991): Dokumente seines Lebens und seiner Reisen. Bd. 1: 1451–1493. Hg. v. Friedemann Berger, Leipzig.

sofort die effektivsten und effizientesten Mittel kennt, dorthin zu gelangen? Sollte man es dem Entdecker Amerikas vorwerfen, in die neue Welt nur gesegelt zu sein? Der Luftweg über den Atlantik blieb eben späteren Pionieren vorbehalten! Auf dem deutschen Weg zu Hilfe nach Maß wird noch reichlich Gelegenheit gegeben sein zu Pioniertaten und Abenteuern. Viele mutige Visionäre und engagierte Akteure sind noch notwendig, um seine Möglichkeiten und Begrenzungen besser auszuloten. Der Kurs kann sicher unterschiedlich gewählt und mit verschiedenen Vehikeln eingeschlagen werden. Man kann manchmal strikt voranstreben, bisweilen kreuzen oder in rauen Zeiten sich auch einmal treiben lassen, wenn das Ziel vor Augen klar ist. Das PerLe-Modell ist jedenfalls Teil der Flotte, die auf neue Wege der Versorgung für Menschen mit Hilfebedarf zusteuert. Wir denken, das Modell führt in die richtige Richtung und ist aus vielen Gründen weiter erprobenswert.

Mit den Erfahrungen und Erkenntnissen des PerLe-Projektes wurden auch neue Werkzeuge gewonnen,

- um Angebote und deren Kosten transparenter zu machen und so Leistungen anders beurteilen zu können,
- um verwirklichte Teilhabe als die Größe in der Behindertenhilfe zu verankern, an der sich »Qualität der Hilfe« bemisst und
- um auch Benchmarkingverfahren möglich zu machen.

Mit den Erfahrungen und Erkenntnissen des PerLe-Projektes wird aber ebenso

- die nutzerorientierte Qualitätsentwicklung und -beurteilung vorangetrieben,
- die Neuorganisation von Leistungen im Zusammenspiel stationärer und ambulanter Hilfen angemahnt und
- das Persönliche Budget als Leistungsform erstmals in sogenannten traditionellen Angeboten der Behindertenhilfe etabliert.

Ob man damit nun auf verschlungenen Wegen doch wieder zum bekannten Terrain oder auf neuen Routen zu neuen Kontinenten segelt, wird die Zukunft weisen.

6.2   Macht – Geld – Sinn?

Wirkungsorientierte Steuerung, so könnte man mit dem Wortschatz der neuen Managementsprache die Hoffnung umschreiben, die sich mit einem Persönlichen Budget verbindet. Bewirkt das Geld auch das, was gewollt ist? Fließen die Mittel in die gewünschten Richtungen? Aber auch: Fördert Transparenz den richtigen Einsatz der Mittel oder erleichtert sie nicht vielmehr unangemessene Kürzungen?

Kommen also Geld und Leistungen in passender Weise bei denjenigen an, für die sie notwendig sind?

Was halten wir derzeit in Händen um zu beurteilen, was und wer im Konzert der Hilfen relevant ist, wer den Ton angibt, das Tempo bestimmt und im Zusammenspiel der Kräfte Harmonie oder Dissonanz bewirkt?

Eine Zwischenbilanz lautet:

*   die Definition von Wirkungszielen scheint geleistet;
*   die entsprechenden Leistungen werden allmählich bemessen und erbracht;
*   zögerlich wächst die Entwicklung und Erprobung des notwendigen Prozessmanagements und Controlling;
*   die Bedürfnisermittlung erscheint theoretisch geklärt, in der Praxis jedoch liegen erst wenig konkrete Erfahrungen vor.

Erfreulich und förderlich ist, dass:

*   das Bewusstsein für das neue Steuerungssystem wächst;
*   die rechtlichen Rahmenbedingungen die Umsetzung unterstützen;
*   (unangemessene) Selbstbedienung aufgrund der Selbststeuerung nicht beobachtet werden kann.

ARISTOTELES schrieb in seiner »Nikomachischen Ethik«: »Wer eine Wohltat empfängt, steht unter dem Geber« (1124b). Wohltätig erscheint die aktuelle Umsetzung der Leistungsgestaltung. Mit dem Abschied von Fertigprodukten in der Behindertenhilfe und dem Einstieg in die Hilfe nach Maß geht eine neue Form der Kommunikation und des Miteinander auf gleicher Augenhöhe einher. Ein »Schlüssel« für die notwendige Umsteuerung des Hilfesystems könnte in der Veränderung des Geldflusses liegen, weil damit den behinderungsbetroffenen Personen selbst das Steuer für ihre Lebensführung in die Hand gegeben wird.

Deutschland hat sich nun auf den Weg gemacht, die Entscheidung darüber, was hilfreich ist und was Teilhabe bedeutet, mehr in die Hand der Menschen mit Behinderungserfahrung zu legen und ihnen damit mehr Mittel zur Teilhabe zur Verfügung zu stellen. Denn Teilhabe hat wesentlich mit Selbstbestimmung zu tun und bedeutet mehr, als nur dabei zu sein.[21]

Die Definitionsmacht der geeigneten Hilfen den Anspruchberechtigten zuzusprechen, bedeutet, Diskriminierung abzubauen. Damit gerät das lange gepflegte Dienstleistungsmonopol der organisierten Wohlfahrtspflege und der Rehabilitationsexpert/innen zwar ins Wanken, denn Qualität entsteht nicht alleine dadurch, dass professionelle Standards der Hilfen gewahrt werden. Aber Sinn ebenso wie

---

[21] Zur aktuellen Teilhabedebatte in Deutschland vgl. WACKER et al. 2005.

Effektivität und Effizienz sozialer Dienstleistungen hängen von Handlungsweisen und Bewältigungsstrategien ab, die Klienten und Dienstleister verbinden (vgl. OLK 1994, 13). Auf dem Weg zur Teilhabe kommt es also darauf an, sich gemeinsam auf den Weg zu machen.

Die Selbstbefähigung der Menschen mit Unterstützungsbedarf ist ein Mittel, um das Ziel zu erreichen. Das andere ist die Umsteuerung der Ressourcen: Geld ist zwar nicht alles, aber in jedem Fall ein Steuerungsmittel. Wir haben gelernt, dass man es beispielsweise dazu nutzen kann, die geeignete Unterstützung am richtigen Ort zum richtigen Zeitpunkt von der gewünschten Person zu erhalten.

Die Frage, ob Geld Sinn macht (vgl. PANKOKE 2002), kann man daher wie folgt beantworten:

• Geld macht keinen Sinn, wenn es weiterhin darum geht, die Spirale der Leistungen höher zu schrauben. Leistungsanbieter können nicht pauschal mehr Ressourcen fordern, um ihre Angebote zu verbessern ohne offen zu legen, wie die damit gestaltete Unterstützung bei den Nutzerinnen und Nutzern im Alltag wirkt.

• Geld macht aber Sinn, wenn es maßgeschneidert für die individuellen Bedarfe und Bedürfnisse behinderungserfahrener Menschen eingesetzt werden kann.

• Dazu benötigen diese die Macht, die ein gleicher Zugang zu gesellschaftlichen Ressourcen festigt. Indem sie über Geld und das Wissen verfügen, wie und wo man es sinnvoll nutzen kann, steigen ihre Chancen, über Art und Einsatz der für sie geeigneten Unterstützung zu entscheiden und die Möglichkeit zu bestimmen, was tatsächlich für sie eine Behinderung darstellt und wie sie ihr Leben unter den Bedingungen ihrer Verschiedenheit führen wollen.

Sinn der Steuerungsinstrumente »Macht« und »Geld« muss sein, gesellschaftliche Teilhabe zu ermöglichen. Denn Respekt, Solidarität und Engagement als Wirkfaktoren des gesellschaftlichen Miteinanders entstehen bei der Teilhabe und sind nicht ihre Voraussetzung.

Literatur

Adorno, Theodor W. (1973): Negative Dialektik. Gesammelte Schriften, Bd. 6. Frankfurt/ Main: Suhrkamp.

AKBM – Aktionskreis behinderter Menschen e. V. (2004): Café 3b: Integrative Beratungs- und Begegnungsstätte für Behinderte. (online) http://www.akbm.de/cafe3b_ wirueberuns.htm

Andrews, Frank M.; Whitey, Stephen B. (1976): Social indicators of wellbeing. Americans' perceptions of life quality. New York: Plenum.

Antonovsky, Aaron (1997): Salutogenese. Zur Entmystifizierung der Gesundheit. Tübingen: Dgvt.

Beck, Iris (1994): Neuorientierung in der Organisation pädagogisch-sozialer Dienstleistun- gen für behinderte Menschen: Zielperspektiven und Bewertungsfragen. Frankfurt/ Main: Peter Lang.

Beck, Iris (2001): Lebensqualität. In: Antor, Georg; Bleidick, Ulrich (Hg.): Handlexikon der Behindertenpädagogik. Schlüsselbegriffe aus Theorie und Praxis. Stuttgart: Kohlham- mer, 337–340.

Beck, Iris (2002): Bedürfnisse, Bedarf, Hilfebedarf und -planung: Aspekte der Differenzie- rung und fachlichen Begründung. In: Greving, Heinrich (Hg.): Hilfeplanung und Con- trolling in der Heilpädagogik. Freiburg/Br.: Lambertus, 32–61.

Beck, Iris (2004): Teilhabe und Lebensqualität von behinderten Kindern und Jugendlichen sichern: Chancen, Probleme und Aufgaben. In: Zeitschrift für Heilpädagogik 55 (2), 66– 72.

Bengel, Jürgen; Strittmatter, Regine; Willmann, Hildegard (2001): Was erhält Menschen gesund? Antonovskys Modell der Salutogenese – Diskussionsstand und Stellenwert. Köln: BZgA.

Berg, Susanne (2003): Personal Assistance in Sweden. (online) http://www.independend living.org/docs6/berg20030520.html

Bormann, Bertold; Häussler, Monika; Wacker, Elisabeth (Hg.) (1996): Dokumentations- stand der Strukturen stationärer und teilstationärer Behindertenhilfe in der Bundesrepu- blik Deutschland. Eine sekundärstatistische Erhebung im Forschungsprojekt »Möglich- keiten und Grenzen selbständiger Lebensführung«. Baden-Baden: Nomos.

BundesElternVereinigung e. V., Freundeskreis Camphill e. V. (2003): Stellungnahme zu den geplanten Veränderungen im Sozialbereich. (online) http://www.freundeskreis-cam- phill.de/download/resolution_17Okt03.pdf

Bundesverband Evangelische Behindertenhilfe et al. (Hg.) (2001): Paradigmenwechsel in der Behindertenhilfe? Freiburg/Br.: Lambertus.

Bundesvereinigung Lebenshilfe für Menschen mit geistiger Behinderung e. V. (Hg.) (1996): Selbstbestimmung. Kongreßbeiträge. Marburg: Lebenshilfe.

Bundesvereinigung Lebenshilfe für Menschen mit geistiger Behinderung e. V. (Hg.) (2000): Konzepte und Instrumente zur Nutzerbefragung. Dokumentation des Expertenhearings der Bundesvereinigung Lebenshilfe für Menschen mit geistiger Behinderung e. V. (29.– 31.08.1999) in Marburg. Marburg: Lebenshilfe.

Bundesvereinigung Lebenshilfe für Menschen mit geistiger Behinderung e. V. (2003): Vorläufiges Eckpunktepapier des Bundesvorstandes der Bundesvereinigung Lebenshilfe für Menschen mit geistiger Behinderung zur Einführung Persönlicher Budgets im Bundessozialhilfegesetz. Unveröffentl. Manuskript.

Campbell, Angus (1981): The sense of well-being in America. Recent patterns and trends. New York: Mc Graw.

Campbell, Angus; Converse, Philip E.; Rodgers, Willard L. (1976): The quality of American life. Perceptions, evaluations, and satisfactions. New York: Russell Sage Foundation.

Carmichael, Angie; Evans, Clare; Brown, Louise (2000): Direct payments in Devon: monitoring the implementation from a user perspective. Devon County Council.

Carmichael, Angie; Evans, Clare; Brown, Louise (2001): A user led best value of direct payments. Report for Wiltshire County Council.

Department of Health (1996): Direct Payments Act 1996.

Department of Health (2003a): A guide to receiving direct payments from your local council. (online) http://www.doh.gov.uk/directpayments/

Department of Health (2003b): Direct payments guidance. Community care, services for carers and children's services (direct payments) guidance England 2003. (online) http:// www.doh.gov.uk/directpayments/

Department of Health (2005): Community Care Statistics 2003–04 – Referrals, assessments and packages of care for adults: Report of findings from the 2003–04 RAP collection – information for England fort he period 1 April 2003 to 31. March 2004. (online) http:// www.dh.gov.uk/PublicationsAndStatistics/Publications/Publications Statistics/ PublicationsStatisticsArticle

Deutscher Verein für öffentliche und private Fürsorge (2003): Entwicklung der Sozialhilfeausgaben für Hilfen für Menschen mit Behinderungen – Der Bundesgesetzgeber muss tätig werden! Empfehlungen und Stellungnahme. In: NDV, April, 1–4.

Diemer, Susanne (2002): Modellprojekt persönliches Budget für Menschen mit Behinderung. Erste Erfahrungen mit der Umsetzung des § 17,3 SGB IX in Baden-Württemberg. In: Soziale Arbeit (10–11), 398–410.

Doose, Stefan (1999): »I want my dream«. Persönliche Zukunftsplanung. In: van Kaan, Peter; Doose, Stefan (Hg.): Zukunftsweisend. Peer Counseling & Persönliche Zukunftsplanung. Kassel: Bifos, 71–134.

Dworschak, Wolfgang; Wagner, Michael; Bundschuh, Konrad (2001): Das Konstrukt ›Lebensqualität‹ in der Geistigbehindertenpädagogik. Zur Analyse eines ›neuen‹ Leitbegriffs und Möglichkeiten der systematischen Erfassung bzw. Evaluation. In: Zeitschrift für Heilpädagogik 52 (9), 368–375.

Eckert, Martin (2003): Das Persönliche Budget in Hamburg. Vortrag beim Workshop des Projektes PerLe »Personenbezogene Unterstützung – Modelle und Erfahrungen« (01.–03.07.03 in Frankfurt/Main). Unveröffentl. Manuskript.

Eisinger, Bernd; Warndorf, Peter K. (2004): PerLe – zur betriebswirtschaftlichen Modellbildung für ein »Persönliches Budget«. Unveröff. Manuskript, Steinbeis-Transferzentrum, Heidenheim.

Evangelische Stiftung Alsterdorf, HamburgStadt (1999): Handbuch zur Assistenzplanung. Hamburg (zu beziehen unter http://www.hamburgstadt.de)

Gaedt, Christian (1981): Einrichtungen für Ausgeschlossene oder »Ein Ort zum Leben«. Überlegungen zur Betreuung Geistigbehinderter. In: Jahrbuch für kritische Medizin: Organisierung zur Gesundheit (Argument-Sonderband AS 73). Berlin: Argument, 96–109.

Giddens, Anthony (1999): Der dritte Weg. Die Erneuerung der sozialen Demokratie. Frankfurt/Main: Suhrkamp.

Gitschmann, Peter (2000): Persönliche Budgets für behinderte Menschen in Hamburg. Konzeptentwicklung für eine modellhafte Erprobung. Hg. von der Behörde für Arbeit, Gesundheit und Soziales. Soziales und Rehabilitation. Hamburg.

Glatzer, Wolfgang; Zapf, Wolfgang (1984): Lebensqualität in der Bundesrepublik. Objektive Lebensbedingungen und subjektives Wohlbefinden. Frankfurt/Main: Campus.

Goode, David (Ed.) (1994): Quality of life for persons with disabilities. International perspectives and issues. Cambridge: Brookline Books.

Gromann, Petra (1996): Nutzerkontrolle – ein wichtiger Bestandteil von Qualitätssicherung. In: Geistige Behinderung 35 (3), 211–222.

Gromann, Petra (2001): Integrierte Behandlungs- und Rehaplanung. Ein Handbuch zur Umsetzung des IBRP. Bonn: Psychiatrie-Verlag.

Hahn, Martin (1981): Behinderung als soziale Abhängigkeit. Zur Situation schwerbehinderter Menschen. München: Reinhard.

Hajen, Leonhard (2001): Persönliche Budgets in der Behindertenpolitik. Teil 1. In: NDV, 3, 66–75.

Hamel, Thomas; Windisch, Matthias (2000): QUOFHI – Qualitätssicherung Offener Hilfen für Menschen mit Behinderung. Handbuch: Instrumente zur Qualitätsdokumentation und -evaluation. Marburg: Lebenshilfe.

Häussler, Monika; Wacker, Elisabeth; Wetzler, Rainer (1996): Lebenssituation von Menschen mit Behinderung in privaten Haushalten. Bericht zu einer bundesweiten Untersuchung im Forschungsprojekt »Möglichkeiten und Grenzen selbständiger Lebensführung«. Baden-Baden: Nomos.

Holuscha, Annette (2003): Persönliches (PB) konkret: Umsetzung durch den Landeswohlfahrtsverband Württemberg-Hohenzollern (Vortrag). (online) http://www.sozial ministerium.baden-wuerttemberg.de/

Homfeldt, Hans-Günther (2001): Gesundheit. In: Antor, Georg; Bleidick, Ulrich (Hg.): Handlexikon der Behindertenpädagogik. Schlüsselbegriffe aus Theorie und Praxis. Stuttgart: Kohlhammer, 280–283.

Inclusion Europe (o.J.): Ich weiß, was ich will! Ich kaufe, was ich will! Mappe mit Übungs-
material. Das Europäische Projekt »Menschen mit Lernschwierigkeiten und Behinderungen als Konsumentinnen und Konsumenten«. Brüssel.

Jansson, Lars-Göran (2002): Neue Rechte in Schweden für Personen mit Funktionsschwä-
chen. (online) http://www.socialeurope.com/onfile/country_profiles/payments_
sweden_d.htm

Kaas, Susanne (2002): Persönliches Budget für behinderte Menschen. Evaluation des Modellprojektes »Selbst bestimmen – Hilfe nach Maß für behinderte Menschen« in Rheinland-Pfalz. Baden-Baden: Nomos.

Kastl, Jörg (2002): Das »Persönliche Budget« im SGB IX – einige Probleme der Interpretation des § 17 und der praktischen Umsetzung. Vortrag beim Workshop des Projektes
PerLe »Personenbezogene Leistungen« (11.–12.06.02 in Blaubeuren). Unveröff. Manuskript.

Kastl, Jörg; Metzler, Heidrun (2004): Modellprojekt Persönliches Budget für Menschen mit
Behinderung in Baden Württemberg. Sachstandsbericht der wissenschaftlichen Begleitforschung zum 31.3.2004. (online) http://sozialministerium.baden-wuerttemberg.de/

Kauder, Volker (2001): Personenzentrierte Hilfen in der psychiatrischen Versorgung. 4.
Aufl. Bonn: Psychiatrie-Verlag.

Keith, Kenneth D.; Schalock, Robert L. (Eds.) (2000): Cross-cultural perspectives on quality
of life. Washington DC: American Association on Mental Retardation.

Keupp, Heiner (1999): Ohne Angst verschieden sein können. Riskante Chancen in einer
postmodernen Gesellschaft. In: Klingenberger, Hubert; Krecan-Kirchbichler, Brigitte
(Hg.): Nicht mehr sicher – aber frei. Erwachsenenbildung in der Postmoderne, 11–26.

Klie, Thomas; Spermann, Alexander (Hg.) (2004): Persönliche Budgets – Aufbruch oder
Irrweg? Ein Werkbuch zu Budgets in der Pflege und für Menschen mit Behinderungen.
Hannover: Vincentz Network.

Lachwitz, Klaus (2004): Mehr Chancen für ein selbstbestimmtes Leben? Das Persönliche
Budget in Fragen und Antworten. Chancen und Risiken einer neuen Leistungsform. Ein
Rechtsratgeber, hg. von der Bundesvereinigung Lebenshilfe für Menschen mit geistiger
Behinderung e.V. Marburg: Lebenshilfe.

Lachwitz, Klaus; Schellhorn, Walter; Welti, Felix (2001): SGB IX – Rehabilitation. Neuwied: Luchterhand.

LAGH – Landesarbeitsgemeinschaft Hilfe für behinderte Menschen Baden-Württemberg
(o.J.): Konzeptpapier der LAGH zur Budgetassistenz. (kann angefordert werden unter
lagh.bw@t-online.de)

Lorenz, Rüdiger (2004): Salutogenese. Grundwissen für Psychologen, Mediziner, Gesund-
heits- und Pflegewissenschaftler. München: Reinhardt.

LSJV – Landesamt für Soziales, Jugend und Versorgung Rheinland Pfalz (1999): Begutach-
tungsbogen. Unveröff. Manuskript.

LVR – Landschaftsverband Rheinland (o.J.): Der Ausbau der offenen Hilfe steht an: Wie
unterstützt der Kostenträger den Strukturwandel? (Vortrag von Martina Hoffmann-Ba-

dache). (online) http://www.lvr.de/FachDez/Soziales/Hilfen/Hilfen+Behinderungen/
20030521ausbauderoffenenhilfe.pdf

LVR & LWL – Landschaftsverband Rheinland; Landschaftsverband Westfalen-Lippe
(2001): Eingliederungshilfe heute. Entwicklung und Perspektive. Eine Information der
Landschaftsverbände Rheinland und Westfalen-Lippe. (online) http://www.lvr.de/
FachDez/Soziales/service/broschuere.pdf

LWV – Landeswohlfahrtsverband Württemberg-Hohenzollern (2004): Mit dem Persönlichen Budget in der eigenen Wohnung leben – das erste Jahr des Modellversuches. In:
LWV aktuell 1, 3–4.

Mansell, Jim; Ericsson, Kent (Eds.) (1996): Deinstitutionalization and community living.
Intellectual disabilitiy services in Britain, Scandinavia and the USA. London: Chapman
& Hall.

MASFG – Ministerium für Arbeit, Soziales, Familie und Gesundheit Rheinland-Pfalz (Hg.)
(2001): Selbst bestimmen. Hilfe nach Maß für Behinderte. Abschlussbericht zum Modellprojekt des Landes Rheinland-Pfalz. Mainz.

MASFG – Ministerium für Arbeit, Soziales, Familie und Gesundheit des Landes Rheinland-
Pfalz (2004): Bericht an den Landtag. (online) http://www.masfg.rlp.de/Soziales/Doku-
mente/Bericht_HilfenachMaß.pdf

Metzler, Heidrun (1997): Hilfebedarf und Selbstbestimmung. Eckpunkte des Lebens von
Menschen mit Behinderung. In: Zeitschrift für Heilpädagogik 48 (10), 406–411.

Metzler, Heidrun (1998): Ein Modell zur Bildung von »Gruppen von Hilfeempfängern mit
vergleichbarem Hilfebedarf« gemäß §93 BSHG – Voraussetzungen und methodische
Umsetzung. Tübingen: Forschungsstelle Lebenswelten behinderter Menschen.

Metzler, Heidrun (2001): Hilfebedarf von Menschen mit Behinderung. Fragebogen zur Erhebung im Lebensbereich »Wohnen/Individuelle Lebensgestaltung«, H.M.B.-W, Ver-
sion 5. Tübingen: Forschungsstelle Lebenswelten behinderter Menschen.

Metzler, Heidrun; Rauscher, Christine (2003): Teilhabe als Alltagserfahrung. Eine ergebnis-
orientierte Perspektive in der Qualitätsdiskussion. In: Geistige Behinderung 42 (3), 235–
243.

Metzler, Heidrun; Wacker, Elisabeth (Hg.) (1998): Soziale Dienstleistungen – zur Qualität
helfender Beziehungen. Tübingen: Attempto.

Metzler, Heidrun; Wacker, Elisabeth (2001a): Behinderung. In: Otto, Hans-Uwe; Thiersch,
Hans (Hg.): Handbuch Sozialarbeit/Sozialpädagogik. Neuwied: Luchterhand, 118–139,
(2. Aufl.).

Metzler, Heidrun; Wacker, Elisabeth (2001b): Zum Qualitätsbegriff in der Behindertenhilfe.
In: Schubert, Hans-Joachim; Zink, Klaus J. (Hg.): Qualitätsmanagement im Gesund-
heits- und Sozialwesen. Neuwied, Kriftel: Luchterhand, 50–61.

MGSIS – Ministerium für Gesundheit und Soziales, Internationales Sekretariat (2004): Gesetz über Unterstützung und Dienstleistungen für gewisse Funktionsbehinderte und das
Gesetz über Fürsorgeleistungen. (online) http://www.behinderte.de/ejmb2003/schwed-
assistenzgesetz.html

Miles-Paul, Ottmar (1992): Wir sind nicht mehr aufzuhalten – Behinderte auf dem Weg zur
Selbstbestimmung; Beratung von Behinderten durch Behinderte – Peer Support: Vergleich zwischen den USA und der BRD. München: AG-SPAK.

MSFFG – Ministerium für Soziales, Frauen, Familie und Gesundheit des Landes Niedersachsen (2004): Persönliches Budget. Projekt: Einrichtung eines »Modellvorhabens zur Einführung persönlicher Budgets für Menschen mit Behinderung«. Projektbericht, Handbuch. (online) http://www.behindertenbeauftragter-niedersachsen.de

Neumann, Johannes (1988) (Hg.): Arbeit im Behindertenheim. Situationsanalyse und Strategien zu ihrer Humanisierung. Frankfurt/Main: Campus.

Nolan, Ann; Regan, Colm (2003): Direct payments schemes for people with disabilities. A new and innovative policy approach to providing services to disabled people in Ireland. Bray Partnership, Disability Research Steering Committee.

Österwitz, Ingolf (1996): Erfahrungen in den nordischen Ländern. In: LAGH »Hilfe für Behinderte« in Bayern e. V. (Hg.): Dokumentation der LAGH-Fachtagung Europäische Behindertenpolitik.

Olk, Thomas (1994): Jugendhilfe als Dienstleistung. In: Widersprüche 1994 (53), 11–33.

Osbahr, Stefan (2000): Selbstbestimmtes Leben von Menschen mit einer geistigen Behinderung. Beitrag zu einer systemtheoretisch-konstruktivistischen Sonderpädagogik. Zürich: Edition SZH.

Pankoke, Eckart (2002): Macht – Geld – Sinn. Qualitätssteuerung durch Wert- und Wissensmanagement. In: Greving, Heinrich (Hg.): Hilfeplanung und Controlling in der Heilpädagogik. Freiburg/Br.: Lambertus, 224–237.

Peterander, Franz; Speck, Otto (1999): Qualitätsmanagement in sozialen Einrichtungen. München: Reinhardt.

Rappaport, Julian (1985): Terms of empowerment/exemplars of prevention. Toward a theory for community psychology. In: American Journal of Community Psychology (2), 121–148.

Ratzka, Adolf (1996a): Betreuung oder Selbstbestimmung: Zur Lage von Menschen mit Behinderungen in Schweden. (online) http://www.independentliving.org/docs4/ratzka96a.html

Ratzka, Adolf (1996b): Persönliche Assistenz in Schweden. (online) http://www.independentliving.org/docs5/PerAssistenzinSchweden.html

Ratzka, Adolf (2004): Die schwedische Assistenzreform von 1994. In: Mitteilungen des Verbandes Sonderpädagogik (VDS) (1), 30–35.

Rehabilitation international (2003): Vernetzt arbeiten in der Praxis: Partner verbinden in der Rehabilitation. Zusammenfassung der wichtigsten Aussagen und Ergebnisse der 8. Europäischen Regional Conference von Rehabilitation International (11.–15.11.03 in Aachen). (online) www.dvfr.de

Ridley, Julie.; Jones Lyn (2002): »Direct what?« – A study of direct payment to mental health service users. Ed. by the Scottish Executive Central Research. Edinburgh.

Rösch, Matthias (2002): Hilfen nach Maß oder mäßige Hilfe? Das Rheinland-Pfälzische Modellprojekt zum Persönlichen Budget. In: Impulse 23 (Aug. 2002), 6–9.

Rüggeberg, August (1985): Autonom-Leben – Gemeindenahe Formen von Beratung, Hilfe und Pflege zum selbständigen Leben von und für Menschen mit Behinderung. Überblick über internationale Ansätze und Modelle und die Situation in der Bundesrepublik. Stuttgart: Kohlhammer.

Schädler, Johannes (2002): Paradigmenwechsel in der Behindertenhilfe unter Bedingungen institutioneller Beharrlichkeit: strukturelle Voraussetzungen der Implementation Offener Hilfen für Menschen mit geistiger Behinderung. Dissertation, Universität Siegen.

Schalock, Robert L. et al. (2002): Conceptualization, measurement, and application of quality of life for persons with intellectual disabilities: Report of an international panel of experts. In: Mental Retardation 40 (6), 457–470.

Schnurr, Stefan (2001): Partizipation. In: Otto, Hans-Uwe; Thiersch, Hans (Hg.): Handbuch der Sozialarbeit/Sozialpädagogik. Neuwied: Beltz, 1330–1345, (2. Aufl.).

Schuck, Karl-Dieter (2001): Fördern, Förderung, Förderbedarf. In: Antor, Georg; Bleidick, Ulrich (Hg.): Handlexikon der Behindertenpädagogik. Schlüsselbegriffe aus Theorie und Praxis. Stuttgart: Kohlhammer, 63–67.

Schwarte, Norbert; Oberste-Ufer, Ralf (2001): LEWO II: Lebensqualität in Wohnstätten für erwachsene Menschen mit geistiger Behinderung. Ein Instrument für fachliches Qualitätsmanagement. Marburg: Lebenshilfe, (2. Aufl.).

Schwedisches Institut (2001): Tatsachen über Schweden. Die schwedische Behindertenpolitik. Uppsala.

Seidel, Michael (2003): Die Internationale Klassifikation der Funktionsfähigkeit, Behinderung und Gesundheit. In: Geistige Behinderung 42 (3), 244–254.

Seifert, Monika; Fornefeld, Barbara; Koenig, Pamela (2001): Zielperspektive Lebensqualität. Eine Studie zur Lebenssituation von Menschen mit schwerer Behinderung im Heim. Bielefeld: Bethel.

Senat der Freien und Hansestadt Hamburg (2002): Verordnung zur Durchführung eines Modellvorhabens zur Pauschalierung von Eingliederungshilfeleistungen und zur Erprobung persönlicher Budgets für behinderte Menschen. In: Hamburgisches Gesetz- und Verordnungsblatt, Nr. 56, Teil I, Dezember 2002, 362–364.

Socialstyrelsen (National Board of Health and Welfare) (2002): Social Services in Sweden 1999. Needs – Interventions – Development. Stockholm. (online) http://www.sos.se/fulltext/0077-18/kap6.htm, 20.08.2002

Sozialministerium Baden-Württemberg, Arbeitsgruppe »Modellprojekt Persönliches Budget« (2002): Konzeption »Modellprojekt persönliches Budget für Menschen mit Behinderung in Baden-Württemberg«. (online) http://www.sozialministerium.baden-württemberg.de

Speck, Otto (1999): Die Ökonomisierung sozialer Qualität. Zur Qualitätsdiskussion in Behindertenhilfe und Sozialer Arbeit. München: Reinhardt.

Speicher, Joachim (2003): Das Persönliche Budget – neue Lebensqualität für Menschen mit Behinderung? Für und Wider aus Sicht der LIGA der Spitzenverbände der Freien Wohlfahrtsverbände in Rheinland-Pfalz. Unveröff. Manuskript.

Stadt Bielefeld (1997): Behindertenhilfeplan. Bielefeld.

Stadt Bielefeld (2004): Beratungsangebote für Menschen mit Behinderungen. Anbieter der ambulanten Hilfen. (online) http://www.bielefeld.de/de/gs/bssn/anbe/

Stainton, Tim (2001): Unabhängigkeit und Kontrolle: Direktzahlungen in Großbritannien. Vortrag bei der Fachtagung der Liga der Freien Wohlfahrtspflege in Rheinland-Pfalz (11.06.01 in Trier). Vortragsmanuskript.

Steuerungsgruppe Behindertenhilfe der Stadt Bielefeld (o.J.): Ambulante und stationäre Hilfen für Menschen mit Behinderungen in Bielefeld. Bielefeld.

Stiftungsbereich Behindertenhilfe Bethel (2004): Behindertenhilfe Bethel. (online) http://www.behindertenhilfe-bethel.de/htm/behindertenhilfe-b.htm

Theunissen, Georg; Plaute, Wolfgang (2002): Handbuch Empowerment und Heilpädagogik. Freiburg/Br.: Lambertus.

Thiersch, Hans; Grunwald, Klaus (2002): Lebenswelt und Dienstleistung. In: Thiersch, Hans (Hg.): Positionsbestimmung der sozialen Arbeit. Gesellschaftspolitik, Theorie und Ausbildung. München: Weinheim, 127–151.

Thimm, Walter; von Ferber, Christian; Schiller, Burkhard; Wedekind, Rainer (Hg.) (1985): Ein Leben so normal wie möglich führen... Zum Normalisierungsprinzip in der Bundesrepublik Deutschland und in Dänemark. Marburg: Lebenshilfe.

Verein für Behindertenhilfe (2001): Die individuelle Hilfeplanung. Materialsammlung. Hamburg. (online) http://www.vfb.de (26.03.03)

Wacker, Elisabeth (1994): Qualitätssicherung in der sozialwissenschaftlichen Diskussion. Grundfragestellungen und ihr Transfer in die bundesdeutsche Behindertenhilfe. In: Geistige Behinderung 33 (4), 267–281.

Wacker, Elisabeth (1995): Wege zur selbständigen Lebensführung als Konsequenz aus einem gewandelten Behinderungsbegriff. In: Neumann, Johannes (Hg.): »Behinderung«. Von der Vielfalt eines Begriffs und dem Umgang damit. Tübingen: Attempto, 75–88.

Wacker, Elisabeth (2001a): Paradigmenwechsel in der Behindertenhilfe? In: Bundesverband der Evangelischen Behindertenhilfe et al. (Hg.): Paradigmenwechsel in der Behindertenhilfe? Freiburg/Br.: Lambertus, 34–57.

Wacker, Elisabeth (2001b): Zeit im Heim. Ordnungskraft und Handlungsraum. In: Hofmann, Christiane; Brachet, Inge; Moser, Vera; von Stechow, Elisabeth (Hg.): Zeit und Eigenzeit als Dimensionen der Sonderpädagogik. Luzern: Edition SZH, 95–108.

Wacker, Elisabeth (2002a): »My way – Taking part is not everything, quality of life is more. Personal Budget as control mechanism for participation«. In: Deutsche Vereinigung für die Rehabilitation Behinderter (DVfR), Chronisch zieken en Gehandicaptenraad (CG-Raad): Proceedings. 8th European Regional Conference of Rehabilitation International »Networking in Practice: Connecting Partners in Rehabilitation« (Nov. 2002 in Aachen), 257–263. (veröffentlicht auf CD-Rom, download unter www.dvfr.de/pages/static/228.aspx)

Wacker, Elisabeth (2002b): Von der Versorgung zur Lebensführung. Wandel der Hilfeplanung in (fremd-)gestalteten Wohnumgebungen. In: Greving, Heinrich (Hg.): Hilfeplanung und Controlling in der Heilpädagogik. Freiburg/Br.: Lambertus, 77–105.

Wacker, Elisabeth (2002c): Wege zur individuellen Hilfeplanung. In: Greving, Heinrich (Hg.): Hilfeplanung und Controlling in der Heilpädagogik. Freiburg/Br.: Lambertus, 275–297.

Wacker, Elisabeth et al. (Hg.) (2005): Teilhabe. Wir wollen mehr als nur dabei sein. Marburg: Lebenshilfe.

Wacker, Elisabeth; Wetzler, Rainer; Metzler, Heidrun; Hornung, Claudia (1998): Leben im Heim. Angebotsstrukturen und Chancen selbständiger Lebensführung in Wohneinrichtungen der Behindertenhilfe. Baden-Baden: Nomos.

Waldschmidt, Anne (1999): Selbstbestimmung als Konstruktion. Alltagstheorien behinderter Frauen und Männer. Opladen: Leske & Budrich.

Waldschmidt, Anne (2003): Selbstbestimmung als behindertenpolitisches Paradigma – Perspektiven der Disability Studies. In: Politik und Zeitgeschichte (online) B 8, 13–20.

Wansing, Gudrun (2005): Teilhabe an der Gesellschaft. Menschen mit Behinderung zwischen Inklusion und Exklusion. Wiesbaden: Verlag für Sozialwissenschaften.

Wansing, Gudrun; Hölscher, Petra; Wacker, Elisabeth (2002): Persönliches Budget. Teilhabe durch personenbezogene Unterstützung. Impulse 22 (Mai 2002), 4–11.

Weiss, Hans (2000): Selbstbestimmung und Empowerment – Kritische Anmerkungen zu ihrer oftmaligen Gleichsetzung im sonderpädagogischen Diskurs. In: Körperbehindertenförderung Neckar-Alb (Hg): Wege zum selbstbestimmten Leben trotz Behinderung. Tübingen: Attempto, 119–143.

Wendt, Wolf R. (1997): Case Management im Sozial- und Gesundheitswesen. Eine Einführung. Freiburg/Br.: Lambertus.

Wetzler, Rainer (2003): Qualitätsmanagement in Wohneinrichtungen der Behindertenhilfe – eine empirische Bestandsaufnahme. Freiburg/Br.: Lambertus.

WHO (1986): Ottawa-Charter for Heath Promotion. (online) http://www.who.int/hpr/NPH/docs/ottawa_charter_hp.pdf

WHO (2001): International Classification of Functioning, Disability and Health (ICF). Genf: WHO.

Windheuser, Jochen; Amman, Wiebke; Warnke, Wiebke (2005): Zwischenbericht der wissenschaftlichen Begleitung des Modellvorhabens zur Einführung persönlicher Budgets für Menschen mit Behinderung in Niedersachsen. (online) http://www.kath-fh-nord.de/zwischenbericht.pdf

Windisch, Matthias; Kniel, Adrian (1993): Lebensbedingungen behinderter Erwachsener. Eine Studie zu Hilfebedarf, sozialer Unterstützung und Integration. Weinheim: Deutscher Studien Verlag.

Wir vertreten uns selbst (2001): Wörterbuch für leichte Sprache. Kassel: Bifos, (3. Aufl.).

Witcher, Sally; Stalker, Kirsten; Roadburg, Marnie; Jones, Chris (2000): Direct payments: The impact on choice and control for disabled people. Edinburgh: Scottish Executive Central Research Unit.

Witzel, Andreas (1982): Verfahren der qualitativen Sozialforschung. Überblick und Alternativen. Frankfurt/Main: Campus.

Woldringh, Claartje; Baarveld, Fransje; Ramakers, Clarie (1998): Persoonsgebunden budget – Ervaringen van budgethouders en kwaliteit van zorg. Instituut voor Toegepaste Sociale wetenschappen (IST). Nijmegen.

Wunder, Michael (1983): Die Anstalt – ein Ort zum Leben? In: Arbeit, Frauen, Gesundheit. Jahrbuch für kritische Medizin (9. Argument-Sonderband AS 107). Berlin: Argument, 142–168.

Zapf, Wolfgang (1984): Individuelle Wohlfahrt: Lebensbedingungen und wahrgenommene Lebensqualität. In: Glatzer, Wolfgang; Zapf, Wolfgang (Hg.): Lebensqualität in der Bundesrepublik. Objektive Lebensbedingungen und subjektives Wohlbefinden. Frankfurt/Main: Campus, 13–26.

Sachregister

Autor und Autorinnen

Schäfers, Markus

Studium der Rehabilitationswissenschaften (Abschluss: Lehramt für Sonderpäda-gogik), Wissenschaftlicher Mitarbeiter an der Fakultät Rehabilitationswissen-schaften, Rehabilitationssoziologie, Universität Dortmund, Forschungsprojekte zu den Themen Personenbezogene Unterstützung und Lebensqualität, Persönliches Budget, Frühförderung, Didaktik

Wacker, Elisabeth

Dipl. theol., Dr. rer. soc., Univ. Prof., 1982–1996 Forschungstätigkeit und wissen-schaftliche Geschäftsführung der Forschungsstelle »Lebenswelten behinderter Menschen«, »Zentrum zur interdisziplinären Erforschung der Lebenswelten behin-derter Menschen« (Z.I.E.L.) der Universität Tübingen; seit 1996 Lehrstuhl für Rehabilitationssoziologie, Fakultät Rehabilitationswissenschaften, Universität Dortmund; zahlreiche Forschungsvorhaben (u.a. zu den Leitthemen: Humanisie-rung des Arbeitslebens, Möglichkeiten und Grenzen selbständiger Lebensführung, Personenbezogene Unterstützung und Lebensqualität) und Veröffentlichungen; Beirats-, Berater-, Evaluations-, Gutachter- und Herausgebertätigkeit

Wansing, Gudrun

Dipl. Heilpäd., Dr. phil., 1997–1999 Wissenschaftliche Mitarbeiterin an der Heil-pädagogischen Fakultät der Universität zu Köln, Seminar für Geistigbehinderten-pädagogik; seit 1999 Wissenschaftliche Mitarbeiterin an der Fakultät Rehabilitati-onswissenschaften, Rehabilitationssoziologie, Universität Dortmund. Forschungs-tätigkeit in verschiedenen Projekten (Qualitätsmanagement in der Frühförderung, Personenbezogene Unterstützung und Lebensqualität, Begleitforschung zur Mo-dellerprobung Persönliches Budget)

Was ist ein

Persönliches Budget?

in leichter Sprache erklärt

Das Persönliche Budget ist ein Geldbetrag.

Das Geld bekommt man für die Hilfe und Unterstützung, die man braucht und sich wünscht.

Zum Beispiel:

Wenn man jemanden braucht, der bei der Wäsche hilft.

Wenn man Essen kochen möchte und jemanden braucht, der einem zeigt, wie es geht.

Wenn man eine Freundin oder einen Freund besuchen möchte und jemanden braucht, der einen dort hinfährt.

Wenn man ins Kino gehen möchte und jemanden braucht, der einen begleitet.

! **Mit dem Persönlichen Budget kann man die Personen, die einem helfen, selber bezahlen!**

Was verändert sich?

Im Moment ist es so:

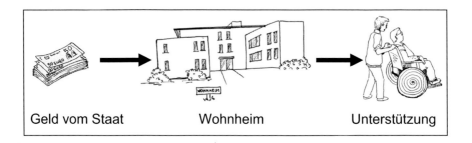

Geld vom Staat   Wohnheim   Unterstützung

Der Staat bezahlt Geld für die Unterstützung von Menschen
mit Behinderung.

Dieses Geld bekommen bis jetzt die Wohnheime.

Damit bezahlen die Wohnheime die Hilfen für die
Bewohnerinnen und Bewohner.

Mit einem Persönlichen Budget ist es so:

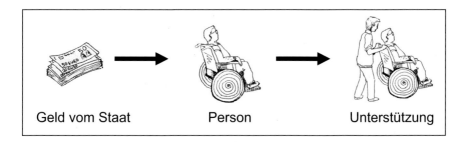

Geld vom Staat   Person   Unterstützung

Wenn man ein Persönliches Budget hat, bekommt man das Geld für seine Unterstützung selber.

Mit diesem Geld kann man sich die Unterstützung und Hilfe einkaufen, die man braucht.

Das Wohnheim bekommt dann weniger Geld.

Das Persönliche Budget hat Vorteile und Nachteile!

Mit einem persönlichen Budget ist man unabhängiger.

Das bedeutet: Man kann viele Dinge stärker selbst bestimmen.

- Man kann stärker bestimmen, **welche** Unterstützung und Hilfe man bekommt.

- Man kann stärker bestimmen, **wann** man seine Unterstützung bekommt.

- Man kann stärker bestimmen, **wer** die Unterstützung leistet, also welche Person einem hilft.

Das sind Vorteile.

Nachteil ist:

Man muss die Unterstützung, die man braucht, selber regeln.

Man muss sich also um viele Dinge selber kümmern.

Aber auch da gibt es Leute, die einem helfen, die Dinge zu regeln.

! Wir möchten mit Ihnen das Persönliche Budget ausprobieren!

In Holland gibt es das Persönliche Budget schon einige Jahre.

In Deutschland ist das neu.

Deshalb möchten wir das Persönliche Budget gerne mit Ihnen ausprobieren!

Kontaktadresse:

Universität Dortmund
Rehabilitationssoziologie
Projekt PerLe

44221 Dortmund

© Projekt PerLe, Universität Dortmund 2003

VS Forschung | VS Research
Neu im Programm Soziale Arbeit

VS Forschung | VS Research
Neu im Programm Soziologie

Sünne Andresen / Mechthild Koreuber / Dorothea Lüdke (Hrsg.)

Gender und Diversity: Albtraum oder Traumpaar?

Interdisziplinärer Dialog zur „Modernisierung" von Geschlechter- und Gleichstellungspolitik
2009. 260 S. Br. EUR 34,90
ISBN 978-3-531-15135-9

Kai Brauer / Gabriele Korge (Hrsg.)

Perspektive 50plus?

Theorie und Evaluation der Arbeitsmarktintegration Älterer
2009. 355 S. (Alter(n) und Gesellschaft Bd. 18) Br. EUR 49,90
ISBN 978-3-531-16355-0

Achim Bühl (Hrsg.)

Auf dem Weg zur biomächtigen Gesellschaft?

Chancen und Risiken der Gentechnik
2009. 533 S. Br. EUR 59,90
ISBN 978-3-531-16191-4

Rudolf Fisch / Andrea Müller / Dieter Beck (Hrsg.)

Veränderungen in Organisationen

Stand und Perspektiven
2008. 444 S. Br. EUR 49,90
ISBN 978-3-531-15973-7

Insa Cassens / Marc Luy / Rembrandt Scholz (Hrsg.)

Die Bevölkerung in Ost- und Westdeutschland

Demografische, gesellschaftliche und wirtschaftliche Entwicklungen seit der Wende
2009. 367 S. (Demografischer Wandel – Hintergründe und Herausforderungen)
Br. EUR 39,90
ISBN 978-3-8350-7022-6

Rainer Greca / Stefan Schäfferling / Sandra Siebenhüter

Gefährdung Jugendlicher durch Alkohol und Drogen?

Eine Fallstudie zur Wirksamkeit von Präventionsmaßnahmen
2009. 209 S. Br. EUR 29,90
ISBN 978-3-531-16063-4

Stephan Quensel

Wer raucht, der stiehlt...

Zur Interpretation quantitativer Daten in der Jugendsoziologie.
Eine jugendkriminologische Studie
2009. 315 S. Br. EUR 39,90
ISBN 978-3-531-15971-3

Melanie Weber

Alltagsbilder des Klimawandels

Zum Klimabewusstsein in Deutschland
2008. 271 S. Br. EUR 34,90
ISBN 978-3-8350-7005-9

Erhältlich im Buchhandel oder beim Verlag.
Änderungen vorbehalten. Stand: Januar 2009.

www.vs-verlag.de

VS VERLAG FÜR SOZIALWISSENSCHAFTEN

Abraham-Lincoln-Straße 46
65189 Wiesbaden
Tel. 0611.7878-722
Fax 0611.7878-400